AF525281

Epee Edition
1. Auflage August 2015

Herausgeber: Epee Edition e.K., Kehl a.Rh.
Einband- und Innengestaltung: Nicolas Emmert
Korrektorat: Christian Winkelmann

ISBN 978-3-943288-65-0

www.epee-edition.com

TERROR

IM 21. JAHRHUNDERT

THOMAS GAST

Deutschland: ein zukünftiger Krisenherd?

Terrorismus

Der Ukraine-Konflikt

Schmutzige Bomben

Bioterror, Pandemien, Epidemien

Dekadenz

Anhang

Jeder, der sich gegen den Krieg einsetzt, hat meinen uneingeschränkten Respekt verdient.

Thomas Gast

Prolog

Die größten Herausforderungen, Gefahren und Fragezeichen unserer heutigen Zeit und meine Gedanken dazu.

Haïti, Port-au-Prince / Cité Soleil

Haiti ist ein Land, das seit Urzeiten von Erdbeben, Tropenstürmen und nicht enden wollenden Bürgerkriegen heimgesucht wird. Sein finsterster Ort? Die Cité Soleil, Hochburg der Kidnapper-Gangs, ein Flecken Erde, auf dem sich der Teufel und Gott begegnen. Ich hätte niemals hier sein dürfen, denn Zugang wurde nur der MINUSTAH[1] gewährt. Mein Stellvertreter, ein Ex-Kommandant der Polizei, hatte mich eingeschleust.

Das Schlimmste, was ich hier sah? Kinder, die, um nicht zu verhungern, Schlammkekse aßen. Das Rezept? Dreck, Salz, etwas mit Krankheitserregern infiziertes Wasser, ein wenig Margarine und viel Wut im Bauch! Auch ich war wütend, war empört über die ungerechte Aufteilung der Güter und der „Chancen" unserer Erde, über die Ungerechtigkeit allgemein. Ich war wütend, weil mir der Blick auf die Uhr sagte, dass ich zurück in meine blitzsaubere Villa musste. Dorthin, wo mich ein gut gedeckter Mittagstisch erwarten würde. Zurück in ein klimatisiertes Büro, in dem ich von Menschen umringt sein würde, denen es jeden Tag in ihrem Leben gut ging. Die Idee, dieses Buch zu schreiben, keimte hier, in der absoluten Misere.

Fortschritt heißt für mich, auch den Finger in die Wunde gewisser Missstände unserer heutigen Zeit zu legen. Das ist enorm wichtig. Je breiter und vielfältiger das Wissen, die Herkunft, der Bildungsgrad, die

---

1 Mission des Nations Unies pour la stabilisation en Haïti – Stabilisierungsmission der Vereinten Nationen in Haiti.

tatsächlichen Erfahrungen und Sichtweisen der Autoren sind, die auf irgendwelche, vielleicht schon bekannte Missstände aufmerksam machen, desto realer wird das Gesamtbild der Analyse.

Die folgenden Kapitel widmen sich den für mich drängendsten Herausforderungen und Missständen unserer Zeit und spiegeln meinen Standpunkt dazu wider. Sie erheben keinerlei Anspruch auf Vollständigkeit. Bezüglich der Art und Weise, wie ich bestimmte Themen dieses Buches beschreibe, könnte man mir Schwarzweißmalerei vorwerfen. Möglicherweise nennt man mich auch einen Schwarzseher, doch ich habe alle Farben gesehen. Meine Einschätzungen und Ausführungen betreffend, habe ich zumindest den Vorteil, über viel praktische Erfahrung, und was noch viel wichtiger ist, über viel Menschenkenntnis zu verfügen. Letztere habe ich mir hauptsächlich dort angeeignet, wo der Puls des einfachen Menschen schlägt. Draußen auf dem Spielplatz *Erde*, im Gelände, unter extrem schwierigen Situationen in diversen Krisen- und Kriegsgebieten, sowie in direkten Gesprächen auf Augenhöhe mit Menschen aller Herkunftsländer, aller Rassen und Religionen. Blicke und Worte auf diesem Niveau sind unverfälscht und fast immer wahr, weil es oft um nichts weiter geht als ums pure Überleben. Mir stand die saubere Krawatte ebenso gut wie der dreckige Kampfanzug und ich habe es mir immer verweigert, „im Büro sitzend“ über etwas zu urteilen oder mir eine Meinung zu etwas zu bilden, das ich nicht kenne, nicht gesehen, nicht berührt oder worüber ich nicht mit betroffenen Menschen geredet habe. Und ich habe meinen Instinkt, der mir oft half, zu erkennen, was gut, vor allem aber, was gänzlich falsch war.

Bis auf wenige Ausnahmen basieren meine Ausführungen hauptsächlich auf eigenen Erfahrungen. Wenn ich zum Beispiel im Kapitel „Die Brutstätten menschlicher Wut“ über französische Banlieues schreibe, dann weil ich selbst dort und auch wütend war. Gleiches gilt für die Bewachung der Pariser Métro nach den Anschlägen im Jahr 1995. Meine Einheit wurde damals dazu bestimmt, für die Sicherheit der öffentlichen Transportmittel im Herzen der Hauptstadt Frankreichs zu sorgen. Was den Menschenhandel angeht, so habe ich im Jahr 1991 im Tschad sowie im Jahr 2008 in Haiti erschütternde Erfahrungen damit gemacht! Bezüglich Israel und der Operation *Gegossenes Blei* kann ich guten Gewissens behaupten, dass ich mir im Rahmen meiner damaligen Arbeit in der

Sicherheitsbranche in Jerusalem nicht nur eine gewisse Sensibilität dem Thema gegenüber aneignen, sondern mir auch einen breiten Überblick sowie umfassende Informationen verschaffen konnte. Ähnliches gilt für den Ukraine-Konflikt. Ich selbst war nie in der Ukraine, aber sehr viele Ukrainer, mit denen ich Ende 2014 / Beginn 2015 aus beruflichen Gründen zusammenkam, malten mir ein recht interessantes und auch glaubhaftes Bild von der Lage vor Ort. Geht es um die drohende Gefahr durch LNG (Liquified Natural Gas – verflüssigtes Erdgas), nur so viel: Zwischen 2010 und 2014 arbeitete ich im Süd-Jemen zur Bewachung dieser LNG-Tanker in einem LNG-Terminal. Während dieser Zeit konnte ich mit einer ganzen Reihe von Spezialisten sprechen, darunter Ingenieure, Kapitäne und Sicherheitsmanager, die für die Bewachung der Pipelines und der Terminals verantwortlich waren. Ab März 2014 war ich im geographischen Dreieck Rotes Meer, Südafrika, Indien in der Piratenabwehr tätig. Ich erwarb mir dort das nötige Wissen, worauf meine Themen bezüglich Sicherheit im maritimen Gefilde aufbauen.

Im Anhang berichte ich über den weit *entfernten* Terror. Das, was die Franzosen den *Hinterhalt der Taliban* nennen, erzählt uns ein Soldat, der tatsächlich dabei war und den ich sehr gut kenne. Der Bericht entspricht der Wahrheit und ist authentisch. Die traurigen Geschehnisse des *Hinterhalts im Ouzbin Tal 2008* sind heute bereits Teil der Geschichte.

Nachfolgende Überlegungen und Sichtweisen erfordern eine Bereitschaft, die derzeitige Weltlage von verschiedenen Blickwinkeln aus zu betrachten, bekannte Pfade und Schemen hinten anzustellen und mit dem daraus resultierenden Abstand für verschiedene Ansätze offen zu sein. Für mich bleiben bei den folgenden Betrachtungen Bescheidenheit, Menschlichkeit und Fairness das Maß aller Dinge.

Deutschland: ein zukünftiger Krisenherd?

In Deutschland herrscht eine trügerische Stille. Während im Osten, mit der Ukraine-Krise, eine alles bedrohende Gefahr heraufzieht, steht unser Nachbar Frankreich immer noch unter dem Schock der Pariser Attentate.

Unser besonderes Augenmerk sollte nach Westen gerichtet sein, dorthin also, wo vielleicht bald sinnlose Gewalt den Alltag beherrschen wird. Ein Überspringen dieser Gewalt – oder ein Nachahmen – droht. Dieses muss mit allen Mitteln verhindert werden.

Die Brutstätten menschlicher Wut

Wir leben in einem Land, in dem die Menschenwürde das oberste Gut ist. Das Recht auf Selbstbestimmung und Schutz ist Teil unseres Verständnisses dieses so wichtigen, ersten Artikels unserer Verfassung. Doch die Erde ist ein Ort, an dem so manche Gefahren auf uns lauern, und je moderner und fortschrittlicher unsere Gesellschaft wird, desto zahlreicher und vielfältiger werden auch die Bedrohungen.

Um die Zeichen der Zeit zu erkennen, muss man kein Sicherheitsexperte sein, sondern einfach mit wachem Verstand durchs Leben gehen. Angesichts der steigenden Entwicklung von Gewaltbereitschaft um uns herum wäre es angebracht, dass wir folgende Überlegungen anstellen:

Wären wir in der Lage, in einem immer aggressiver werdenden Umfeld zu bestehen? Ist ein Überleben auch dann noch möglich, wenn:

- die staatliche Ordnung ganz zusammenbricht?
- die ungezügelte Wut auf unseren Straßen tobt?
- selbst die Ordnungskräfte ihr Gewaltmonopol nicht ausüben können, weil sie viel zu sehr damit beschäftigt sind, sich selbst zu schützen?

Das böse Spiel hat längst begonnen.

Einige Menschen werden nun dagegen argumentieren und behaupten, dass wir doch in Europa, und gerade in Deutschland, in einer heilen, zivilisierten Welt leben und dass diese *heile* Welt ewig und drei Tage dauert. Vielleicht haben diese Schönseher Recht, doch innerhalb von einer Sekunde auf die andere kann auch bei uns der Modus des Alltäglichen in den des maßlosen Terrors und des einhergehenden Todes übergehen und dann sollten wir alle zusammenrücken.

Anhand folgender Beispiele möchte ich veranschaulichen, was ich damit meine.

Rodney King. Der Name ist nicht nur in den USA, sondern weltweit zu einem Begriff geworden. King war ein afroamerikanischer US-Bürger, der 1991 als Opfer unverhältnismäßig brutaler Polizeigewalt bekannt wurde. Vier Polizisten attackierten den Mann nach einer Verfolgungsjagd mit über 50 Stockschlägen und Fußtritten, ließen auch nicht von ihm ab, als er bereits überwältigt war. Als sie ein Jahr später freigesprochen wurden – in der 12-köpfigen Jury saß nicht ein einziger Afroamerikaner –, brachen in Los Angeles gewalttätige Unruhen aus, die auf das ganze Land übergriffen. Dabei kamen 53 Menschen ums Leben, mindestens 2.000 weitere Personen wurden verletzt. Der Sachschaden ging in die Milliarden. In diesen Tagen waren Millionen Afroamerikaner auf den Straßen. Gott sei Dank unbewaffnet! Armee, Marines und die Nationalgarde mussten dennoch eingreifen. Es fehlte nur ein kleiner Funke und es wäre ein Bürgerkrieg in Amerika ausgebrochen. Wir brauchen uns nur vorzustellen, dass inmitten einer solch brisanten Situation plötzlich Schüsse fallen, und dass zum Beispiel ein farbiger Demonstrant dabei ums Leben kommt – erschossen von einem weißen Polizisten oder Soldaten! Wenn daraufhin nur jeder vierte, bis dahin friedliche Demonstrant seine Waffe geholt und sich damit zurück auf die Straße begeben hätte ... Es wäre zu einem Massaker gekommen.

Am 28. April 2015 erschütterten gewaltige Ausschreitungen die US-Ostküstenstadt Baltimore. Der Hintergrund war schwerwiegend: Freddie Gray, ein schwarzer Amerikaner, war, vermutlich bei einer Festnahme, schwer verletzt worden. Obwohl er vor Schmerzen schrie, transportierten ihn die Polizisten, ohne einen Notarzt zu rufen, ab. Als er schließlich doch in ein Krankenhaus eingeliefert wurde, fiel er ins Koma und verstarb. Der Großteil seines Rückenmarkes war verletzt, sein Kehlkopf eingedrückt und alles deutete darauf hin, dass unverhältnismäßige Polizeigewalt angewandt wurde. Nach der Trauerfeier fanden zunächst friedliche Märsche statt. Spät am Abend jedoch eskalierte die Situation. Jugendliche bewarfen Ordnungskräfte mit Steinen, die Beamten antworteten, indem sie Tränengas und Pfefferspraygeschosse einsetzten. Kurz danach standen Gebäude sowie Autos in Flammen und es kam zu Plünderungen.

Teile der Stadt glichen „Kriegszonen“! Hubschrauber kreisten am nächtlichen Himmel, 2.000 schwerbewaffnete Soldaten der Nationalgarde patrouillierten in den *heißen* Vierteln. Am Hafen, an jeder Kreuzung sowie an allen belebten und neuralgischen Punkten der Stadt standen scharenweise Polizisten. Der Gouverneur von Maryland verhängte den Ausnahmezustand. In Baltimore selbst gab es eine nächtliche Ausgangssperre, was aber hunderte von Bürgern nicht davon abhielt, dennoch ihre Wohnungen zu verlassen und weiter zu randalieren.

Wer sagt, in Europa könne dies oder Ähnliches nicht passieren, der täuscht sich gewaltig!

Frankreich, 2002. Am 21. April fand der erste Wahlgang zur französischen Präsidentschaftswahl und am 5. Mai 2002 die Stichwahl statt. Das Ergebnis des ersten Wahlganges überraschte und schockierte ganz Europa. *Jean-Marie Le Pen*, der Kandidat der als rechtsextrem eingestuften Partei *Front National*, fuhr mehr Stimmen ein als der Premierminister Lionel Jospin.

Im Klartext hieß das, dass der extrem rechts eingenordete *Le Pen* am zweiten Wahlgang teilnahm. Während dieser Phase sprach ich mit vielen meiner französischen Kollegen aus der Sicherheitsbranche, sowie mit Unteroffizieren und Offizieren der französischen Fremdenlegion. Bei meinen Gesprächspartnern handelte es sich sowohl um *Français de souche*, also um gebürtige Franzosen, als auch um Franzosen mit Migrationshintergrund, darunter sehr viele Menschen aus dem Maghreb[2].

Im Jahr 2010 lebten 7,2 Millionen Menschen in Frankreich, die erst in den letzten Jahrzehnten eingewandert oder Kinder solcher Einwanderer sind. Das waren 11 % der Gesamteinwohnerzahl.

Alle waren damals durch die Bank derselben Meinung wie ich: Sollte *Jean-Marie Le Pen* Präsident Frankreichs werden, dann stünde die Grande Nation vor einem Abgrund, eventuell sogar vor einem möglichen Bürgerkrieg. Würden alle Ausländer oder Menschen mit Migrationshintergrund, wütend ob des Wahlsieges der französischen *Nationalisten*, entschlossen und teilweise sogar bewaffnet auf die Straße gehen, so wäre dies wohl die größte Herausforderung der Französischen Republik seit der Schlacht von Algier im Jahr 1957! Damals jagten Einheiten der französischen Armee – hauptsächlich Soldaten der 10. französischen Fallschirmjägerdivision – in der Kasbah[3] die Urheber von nicht enden wollenden Bombenanschlägen.

Einige Jahre darauf, im Oktober und November 2005, gab es gewalttätige Unruhen in Paris. Wenn man damals die Zeitungen las oder den Fernseher einschaltete, konnte man sich des Eindruckes nicht erwehren, dass die ganze Stadt, ja das halbe Land in Flammen stand. Ursache der Ausschreitungen war der Tod zweier Jugendlicher, die aus in Frankreich lebenden Immigrantenfamilien stammten. Man gab den Ordnungskräften und de facto den Politikern die Schuld. Die Situation

---

2 *Unter Maghreb versteht man die nordafrikanischen Staaten Tunesien, Algerien, Marokko, Libyen sowie Mauretanien.*

3 *Verwinkelte Altstadt Algiers.*

eskalierte drastisch, Brandstiftungen sowie gewalttätige Zusammenstöße mit der CRS[4] und der Polizei nahmen mit einer Heftigkeit zu, die ganz Europa den Atem verschlug. Die hauptsächlich jugendlichen Migranten, verschiedene Jugendbanden und die Polizei lieferten sich regelrechte Straßenschlachten! In Lille, Rennes, Rouen, Dijon, Toulouse und Marseille blieben die Menschen aus Angst tagelang daheim, denn auf den Straßen kam es zu Plünderungen und zu sinnloser Gewalt. Wer sich nicht mit Lebensmitteln eingedeckt hatte, lutschte sprichwörtlich Kieselsteine. Alleine am Abend des 03. November wurden in der Île-de-France (Ballungsraum von Paris) über 500 Autos und ein Dutzend Häuser in Brand gesteckt. Es war ein Glück, dass die meisten dieser Ausschreitungen nicht organisiert und die Polizei, wie auch andere Ordnungskräfte, diszipliniert genug war, den Provokationen nicht mit *letzter Konsequenz* zu begegnen.

Niemand hat die Krawalle bis heute vergessen, weder die Ordnungskräfte noch Frankreichs Jugend noch die daran beteiligten Ausländer oder Migranten. Es kam mir seit diesen Vorfällen so vor, als belauerten sich alle gegenseitig. Allzeit bereit alte, noch offene Rechnungen zu begleichen.

Frankreich 2015 – Charlie Hebdo

Symbole für Meinungsfreiheit? Ja! Aber nicht, wenn Anschauungen anderer in geradezu verächtlicher Art und Weise mit Füßen getreten werden. Das Recht auf Meinungsfreiheit muss verteidigt werden, aber nicht um jeden Preis. Es gibt Momente, in denen Besonnenheit Trumpf sein sollte, ganz besonders, wenn es um Religionen geht. Weltweit gibt es derzeit 1,5 Milliarden Moslems und es kann nicht unser ernstes Anliegen sein, diese zu beleidigen, ihre Religion herabzusetzen und zu demütigen. Machen wir uns doch nichts vor: Wenn wir die Karikaturen genauer betrachten, so erkennen wir eindeutig rassistische Züge darin und das ist ein gewollter Prozess. Und es stellt sich die Frage: Identifizieren wir uns wirklich mit dieser Form von Rassismus? Sollten wir nicht

---

4 *Compagnies Républicaines de Sécurité / Sicherheitskräfte der Police Nationale.*

Satiremagazin Charlie Hebdo, Paris
Ganz bewusst habe ich davon Abstand genommen, eine Mohammed-Karikatur hier abzubilden, obwohl es genau darum geht.

weiser agieren und Abstand von allen Formen des Rassismus nehmen? Haben wir es nötig, diese Meinungsfreiheit auf Leichenbergen stehend zu verteidigen?

Die psychologischen Folgen dieses Terroranschlages können Teil einer Gewaltspirale werden, die in Frankreich gerade Anlauf nimmt und die auch vor seiner Ost-Grenze nicht Halt macht.

Aus verschiedenen Quellen weiß ich, dass inzwischen immer mehr Franzosen aus dem Umfeld des Militärs und der Sicherheitsbranche, Rechtsradikale und andere Gruppierungen, aber inzwischen auch die einen oder anderen *Normalos* – Bürger, die nie eine Uniform getragen hatten und nie politisch aktiv waren – Vorsorge treffen. Sie besorgen sich heimlich, unter den wegsehenden Augen der Behörden, Waffen, teilweise auch vollautomatische Kriegswaffen, und die nötige Munition dazu.

Einige Juden, vor allem in Marseille, ziehen nach, und das, obwohl Christen, Juden und Muslime in Marseille bisher immer gut miteinander auskamen. Die jüdische Gemeinde von Marseille und Umgebung ist mit knapp 70.000 Mitgliedern wohl eine der größten in Europa.

Marseille! Keine Stadt in Europa hat so viel Flair. Hier weht der Wind aller Nationen, aller Rassen und Religionen. Marseille ist bunt – ich kann gar nicht alle Farben beschreiben, die man sieht. Und es ist eine laute Stadt, ständig in Bewegung und voller aromatischer Düfte. Ich bekomme immer eine Gänsehaut, wenn ich vom Bahnhof Saint Charles Richtung Vieux Port (Alter Hafen) schlendere. Aber laut *Midi Libre*, einer Tageszeitung aus der Region Languedoc-Roussillon, ist dieses Marseille auch eine Stadt, in der teilweise mafiöse Zustände herrschen. Allein im ersten Halbjahr 2013, zwischen Januar und August, gab es 13 tödliche Abrechnungen auf offener Straße. Teilweise wurden sogar Kalaschnikows eingesetzt. Einer Umfrage zufolge, die am 13. September 2013 durchgeführt wurde, sind 57 % der Franzosen dafür, dass die Armee in Marseille für Ruhe und Ordnung sorgen sollte.

Braut sich in dieser Mittelmeer-Metropole etwas zusammen?

Marseille

Besitz von Waffen

In den Vereinigten Staaten besitzt fast jeder Mensch eine Waffe, doch das war immer schon so. Zumindest in ländlichen Regionen lernt man den Umgang mit Gewehr und Pistole bereits im Kindesalter. Es ist eine Nation, die mit der Verantwortung, welche ein Waffenbesitz mit sich bringt, generell recht gut zurechtkommt. Ausnahmen bestätigen diese Regel umso mehr.

Im Jemen, nur um ein weiteres Beispiel zu nennen, gibt es in jedem Haushalt gleich mehrere Waffen. Das fängt bei der halbautomatischen Pistole an und hört bei der RPG 7 (Panzerfaust) noch lange nicht auf. In einigen Städten ist es Usus, Mörsergranaten im Keller zu stapeln, als handle es sich um schlichtes Brennholz, oder diese, nebst Artilleriegeschossen, einfach mal schnell im Garten zu vergraben. Waffen gehören auch dort zum Alltag, wie bei uns die Butter auf das Brot. Die meisten Menschen, zu Clans zusammengeschlossen, teils abseits der Großstädte lebend, sind trotzdem – oder vielleicht genau deswegen – sehr versöhnlich und friedliebend. Wie in den USA und im Jemen sind Waffen auch in der Schweiz weit verbreitet. Das Schweizer Waffengesetz ist sogar eines der liberalsten der Welt. So dürfen Armeeangehörige ihre Dienstwaffe mit nach Hause nehmen, Kauf und Besitz von Waffen und Munition sind mit einer amtlichen Bewilligung jedem Bürger gestattet. Inzwischen ist etwa jeder Dritte der rund acht Millionen Einwohner im Besitz einer Schusswaffe. Das ist enorm. In allen drei Ländern, ob in den USA, im Jemen oder in der Schweiz[5], gibt es bezüglich eines Einsatzes der privaten Waffen eine eiserne, moralische Disziplin.

Die meisten Franzosen, die ich kenne, besitzen grundsätzlich diese Disziplin und auch das nötige Verantwortungsbewusstsein. Leider aber sitzt bei vielen von ihnen der Fremdenhass bereits sehr tief. Auch wohl deshalb ist ihr Wille zur Versöhnlichkeit nicht sehr ausgeprägt und das wiederum macht ein Land wie Frankreich für mich so unberechenbar.

---

5 Schusswaffen pro 100 Einwohner: USA 88,5 / Jemen 54,5 / Schweiz 45,5. Schätzung der UN, Stand 2010.

Die Würde des Menschen ist unantastbar

Doch noch einmal ein Blick auf das Frankreich im Jahr 2015.

Der Anschlag auf das Satiremagazin *Charlie Hebdo* und die Geiselnahme in einem Pariser Geschäft für koschere Lebensmittel haben den Fremdenhass sicher noch weiter geschürt. Frankreich war zwei Tage lang Kriegszone. Der *Front National* verstand die Anschläge islamistischer Terroristen als eine Art Kriegserklärung und prangerte im selben Atemzug 30 Jahre Missmanagement von rechts und links an.

Obwohl vom Auftreten her gemäßigter – oder auch gerne moderner – als ihr „charismatischer“ Vater, von dem sie sich allzu ostentativ distanziert hat, wird *Marine Le Pen* von nicht wenigen insgeheim als noch radikaler eingestuft.

„Wir sind sehr traurig, mit unseren Prognosen Recht gehabt zu haben“, sagte Marine Le Pen in einem BBC-Interview einige Wochen später und leider kamen auch postwendend recht ähnliche Äußerungen aus den Reihen der *Alternative für Deutschland* (AfD):

„Und leider ist es viel früher passiert, als ich gehofft habe“, soll Hamburger AfD-Spitzenkandidat Jörn Kruse sich ausgedrückt haben.

Ich bin davon überzeugt, dass Politiker, die sich angesichts solcher Terror-Dramen so geschmacklos äußern, sowie auch all diejenigen, die sich durch blutige Anschläge bestätigt fühlen und dies auch noch kundtun, in der Politik nichts zu suchen haben.

Doch zurück zum Eigentlichen.

Innerhalb der ersten zwei Wochen nach dem Anschlag gab es in ganz Frankreich 128 erfasste Übergriffe auf Muslime, mehr als im ganzen Jahr 2014. Hätte in diesen Wochen nach den Anschlägen eine Präsidentschaftswahl angestanden, so wäre Marine Le Pen als absolute Favoritin ins Rennen gegangen.

Das Thema Immigration ist in Frankreich ebenso sensibel, wie es tabu ist, aber dieses Tabu nährt öffentlich ausgetragene, kontroverse und immer hitziger werdende Diskussionsrunden. Frankreichs Integrationsmodelle, so viel sie anfangs auch versprachen, scheiterten alle.

Die wirklichen Probleme?

Es gibt nur eines: die *Banlieue*!

Die Banlieue oder Bannmeile ist eine Art Vorstadt, hauptsächlich bestehend aus Sozialwohnungssiedlungen. Armenghettos wäre das weitaus bessere Wort. Aber wenn man in Frankreich von der Banlieue spricht, dann eigentlich nicht, um eine geographische Lage, eine Gegend oder einen Vorort zu beschreiben, sondern man meint eine gewisse Gesellschaft, die darin lebt ... und einen Zustand! Den Zustand, der einem Kampf gleichkommt, denn zum Kämpfen verdammt sind die Migranten, die in diesen Banlieues wohnen, allemal. Hier herrschen nicht die Gesetze der Republik, sondern die des Stärkeren.

Der größte Unmut, die meisten Krawalle und die heftigsten Ausschreitungen finden ihre Ursprünge in diesen Stadtvierteln. Über Jahrzehnte hinweg hat hier eine gezielte Ausgrenzung auf allen Ebenen stattgefunden. Vor allem die Jugendlichen, von denen die meisten zwar ausländische Wurzeln, jedoch einen französischen Pass haben – es sind französische Bürger –, fühlen sich in Frankreich grundlegend ausgeschlossen, und das, obwohl sie, und das ist paradox, eigentlich dazugehören. Sie sind Fremde im eigenen Land. Schon bei ihrer Geburt wird ihnen der Stempel „Verlierer" aufgedrückt und damit müssen sie leben. Mangelnde Integrationsbereitschaft? Sicher! Aber sie ist das Resultat dieser frühen und überaus verletzenden Stigmatisierung. Perspektiven haben sie kaum und so wenden sie sich mit *Waffen* gegen Staat und Gesellschaft, die ihnen niemand nehmen kann: ihrer Herkunft und ihrem Stolz! Ob im *Quartier Nord* von Marseille, in der *Cité des 3000* in Aulnay-sous-Bois, in der Cité des 4000 in La Courneuve oder im berüchtigtsten Quartier der Stadt Toulouse, *le Mirail*. Ich war dort und scheue mich nicht, zu sagen, dass die meisten der Banlieues in Frankreich *Krisengebiete* sind.

Die Banlieue und der Rest.

Man lebt in Frankreich nebeneinanderher, jeder in seinem Mikrokosmos, in seiner Welt – und das kann auf Dauer nicht gut gehen. Fast 500 Jahre Kolonialismus, geprägt von Ausbeutung, von Sklaverei und von Unterjochung, haben Frankreich hier in diesen Cités eingeholt und so tritt das Land nun ein bitteres Erbe an: Die Wut und die späte Entrüstung der ehemaligen Kolonien! Die Brutstätte dieser Wut sind jene Banlieues, in denen Arbeitslosigkeit, Verwahrlosung und Gewalt den Alltag prägen.

Ein Beispiel unter vielen ist die *Cité des 4000* in La Courneuve, einer französischen Stadt im Départment Seine-Saint-Denis, nordöstlich von Paris. Am 19. Juni 2005, am Vatertag, kam ein 11-jähriger Junge in das Kreuzfeuer zweier rivalisierender Banden. Getroffen von zwei Kugeln des Kalibers 9 mm, brach er auf der Stelle zusammen und starb kurz darauf in einem Krankenhaus in Bobigny. Die *Cité des 4000* ist seit langer Zeit schon eine Zone de *non-droit*, ein feindliches Terrain also, das selbst von der Polizei gemieden wird. Am Tag nach dem Mord an dem Jungen besuchte Innenminister Sarkozy diese *Cité des 4000*. Er wollte der Familie des Jungen sein Beileid aussprechen. Die Wohnung lag im sechsten Stock und da der Aufzug defekt war, musste Sarkozy die Treppe benutzen. Er bekam somit einen weiteren Eindruck von den miserablen Zuständen, die in der Banlieue herrschen. Als einer der Cousins des Getöteten ihm zuwarf: „Monsieur le ministre, il faut nettoyer la cité au Kärcher“ (Herr Minister, dieser Stadtteil muss mit dem Hochdruckreiniger gereinigt werden), antwortete Sarkozy: „Vous avez raison, il faut nettoyer la cité au Kärcher!“ (Sie haben Recht. Wir werden diesen Stadtteil säubern[6]!)

Diese Äußerung löste eine Riesen-Polemik aus. Es war klar, was *Sarko*, so nennen ihn die Franzosen, unter *säubern* verstand. Nicht klar jedoch war, wen er damit meinte.

Ich erwähnte bereits das Wort Ghetto. Das Wort Ghetto bezeichnete ursprünglich den venezianischen Stadtteil *Cannaregio*, genauer gesagt eine Gießerei in seiner Nähe. Diese musste aus Gründen des

---

6 *Siehe dazu: Catherine Nay, „Un pouvoir nommé désir“, Seite 418.*

Brandschutzes vom Rest der Stadt abgeriegelt werden. Später, unter Papst Paul IV., wurden durch päpstliche Urkunden (Päpstliche Bulle) die Juden in römischen Ghettos zusammengepfercht. Diese Idee wurde im Zweiten Weltkrieg von den NS-Schergen aufgenommen. Deportierte Juden hatten gefälligst in Lagern zu leben, die man Ghettos nannte. Mit Gewalt wurde darüber gewacht, dass niemand sie verließ.

Nun sollten irgendwo die Alarmglocken sehr laut schrillen, wenn in Frankreich in Bezug auf die Banlieue immer mehr Menschen das Wort „Ghettoisierung" erwähnen, auch wenn zunächst nur von einer *sozialen* Ghettoisierung die Rede ist. In den Banlieues lebt man meist in sogenannten *Habitations à loyer modérées* (HLM) – Sozialwohnungen, in denen Stromausfälle an der Tagesordnung sind. Auch die Heizungen funktionieren nicht immer und der Aufzug ist regelmäßig defekt. Das Treppenhaus zu benutzen ist vor allem nachts nicht ganz ungefährlich, weil dort Drogendealer und andere Kriminelle auf der Lauer liegen. Oft werden den Menschen die Wohnungen dort nicht nach den finanziellen Möglichkeiten, sondern nach Ethnien und nach Hautfarben zugewiesen. Drum herum logieren von der Gesellschaft gemiedene Sozialfälle. Man bleibt nicht aus dem Grund *unter sich*, weil man um jeden Preis eine ethnische Nähe sucht, sondern weil es anders kaum möglich ist, und weil es von den Behörden entsprechend gefördert wird. Um es mit anderen Worten zu sagen: weil es aller Wahrscheinlichkeit nach so gewollt ist. Solche und ähnliche Prozeduren fördern nicht gerade die Integration der fast 4,4 Millionen Menschen, die in den Banlieues (auch: *zones urbaines sensibles*) leben – das sind knapp 7 % der Bevölkerung. Im Gegenteil, so bilden sich Staaten im Staat. Vor allem dann, wenn die Betroffenen kaum der französischen Sprache mächtig sind.

Vom Wahlspruch der Französischen Republik – *Freiheit, Gleichheit, Brüderlichkeit* – ist in Bezug auf viele Einwohner der Banlieue zumindest ein Wort nicht zutreffend: die Égalité, die Gleichheit! So ist die Gleichheit der Chancen kaum gegeben.

In Frankreich ist es zum Beispiel schwer, eine Arbeit zu finden, wenn auf dem Lebenslauf ein ausländischer Vorname steht. Ein *Pierre* oder ein *François* haben, bei gleicher oder gar minderer Qualifikation, weitaus mehr Chancen als ein *Ahmed* oder ein *Salim*.

Selbst Marine Le Pen, die Parteivorsitzende des Front National, legte den Franzosen mit Migrationshintergrund nahe, ihren Kindern künftig französische Vornamen zu geben. Damit hätten sie bessere Integrations-Chancen.

In den Schulen wird dieser Jugend gesagt, sie seien Franzosen, der Alltag aber beweist ihnen, dass dem nicht so ist. Diese Perspektivlosigkeit begleitet die Jugend auf Schritt und Tritt durch alle Lebensbereiche. Auch ist es so, dass in den Banlieues die Löhne weit unter dem üblichen Niveau liegen. Im Schnitt verdient man hier 975 Euro im Monat: dreimal weniger als anderswo! Die Arbeitslosigkeit der Jugend unter 25 Jahren liegt bei nahezu 40 %.

Zwischen den Jahren 2010 und 2015 suchte ich, was das Thema Ausländer und Migranten anging, zahlreiche Gespräche mit Stamm-Franzosen. Bei jedem zweiten Gesprächspartner spürte ich nicht nur einen Hass auf Ausländer, sondern auch auf alle Franzosen, die eine andere Hautfarbe hatten. Das war eine Tatsache, die mich sehr betroffen machte und die ich nicht verstand, denn in meinen langen Jahren in der französischen Fremdenlegion war ich kein einziges Mal mit derartigen Hass-Ressentiments konfrontiert gewesen. Nicht umsonst schrieb ich in *Die Legion: Mit dem 2e Rep in den Krisenherden dieser Erde* folgenden Satz: „Es ist schon ein langer Prozess, in der Legion sich selbst und seinen Platz zu finden, doch hier ist das Umfeld günstig, denn es wird kein Rassismus betrieben. Niemand wird auf Grund seines Aussehens, seiner Rasse, seiner Religion oder Herkunft benachteiligt."

Frankreichs Jugend jedoch, vor allem auch die, die in den Banlieues aufwächst, ist exzellent. Jugendliche mit Migrationshintergrund sind vom Charakter her sehr aufgeschlossen, mutig und ideenreich. Was sie auszeichnet, ist eine enorme Kreativität, vor allem auf technischen Gebieten, und so könnten viele von ihnen einen sehr wertvollen Beitrag zur Gesellschaft leisten. Aber die Chancen, dass man sie lässt, sind eben sehr gering.

Die Banlieue hat natürlich auch ein internes, grundverschiedenes Gesicht. Ein anderes zumindest als das, das ich bisher schilderte. Besonders Nord- oder Westafrikaner, einmal unter sich, entwickeln die herzlichsten Beziehungen zueinander, die man sich nur vorstellen kann. Dieser behutsame Umgang miteinander ist von gegenseitiger Hilfe, von Wärme, von tiefstem Zusammenhalt und von engster Solidarität geprägt, ja die menschliche Wärme schockiert fast. Sie schockiert, weil eine solche außerhalb der Banlieue kaum möglich wäre. Sie schockiert auch, weil andere Menschen in vergleichbar schlechter Situation kaum Wärme entwickeln könnten; und das ist das, was ich ein *menschliches Wunder* nenne.

Inzwischen aber, und das führe ich hauptsächlich auf die oben erwähnten Missstände zurück, wächst in den Banlieues eine Saat heran, die hier bestens gedeihen kann:

Der radikale Islamismus!

Ein weiteres Phänomen, das sich nachteilig auswirkt, und das den islamischen Fanatismus sicher auch favorisiert, ist die Tatsache, dass es für die Errichtung von Moscheen strenge Auflagen gibt. Es geht um ein rechtsgeschichtliches Detail. Das Gesetz zur Trennung von Kirche und Staat aus dem Jahre 1905 besagt sinngemäß, dass die Republik Frankreich keinen religiösen Kult anerkennt, besoldet oder subventioniert. Die Muslime finanzieren ihre Moscheen also zum großen Teil selbst. Das hat auch zur Folge, dass in der Banlieue Moscheen und Gebetsräume im *Versteckten*, in Kellern, in Untergrundwohnungen und in Garagen entstehen. Das wiederum ist ein exzellenter Nährboden für den islamistischen Terrorismus, denn dass dort die Predigt radikaler ausfällt als die in den teilweise von Behörden überwachten Moscheen, lässt sich gut nachvollziehen.

Auch wir in Deutschland, als Nachbarland, werden das Rumoren zu spüren bekommen. Dann nämlich, wenn sich diese ganze Wut, die in der Banlieue entsteht, eines Tages entlädt. Und dieser Moment wird kommen.

Summiert betrachtet bringen mich die meisten meiner Erfahrungen bezüglich der Banlieue zu dem Gedanken, dass, würde Ähnliches in Deutschland stattfinden, sich die Menschenwürde mit Füßen getreten sähe. Ich differenziere hier ganz bewusst, weil ich mir nicht anmaßen will zu sagen, dass Frankreich, das Land, dem ich selbst vieles zu verdanken habe, die Menschenrechte mit Füßen tritt. Obwohl Deutschland das Thema Integration geschickter angeht als die USA und Frankreich und unsere Politiker die jugendlichen Migranten nicht *Racaille* (Abschaum) nennen, wie es in Frankreich durchaus mal üblich ist, könnte es zu Nachahmungseffekten kommen, denn das Potential sozialer Unzufriedenheit besteht durchaus auch bei uns.

Nicolas Sarkozy machte als Innenminister und erklärter Präsidentschafts-Anwärter das Wort *Racaille* international bekannt. Bei einem Besuch der von Unruhen geplagten Gemeinde Argenteuil am 25. Oktober 2005 gegen 22 Uhr, unweit der „Dalle d'Argenteuil", antwortete er einer Einwohnerin, die sich über die jugendliche *Racaille* beklagt hatte: „Nous allons vous débarrasser de cette racaille!" (Wir werden Sie von diesem Abschaum befreien.)

Auch bei uns gibt es Kriminalität und die Akzeptanz von Gewalt nimmt ständig zu. So kommt es in den Berliner Bezirken Neukölln oder Kreuzberg oft zu sozialen Spannungen und daran sind unter anderen auch Jugendliche oder Erwachsene mit Migrationshintergrund beteiligt.
Und es gibt auch sinnlose Gewalt, die sprachlos sein lässt. Ende der ersten Maiwoche 2015 wurde ein 21-Jähriger in einer Berliner U-Bahn brutal attackiert, zusammengestochen und auf die Gleise geworfen. Am Schlesischen Tor in Kreuzberg fielen sie gleich zu dritt über einen italienischen Touristen her. Er wurde geschlagen, niedergetreten und beraubt. Nur etwas weiter entfernt spielte sich ein ähnliches Szenario ab: Am Alexanderplatz eilte ein Polizist, der privat unterwegs war, einer Frau zu Hilfe und wurde selbst zum Opfer. Aber auch in anderen Städten greift die Gewalt um sich. Zum Beispiel in Hamburg, und das fast zeitgleich. Beim Versuch, einer jungen Frau im Streit mit ihrem Freund zu helfen, wurde ein 22-Jähriger im Stadtteil Billstedt von einem 20-Jährigen mit einem spitzen Gegenstand attackiert und getötet.
Es sind Szenen, die sich häufen.

Doch anders als in Frankreich geht für mich die Gefahr nicht hauptsächlich vom Zwist der Gesellschaft mit irgendwelchen unbeliebten Migranten aus. Auch deshalb nicht, weil die Mehrzahl der Migranten Deutschlands sich nicht ausgeschlossen, sich viel integrierter fühlt als ihre französischen Pendants, was eine Studie der Bertelsmann Stiftung belegt. Demnach fühlen sich über zwei Drittel der Zuwanderer in Deutschland wohl[7]. Die meisten empfinden sich überwiegend als Teil der deutschen Gesellschaft.

Rechtsextreme Organisationen stellen für Deutschland die weitaus größere Bedrohung dar, als es Migranten je könnten. Mit Besorgnis sehe ich, wie es vermehrt zu Allianzen von Hooligans und Neonazis kommt. Immer wenn die *Lust an der Gewalt* eigentlich völlig unterschiedliche Gruppen vereint, entsteht maßloser Terror.

> ***Und ich sehe fassungslos, wie fast einmal in der Woche ein Asylantenheim in Flammen aufgeht, bei uns, in Deutschland!***
>
> ***Vielleicht kommen die Brandstifter eines Tages selbst in eine Lage, in der sie froh wären, dass man ihrer Familie irgendwo Asyl gewährt.***

Weiterhin, und hier müssen wir sehr wachsam sein, ist der Unterschied von Arm und Reich in Deutschland sehr eklatant. Falls sich daran nichts ändert, wird es in Zukunft zu großem Unmut kommen. Viel ärmer und viel reicher, das heißt: unterschiedlich leben, nicht gemeinsam an einem Strang ziehen, nebeneinanderher laufen, aber im Ziel nicht vereint sein! Hinzu kommen Zukunftsängste auf der einen und Leistungsdruck auf der anderen Seite: eine perfekte Basis für aufkommende Verbitterung.

Die Bilder deuten es nur an: Bei den Blockupy[8] Protesten in Frankfurt am 18.03.2015 kam es zu massiven Ausschreitungen. Dicke Rauchschwaden und der beißende Geruch von Tränengas lagen in der Luft. Mehr als ein halbes Dutzend Polizeiwagen ging in Flammen auf, Feuer-

---

7 Kober, Ulrich: Zuwanderer identifizieren sich mit Deutschland – www.bertelsmann-stiftung.de

8 Blockupy ist eine kapitalismuskritische Bewegung. Der Name leitet sich von Blockade und von occupy (engl. besetzen) ab. Eine eindeutige politische Zuordnung ist wegen der vielen beteiligten Gruppierungen nur schwer möglich.

Krawalle bei EZB-Eröffnung in Frankfurt, 18.03.2015.
(© Polizeipräsidium Frankfurt am Main, Presse- und Öffentlichkeitsarbeit)

wehrwagen, Straßenbahnen und harmlose Passanten wurden mit Steinen attackiert. Auch die Polizei war von der hohen Aggressivität überrascht, setzte Wasserwerfer, Tränengas und Schlagstöcke ein. Die Angriffe einiger Demonstranten wurden sogar nach dem Vorbild paramilitärischer Operationen vorgetragen! Diese Vorgehensweisen waren – sicher nicht nur von mir – anhand der Videos deutlich zu erkennen. Bilanz am Ende des Tages: 90 Polizisten sowie 128 Demonstranten waren verletzt.

Nicht die geplanten Demonstrationen machen Angst, sondern die Bereitschaft derer, die Demos dazu nutzen, ihre Aggressionen loszuwerden. Gruppen, die sich sonst bekämpfen, nennen sich angesichts solcher Ereignisse und Krawalle plötzlich *Brüder* einer gemeinsamen Sache, wobei ihre politische Richtung zwar auseinandergeht, sie sich im anzustrebenden Ziel jedoch einig sind: Gewalt um jeden Preis! Leider ist es auch oft so, dass viele dieser Hitzköpfe mit Politik sehr wenig bis gar nichts im Sinne haben. Sie verbringen ihre Zeit hauptsächlich damit, in Erfahrung zu bringen, wo es Gelegenheiten gibt Gewalt anzuwenden; und werden sie fündig, scheuen sie auch lange Anfahrtswege nicht. Dass einige von ihnen von V-Männern dafür bezahlt werden, dass während einer zunächst friedlichen Demonstration alle Stufen der Gewalt erklommen werden, ist nicht neu. Auch in Deutschland ist es mittlerweile so, dass es nur den richtigen Funken braucht, damit das Pulverfass explodiert.

Ich wohnte siebzehn Jahre lang in Frankreich. Berufsbedingt arbeitete ich im Rahmen des Planes Vigipirate[9] sehr oft mit den *Compagnies Républicaines de Sécurité* (CRS) oder der Gendarmerie zusammen, und das hauptsächlich in Paris oder Marseille. Aus Erfahrung weiß ich daher, dass wir Deutschen in allem etwas maßvoller sind als unser Nachbar, vor allem was Streiks oder Demonstrationen anbelangt. Ich schätze jedoch den „deutschen Demonstranten“ so ein, dass er, ist ein gewisses Maß erreicht oder überschritten, mehr Genie und größeren Ideenreichtum entwickelt. So wäre es durchaus denkbar, dass zukünftige Aus-

---

9 *Plan Vigipirate ist der Begriff für französische Sicherheitsmaßnahmen zum Schutz gegen Terrorismus. Der Name ist eine Zusammensetzung aus „vigilance“ und „pirate“. Erstmals 1978 unter Präsident Valéry Giscard d'Estaing ins Leben gerufen, wurde der Plan 1995, 2000 und 2003 aktualisiert.*

schreitungen und Krawalle bei uns viel komplexer und aggressiver geführt werden, als es in Frankreich oder in den USA überhaupt möglich wäre. Warum? Weil es vielen deutschen Randalierern dann nicht mehr nur hauptsächlich darum ginge, „Gewalt um der Gewalt willen“ anzuwenden, sondern darum, sich und andere in diesem Spiel auch ständig zu übertreffen.

Wenn nun mehrere Schock-Ereignisse aus Politik und Wirtschaft (und aus der Natur) zusammentreffen, könnte es durchaus sein, dass anarchieartige Zustände bald unser tägliches Straßenbild beherrschen.

Terrorismus

Grenzübergreifender Terrorismus

Wer hat nicht immer noch die schrecklichen Bilder folgender Terroranschläge im Kopf:

- **Paris, 1995**

In einem RER Zug an der Metrostation Saint-Michel, im Zentrum von Paris, explodierte am 25. Juli 1995 eine Bombe. Acht Menschen starben, 119 wurden verletzt. Der Anschlag wurde algerischen Extremisten zugeschrieben. Bei der Bombe handelte es sich um eine Gasflasche, eingehüllt in einen Mantel aus Metallsplittern und Nägeln. Es war das blutigste Attentat einer Reihe von Anschlägen, die bis Mitte Oktober desselben Jahres andauerten und bei denen insgesamt acht Menschen starben und mehr als 200 verletzt wurden. Fallschirmjäger der Fremdenlegion patrouillierten unmittelbar nach dem Anschlag in der Pariser Métro. Im Rahmen des Planes Vigipirate trugen die Paras ihren Teil dazu bei, weitere Anschläge von internationalen Terroristen in den Stationen der Pariser Métro zu verhindern. Insbesondere meine Kompanie (1. CIE) war davon betroffen. Wir nahmen diesen Auftrag sehr ernst und waren auf alles vorbereitet. An den Reaktionen der Pariser, für viele war es das erste Mal, dass sie „Képis Blancs“ bewaffnet in ihrer Stadt zu sehen bekamen, konnte man erkennen, dass sie für diese Aktion dankbar waren. Sie wiegten sich in Sicherheit! Das Pariser Herz hieß uns ohne „Wenn und Aber“ willkommen!

- **New York, 2001**

Am 11. September des Jahres 2001 wurden drei amerikanische Verkehrsflugzeuge von jeweils fünf, eines von vier Tätern, zwischen 8h10 Uhr und etwa 9h30 Uhr Ortszeit, auf Inlandsflügen entführt. Die Täter lenkten zwei davon in die Türme des World Trade Centers in New York City und eines in das Pentagon in Arlington (Virginia). 2.989 Menschen starben.

- **Madrid, 2004**

Bei einer Serie von zehn durch islamistische Terroristen ausgelösten Bombenexplosionen am 11. März 2004 kamen 191 Menschen ums Leben. Insgesamt zehn mit Sprengstoff gefüllte Taschen explodierten mitten in den dicht besetzten Vorortzügen, in denen Pendler, Schüler und Studenten unterwegs in die Stadtmitte waren.

- **London, 2005**

Am 7. Juli 2005 erschüttert eine Serie von islamistischen Selbstmordattentaten ganz London. Die Opfer waren Zivilisten, die während der morgendlichen Hauptverkehrszeit den öffentlichen Nahverkehr der Stadt nutzten. 56 Menschen starben.

- **Florenz, 2011**

Ein Rechtsextremist ermordet im Dezember 2011 in Florenz auf offener Straße zwei schwarze Männer und verletzt weitere schwer. Der Täter ist Anhänger der neofaschistischen Vereinigung „Casa Pound“, die deutschen Neonazis als Vorbild dient. Nach der Tat erschießt sich der Mann.

- **Norwegen, 2011**

Anders Behring Breivik, ein Rechtsextremist, ermordete am 11. Juli 2011 in Norwegen 77 Menschen. Die meisten Opfer waren Jugendliche, die zu der Jugendorganisation der Arbeiterpartei gehörten. In Oslo zündete er zunächst Autobomben, auf der Insel Utöya erschoss der Rechtsextremist kurz darauf 69 Menschen. Anders Behring Breivik bezeichnete sich als Marxisten-Jäger und als Kreuzritter gegen eine vermeintliche Islamisierung Europas.

- **Paris, 2015**

Am 07. Januar kam es zu einem islamistisch motivierten Anschlag auf die Redaktion der Satirezeitschrift „Charlie Hebdo". Zwei maskierte Täter, die sich später zu Al-Qaida im Jemen bekannten, drangen in die Redaktionsräume der Zeitschrift ein, töteten elf Personen und verletzten mehrere Anwesende. Während ihrer Flucht erschossen sie kaltblütig einen am Boden liegenden, verletzten und wehrlosen Polizisten.

Der viel zitierte, von Kolumnisten, aber auch Politikern aufgegriffene Satz „*Die Frage ist nicht, ob, sondern wann ein Anschlag bei uns passiert*" ist legitim. Die Frage nach einem eventuellen Zeitpunkt ist meiner Meinung nach eine heiße Frage, denn für mich, ebenso wie für viele Experten, ist ein Anschlag längst überfällig, zählt man alle derzeitigen Fakten und Informationen zusammen.

Deutschland ist eines der Gründungsmitglieder der am 5. September 2014 von den USA ins Leben gerufenen Allianz gegen den Islamischen Staat (IS), steht somit knallhart im Zentrum eines Orkans, der uns bisher, aus welchen Gründen auch immer, verschont hat.

Ein bekanntes, erklärtes Ziel des IS ist es, Bürger jener Länder, die sich der Koalition gegen den IS angeschlossen haben, zu töten. Einer der Gründe, warum es bei uns Anschläge mit islamistischem Hintergrund im Ausmaß wie in Paris, Madrid, New York oder London noch nicht gegeben hat, könnte sein, dass Deutschland eine diskrete Hochburg von Vorbereitern, ein Terrain der Planung und des sich die „Wunden Leckens“ ist. Hier Anschläge durchzuführen hieße, unnötig auf sich aufmerksam zu machen.

Zwar hatte Anfang März 2011 ein *selbstradikalisierter* Islamist aus dem Kosovo zwei US-Soldaten, die am Frankfurter Flughafen Terminal 2 auf einen Bus warteten, der sie zum US-Militärstützpunkt Ramstein bringen sollte, erschossen, aber ob es sich dabei um einen gezielten Terroranschlag mit islamistischem Hintergrund handelte, war und ist nicht eindeutig bewiesen. Dennoch galt die Tat als erster islamistisch motivierter Anschlag mit Todesopfern in Deutschland.

Wir erinnern uns natürlich auch, und das ist somit eine Ausnahme, an die „Sauerlandgruppe“, deren Absichten Gott sei Dank rechtzeitig vereitelt wurden. Wir haben das Wirken dieser von der *Islamischen Dschihad-Union* gelenkten Gruppe damals sehr intensiv in den deutschen Medien mitverfolgt. Nach monatelanger Überwachung wurden die vier Mitglieder, deren Plan es war, per Autobomben einen größeren Anschlag zu verüben, im Herbst 2007 verhaftet.

All diese Anschläge waren organisiert, hatten Hintermänner und Drahtzieher. Doch das Monopol der direkten Gefahr liegt nicht mehr ausschließlich bei Gruppen wie der Terrormiliz IS oder Al-Qaida. Wir haben es inzwischen mit einem anderen Gegner zu tun, der weitaus gefährlicher für uns ist:

Die Angst!

Und die Angst lässt uns handeln.
In *Die Welt Kompakt* vom 16. Dezember 2014 stand zu lesen, dass der deutsche Geheimdienst bereit wäre, für Bespitzelungsdienste bis zu 2900,- Euro Monatslohn zu zahlen. Warum dieser Pfad? Weil die Sicherheitsbehörden, der Verfassungsschutz und die Polizei bei der Überwachung von Extremisten seit Jahren am Limit ihrer Kapazitäten arbeiten und im Anti-Terror-Kampf die Grenze des Machbaren längst erreicht haben.

Gerade dieser Tage ficht der Bundesnachrichtendienst einen Kampf aus, der weit wichtiger scheint als die Überwachung von Terroristen. Es ist der Kampf gegen das fehlende Vertrauen der deutschen Bürger. Die gegenwärtige Affäre um die recht seltsame Zusammenarbeit von NSA und BND hat nicht dazu beigetragen, dass wir uns sicherer fühlen. Im Gegenteil. Es herrscht ein Gefühl vor, das man mit den Worten Wut und Verwirrung wohl am besten beschreiben kann.

10 Jahre Terrorabwehr. Verfassungsschutzpräsident Hans-Georg Maaßen (re.) und Bundesinnenminister Thomas de Maiziere (CDU) am 28.10.2014. (© picture alliance / dpa Fotograf Wolfgang Kumm)

Überall in Deutschland verstreut laufen laut *Welt Kompakt* etwa 230 gewaltbereite *Gefährder* frei herum und jeder davon dürfte als tickende Zeitbombe eingestuft werden.

Ein Gefährder ist eine Person, die eine extremistisch motivierte Straftat, schwerer Art, begehen könnte. Von der wir annehmen, dass sie das auch tun wird, weil sie eine entsprechende Ausbildung hat, weil sie sich entsprechend geäußert hat.

Jörg Ziercke, Präsident Bundeskriminalamt

Als ich diese Zeilen las, dachte ich: Vorbei, heile Welt! Und ich dachte, dass man wohl am besten schläft, wenn man erst gar nichts davon wüsste. Doch die Ignoranz und das Vogel-Strauß-Verhalten helfen einem wenig, denn die Wölfe sind längst mitten unter uns. Diesen Prozess, der sich über lange Jahre hinzog, dieses Unterwandern, dieses langsame Heranwachsen einer potenziellen Gefahr haben wir zu spät erkannt und bis heute nicht wirklich im angebrachten Ausmaß ernst genommen. Bei diesen Menschen handelt es sich heute hauptsächlich um anonyme Schläfer.

Und das macht uns die Sache nicht leichter, denn diese sind wohl am gefährlichsten, was man am Beispiel des Terrordramas von Sydney gut sehen konnte. Am 15. Dezember 2014 nahm ein Mann in einem Café in Sydney mehrere Geiseln. Nach 16 Stunden stürmten Spezialeinheiten das Gebäude. Es kam zu einer blutigen Auseinandersetzung, bei der es drei Tote, darunter der Geiselnehmer, und mehrere Verletzte gab. Der Täter, ein selbsternannter Prediger aus dem Iran, der weder in das Al-Qaida- noch ins IS-Raster passte, war den Behörden reichlich bekannt, niemand aber hatte damit gerechnet, dass er tätig wird. Sydney war ein *Muster*, an dem uns allen sehr rasch klar wurde, dass eine neue Ära begonnen hatte, eine, die in Paris (siehe Anschläge auf *Charlie Hebdo*) fortgesetzt wurde.

Am 01. Mai 2015 ist in Hessen womöglich im letzten Moment ein islamistischer Terroranschlag vereitelt worden. Ziel soll ein Radrennen gewesen sein, das daraufhin abgesagt wurde: Wir sehen schon, die Bedrohung rückt näher und die Ziele befinden sich in der Mitte unserer Gesellschaft.

Welches Muster sich hier herauskristallisierte?

Die Phase der einsamen, allein, höchstens zu zweit, agierenden Terroristen!

Es handelt sich um Einzeltäter, die nicht unbedingt direkte Mitglieder von Al-Qaida und IS sind, die dafür aber, größtenteils unabhängig, präzise und tödlich, in deren Sinne agieren! Es sind Menschen, die man nicht auf irgendwelchen Listen stehen hat, die als introvertiert, höflich und nicht aggressiv gelten, die kaum eine Spur legen und nie negativ auffallen. Ereignisse wie in Sydney oder in Paris werden sich anderorts wohl immer häufiger wiederholen.

Ganz deutlich wurde uns auch vor Augen geführt, dass der bisher etwas erkaltete Krieg in *Sachen Al-Qaida und IS vs. zivilisierte Welt* mit anderen Mitteln erneut aufgenommen wurde und mit Hochgeschwindigkeit in eine ungewohnte und, schlimmer noch, in eine kaum mehr zu kontrollierende Phase eintrat. Nicht mehr ganze Netzwerke müssen wir fürchten, sondern diskrete Individuen; und das macht es uns schwierig, zu ermitteln, aufzudecken, zu vereiteln.

Waren die Anschläge auf Charlie Hebdo Wasser auf die Mühlen vieler Islamfeinde Europas und auf die von Marine Le Pen, der Parteivorsitzenden des Front National, der für Abschottung und Kontrolle steht[10]? Diese Tendenz der Abschottung und der Kontrolle ist in ganz Europa spürbar und rechtsextreme Parteien sind auf dem Vormarsch.

Das belegt auch eine Studie der Konrad-Adenauer-Stiftung[11]. Im Dezember 2013 stand in der Süddeutschen Zeitung zu lesen:

Rechtspopulismus ist in Europa auf dem Vormarsch. Parteien wie der Front National in Frankreich oder Geert Wilders' PVV in den Niederlanden konnten sich in vielen Ländern Europas als relevante politische Kraft etablieren. Eine Studie der Konrad-Adenauer-Stiftung (KAS) kommt zu dem Ergebnis, dass die gegenwärtige Stärke dieser Parteien auf einer einfachen Mobilisierungsformel basiert: Nein zu diesem Europa! Außerdem, so ein zentrales Ergebnis der Studie, beeinflussen die Forderungen der Europaskeptiker auch andere Parteien.

... ein Krieg, ein echter Krieg!

Frankreich kommt mir vertraut und bekannt vor. Viele meiner Informa-

---

10 Gaul, Simone: Wir sind die einzigen, die an Frankreich glauben – www.zeit.de

11 Grabow, Karsten / Hartleb, Florian: EUROPA – NEIN DANKE? STUDIE ZUM AUFSTIEG RECHTS- UND NATIONALPOPULISTISCHER PARTEIEN IN EUROPA – www.kas.de

tionsquellen stehen dort noch täglich mitten im aktuellen Geschehen, sind aktiv im Polizei- oder Militärdienst tätig und so erlaube ich mir wieder den Blick über den Rhein. Dies tue ich auch, weil abzusehen ist, dass Deutschland sehr bald, ich erwähnte es bereits, mit ähnlichen Problemen konfrontiert sein könnte, und natürlich mit Hinblick auf den wachsenden Terrorismus.

„Ausländer, insbesondere Muslime, raus!" Diese oder ähnliche Slogans hörte man in Frankreich in den Tagen nach dem Anschlag auf *Charlie Hebdo* an fast jeder Straßenecke. Einige sprachen gar vom *Krieg der Religionen*, aber sie sagten es nicht zu laut.

„C'est une guerre, une vraie guerre!" (Es ist ein Krieg, ein echter Krieg!), schrieb *Le Figaro* am 07. Januar 2015. Bereits kurz vorher meinte Thibault de Montbrial, ein bekannter französischer Jurist und Sicherheitsberater, im *Le Figaro*: „Ce 7. janvier marque un tournant dans notre histoire contemporaine" (Dieser 7. Januar bezeichnet eine Wende in unserer Geschichte der Gegenwart.).

Allein an diesen Reaktionen erkennen wir, dass man sich in unserem Nachbarland nicht scheut, das Übel öffentlich beim Namen zu nennen. Leider aber geschieht wenig, um diesem Übel wirksam entgegenzutreten. Alle Versprechungen der „République", der Ghettoisierung vorzubeugen – denn genau hier sprießen die Wurzeln des Übels –, wurden bisher nicht umgesetzt und deshalb wird sich Frankreich weiterhin schwertun, den Terrorismus einzudämmen[12]. Und bei uns? Wie geht Deutschland mit Bedrohungen dieser Art um?

Wir sollten auf Kurs bleiben und zunächst sehr kritisch den Medien gegenüber sein.

---

12 Sarkozys „Marshall Plan" für die französische Banlieue und der bereits 2008 vorgelegte „plan espoir [Hoffnung] banlieues" (aus dem schnell ein plan désespoir [Enttäuschung] banlieues wurde) beinhalteten starke Worte, denen aber kaum konkrete Maßnahmen folgten. Die Verantwortliche, Fadela Amara, kämpfte gegen Windmühlen: „Die gesamte Regierung und die Gesamtheit der Akteure, die in die Stadtpolitik involviert sind, können deutlich mehr tun", sagte sie und warf den hohen Funktionären vor, die Umsetzung des Plans zu bremsen. Grund dafür sei die Abneigung der französischen Elite gegenüber sozial-strukturellen Veränderungen, die ihre privilegierte Position gefährden könnten. (Quelle: Ernst Hillebrand und Christian Kreuder-Sonnen / Friedrich-Ebert-Stiftung – Büro Paris).

Die Medien sagen beziehungsweise suggerieren uns, was falsch ist und was nicht. Wie sie das tun? Durch eine geschickte Wortwahl. Durch einen unkorrekten Kommentar zur richtigen Zeit. Durch eine gezielte Kameraführung. Durch *in den Vordergrund Schieben*, durch *nicht Erwähnen* oder durch *bloßes Weglassen* von Informationen. Und wenn es stimmt, dass die Medien eventuell von den Reichen dieser Erde kontrolliert[13] und zensiert werden, sehen und hören wir nur das, was man uns sehen und hören lassen will.

Tötet ein IS-Terrorist einen einzigen Mann, dann gehen die Bilder um die ganze Welt. Krisenherde, die aber täglich hunderte von Opfern fordern, und das oft unter nicht weniger grausamen Bedingungen, werden kaum mehr erwähnt.

In Nigeria mordet Boko Haram im Stundentakt wehrlose Menschen, Frauen und Kinder, auch während ich diese Zeilen schreibe. Über das tatsächliche Ausmaß der Gräueltaten wird kaum berichtet.

In Nord-Laos werden die *Hmong* (ich lernte Vertreter der Hmong in Französisch Guyana kennen und war von ihrer Wärme und ihrer Offenheit zutiefst beeindruckt) teilweise immer noch gnadenlos gejagt und wie Tiere nach einer Treibjagd erschossen oder in Lager gesteckt, wo die Folter ihnen sicher ist. Die Hmong: Man hat sie einfach vergessen und kaum jemand spricht von ihnen!

Der internationale Menschenhandel, die Sklaverei und die sexuelle Ausbeutung auf der Arabischen Halbinsel, in Zentralafrika, wo ich es selbst miterlebt habe, und in Zentralamerika florieren, sind ein Milliardengeschäft. Eines, das längst auch in Europa angekommen ist. Von den meisten unserer Medien wird es einfach ignoriert.

In Haiti, im Sudan sowie im Tschad und an anderen dunklen Orten dieser Erde kaufen reiche Europäer und Amerikaner Kinder[14]. Offiziell adop-

---

13 Vgl. Stéphane Hessel, Empört euch, Seite 7.

14 Nüsse, Andrea: Erste Anzeichen für Kinderhandel – www.zeit.de
L'enfant à l'épreuve de la réalité haïtienne: https://sudsolidarite.files.wordpress.com
Adoption illégale – dix Américains arrêtés en Haïti: http://lci.tf1.fr
Les réseaux de traite d'enfants s'activent en Haïti: www.lefigaro.fr

tiert, wechseln diese für eine Handvoll Dollar die Eltern, werden so gegen ihren Willen und aus „Barmherzigkeit“ aus ihrem natürlichen Umfeld, aus ihrem ihnen in die Wiege gelegten kulturellen Kontext herausgerissen und von einem Kontinent zum anderen gezerrt. Einige Tausend US-Dollar und ein blauer Stempel auf weißem Papier machen die illegale Sache offiziell. Ich komme im Kapitel *Menschenhandel und Dekadenz im Namen Gottes* noch ausführlicher darauf zu sprechen.

Ich schreibe diese Beispiele, um zu demonstrieren, wie viel Gewicht viele unserer Medien dem internationalen Terrorismus beimessen und wie unwichtig ihnen Themen erscheinen, die weitaus ernstzunehmender sind. Vor allem die Schicksale von Minderheiten finden heutzutage kaum mehr Gehör.

Die jeweilige Aktualität ist nie langlebig. Schlagzeilen wie Aufstieg oder Fall eines Politikers, Wahlkampagnen, Fehltritte bekannter Persönlichkeiten, Kriegsgeschehen oder Bilder von blutigen Attentaten kommen und gehen stündlich. Und dazwischen, unauffällig, werden gewisse Informationen geschickt gesteuert und mittels gezielter Wiederholungen so dosiert an den Mann gebracht, dass sie ihr Ziel, uns das fressen zu lassen, was wir fressen sollen, gar nicht verfehlen können! Ein Beispiel dafür wäre, dass von den Medien ohne Unterlass behauptet wurde, in der Ost-Ukraine gäbe es angeblich russische Einheiten, welche die Separatisten direkt im Kampf gegen die prowestliche Regierung unterstützen. Die amerikanischen Medien *schätzten* gar, es gebe 12.000 russische Soldaten in der Ost-Ukraine, aber: Es lagen und es liegen keine einzigen stichhaltigen Beweise dafür vor! Diese Schätzung wurde aber von einigen deutschen Tageszeitungen und TV-Sendern übernommen und verbreitet. Propaganda funktioniert nur, wenn sie permanent wiederholt wird!

Und genauso fand es damals statt. Wenn man ständig immer wieder dieselben Behauptungen, ohne stichhaltige Beweise oder knallhart belegte Wahrheiten präsentiert zu bekommen, hört, so kommt man bei uns rasch zu der Überzeugung, dass dem tatsächlich so ist.

Ähnliche Arten von Fehlinformationen finden wir im Internet. Social Media stellt für Einzelpersonen, für Parteien, aber auch für Staaten als solche, wuchtige Medien-Manipulationsplattformen dar, die das Potential haben, Rebellionen und sogar Kriege auszulösen.

Facebook, Twitter & Co sind eine Macht.

Wäre zum Beispiel die arabische Revolution auch ohne Social Media möglich gewesen? Kaum! Seit 2010 ist klar: Online-Netzwerke können der Zünder eines hochexplosiven Gemisches sein. Man sitzt im Hinterzimmer eines Cafés, im Wohnzimmer oder an der Rezeption eines schäbigen Hotels, geht online, erfährt von Unrecht und von Protesten, von Revolutionen, mit denen man sich identifiziert, und schon ist man drin in der Teufelsspirale. Man tauscht Informationen, Bilder, Clips, Fragen und Anregungen. Der Kampf findet also zunächst am PC statt und wird auf der Straße fortgesetzt. Innerhalb von Stunden können auf diese Art und Weise geschickt manipulierte Bewegungen erzeugt werden, die wiederum hunderttausende von Folgern und Sympathisanten mobilisieren. Voraussetzung dafür ist, dass eine gewisse soziale Unzufriedenheit bereits besteht und es Hoffnung auf Änderungen gibt. Wer jedoch den Funken überhaupt initialisierte, das interessiert hinterher kaum noch jemanden; doch genau das wäre die zu stellende Frage.

Was bleibt sind wir, geeicht, manipuliert und überfüttert mit für uns meist unnützen Informationen. Mit Informationen, die dazu auch noch unser eigenes Urteilsvermögen gewaltig herabsetzen und täuschen. Anstatt jedoch alles, was man uns virtuell und akustisch vorführt, für bare Münze zu nehmen, sollten wir uns mehr auf unseren Instinkt, auf unser Bauchgefühl verlassen. Und wir sollten unsere Entrüstung zeigen, nicht jedoch mit der Waffe in der Hand, sondern durch klare, unmissverständliche Worte.

Nehmen wir den Terror zu wichtig?

Stellen Sie sich vor, es ist Krieg, aber keinen interessiert es sonderlich und das Leben ginge ganz normal weiter, als sei nie etwas geschehen! Gewisse, eigentlich unwichtige Personen und Kreise aus dem terroristischen Umfeld, ausgestattet mit hoher, gar höchster krimineller Energie, bewegen sich wie Stars im Licht der hohen Medienaufmerksamkeit: Ob *Osama bin Laden, IS und al-Qaida, die Dschihadisten der Anschläge auf Charlie Hebdo, der rechtsextremistische Mörder Anders Behring Breivik …* Sie nehmen zu viel Gewicht ein, drängen sich in unserer Prioritätenliste ganz nach oben und die Frage ist: Wollen wir das? Wollen wir zulassen, dass ihre Aktionen und die Gespräche darüber unseren Alltag beherrschen? Wollen wir den Terroristen das Gefühl geben, dass ihre Gewalt etwas bewirkt?

Gegenüber blutigen Anschlägen ist die Angst sicherlich einer unserer ärgsten Gegner. Der Wahn aber, jetzt schnell, unüberlegt und mit fliegenden Fahnen zu reagieren, ist es nicht minder.

Drum, wenn es uns gelingt, die Anschläge, ausgeführt von Terroristen – angefangen von politisch motivierten Attentätern bis hin zu Islamisten –, angesichts anderer, ebenso tragischer oder noch schlimmerer Ereignisse zu relativieren, dann sind wir auf dem richtigen Weg. Was wäre, wenn nach solchen Anschlägen, anstatt *Titelseite und Schlagzeile*, nur ein paar Worte unten auf Seite sechs anstehen, höchstens ein winziger Kommentar? Was wäre, wenn der tiefe Media Impact, den Terroranschläge stets mit sich bringen, entfallen würde, wenn der öffentliche Aufschrei und das kollektive Entsetzen so minimal wie nur irgend möglich ausfallen und wenn die grenz- oder kontinentüberschreitende Aufmerksamkeit, die solche Akte stets hervorrufen, ausbleibt?
Zumindest sichtbar sollte diese „übergroße Aufmerksamkeit“ ausbleiben.

Dann, so bin ich mir fast sicher, treffen wir tiefer ins Herz dieser Menschen, als wir denken, denn sie nähren sich von unserer Aufmerksamkeit. Wir hätten dann einen wertvollen Schritt in die Richtung der Erfüllung unserer eigenen Ideen, Ziele und Wünsche getan. Wir sollten versuchen, uns in einer *absoluten Freiheit* zu bewegen, und unser Leben so gestalten, wie es uns gefällt. Wenn wir jedoch jedes Mal, wenn ein Anschlag geschieht, dem Drang nachgeben, handeln zu müssen, und radikale Maßnahmen ergreifen, dann entfernen wir uns stets ein Stück weit von dieser Freiheit. Wir leben dann im Zwang, bewegen uns nicht mehr frei, sondern im Takt der Agenda irgendwelcher Terroristen sowie von deren Hintermännern und Netzwerken.

Wir sollten wachsam sein und könnten den Menschen um uns herum etwas mehr Aufmerksamkeit widmen.

Sicherheit ist eine Gemeinschaftsaufgabe. Unser Beitrag dafür? Genauer, intensiver hinschauen! Wenn für unseren Sicherheitsapparat die Beobachtung *suspekter* Personen oder von deren Bewegungen zu personalintensiv ist, dann sollten wir uns angesprochen fühlen. Jeder von uns, sofern er sein Leben und seine Mitmenschen liebt, steht in einer natürlichen Verantwortung. Eine gesunde Portion Misstrauen ist immer angebracht, wobei unser Misstrauen gegen Zuwanderer nicht von Voreingenommenheit geprägt sein sollte.

Nicht wegschauen, sondern versuchen zu verstehen, warum gewisse Sachen so sind, wie sie sind.

Es raubt uns keine Zeit, das nicht ins Bild passende Verhalten gewisser Bürger drei Sekunden länger als üblich zu beobachten und, gegebenenfalls an Ort und Stelle, Bedenken darüber zu äußern. Lassen Sie uns alle, wenn die Situation es erfordert, und genau das ist jetzt im Angesicht der wachsenden Gewalt weltweit der Fall, für unsere schöne Bundesrepublik etwas aufmerksamer sein. Ich habe im Laufe meiner langen Jahre auf Reisen eines immer wieder feststellen müssen: Nirgendwo lebt es sich besser als in Deutschland! Lassen Sie uns, die wir hier leben, etwas näher zusammenrücken und eine geschlossene Front gegen *jegliche* Art von Terror und Kriminalität bilden – ungeachtet der Motive, der Religion oder der Herkunft der Täter. Das macht Sinn.

Das Schlimmste ist die Verallgemeinerung

Wir sollten nicht Alle und Alles über einen Kamm scheren. Die größte Gefahr sehe ich nun in der Verallgemeinerung. Offensichtlich tragen ständige Stimmungsmache und einseitige Berichterstattung ihre Früchte, denn aus zahlreichen Gesprächen mit mir völlig unbekannten Menschen hörte ich heraus, dass fast alle von ihnen alles, was fremd und exotisch aussieht, in einen Terroristen-Topf werfen. Das zeugt von der Leichtfertigkeit meiner Gesprächspartner, denn das ist zu oberflächlich, zu gefühls-, zu emotionsbehaftet. Das Thema jedoch schreit geradezu nach tiefer Reflexion, nach Objektivität und sicher auch nach einer gut dosierten Portion Unparteilichkeit. *Nicht verallgemeinern ...* Viele Menschen in Europa können gerade diese Aufforderung nicht mehr hören. Aber was erreicht man damit, wenn wir verallgemeinern? Sicherlich nicht das, was manche sich erhoffen. Nicht verallgemeinern hingegen, die Franzosen nennen es *„ne pas faire d'amalgame"*, ist human und gerade das zeichnet uns Deutsche generell aus.

Die Humanität und das *nicht verallgemeinern* sind unser Trumpf, den wir der Zeit, den Despoten, den Gewaltherrschern und den Manipulatoren abgerungen haben. Wenn wir beginnen fremdenfeindlich zu denken, zu generalisieren und nur Schatten sehen zu wollen, wo durchaus auch Licht ist, dann wirft es uns um acht Jahrzehnte, vielleicht weiter, in die Vergangenheit zurück. Und das wiederum macht uns zu *manipulierten Schreihälsen* und setzt uns auf dieselbe Stufe wie all diese Kriminellen, von denen hier die Rede ist. Hätte dann jemand sein Ziel erreicht? Wir sollten unserer Linie treu bleiben und nicht auf das Trittbrett eines Fahrzeugs aufspringen, derweil der Fahrer sich die Hände reibt und hämisch grinst.

Das Einzige, was man aus *Verallgemeinerung* herausliest, ist Angst und Ratlosigkeit, aber sind gerade wir Deutschen nicht im Gegenteil eher mutige, entschlussfreudige Menschen? Ich denke, schon!

Verallgemeinern heißt ... nicht mehr genau hinschauen, nicht mehr kritisch sein, den Überblick verlieren!

Ich denke, das passt nicht zu uns.

Jedes Mal, wenn ich im Ausland unterwegs bin und dort erwähne, dass ich Deutscher sei, höre ich überall nur Bewunderung und auch etwas Neid heraus, und auch wenn niemand es laut sagt, so spüre ich: Man liebt uns Deutsche (noch!). Und warum wohl? Wegen unseres Ordnungssinnes, wegen unserer Disziplin und unserer Geradlinigkeit. Wegen unsres Fleißes. Man liebt uns aber auch, weil wir ab einem gewissen Zeitpunkt unserer Geschichte entschieden haben, nach vorne zu schauen und gewisse Dinge ruhen zu lassen. Weil wir meist mit Erfolg zwischen Richtig und Falsch, zwischen Gut und Böse zu unterscheiden wissen. Weil wir ... *auch den Medien zum Trotz* ... tolerant, weltoffen und dialogbereit sind. Weil wir uns nicht, im Gegensatz zu einigen anderen EU-Ländern, automatisch und wie Fähnchen im Winde, der Meinung der kaum kritikfähigen Weltmacht USA anschließen.

Letzteres ... *sich nicht bedingungslos den USA in allen Belangen zu beugen* ... ist vielleicht ein weiterer Grund, warum große, islamistisch bedingte Anschläge bei uns bisher nicht stattfanden.

Weil wir nein zu einem Libyen-Einsatz sagen konnten und konsequent, als Vorbild und quasi im Alleingang, am Atomausstieg arbeiten. Das alles macht uns aus, das sind wir! Aber, und das ist, was ich eigentlich sagen will ...

Wir dürfen uns jetzt nicht täuschen!

Alle und Alles in einen Topf werfen?
Das sollten wir anderen überlassen!

Wir sollten uns aber alle die Frage stellen, warum gerade jetzt diese Wellen des Terrors über Europa hinwegfegen. Wer hat ein besonderes Interesse daran? Dass es strategisch denkende Hintermänner (Staaten, Organisationen) gibt, ist eine Möglichkeit unter vielen – und falls dem so ist: Wollen sie den Westen zu einer Kurzschlussreaktion zwingen? Ich halte das für gut möglich!

Es ist sehr wahrscheinlich, dass zumindest der jüngste Anschlag auf Charlie Hebdo sowie auch die weiteren Anschläge in Paris, London und Madrid spontane, mittelfristig geplante Terroranschläge waren, deren Organisatoren (Al-Qaida im Jemen? Andere islamistische Organisationen?) über den Tellerrand nicht hinausblickten. Wir müssen sie so nehmen, wie sie sind, denn derartige Anschläge hat es immer gegeben. Und es wird sie auch immer wieder geben, nur Namen, Orte und Modus Operandi ändern sich. Das Säbelrasseln und die Reaktionen der westlichen Welt sollten auch deswegen *verhältnismäßig* ausfallen.

Bezüglich der aktuellen sicherheitspolitischen Lage in Europa vermisse ich die Weisheit eines Mannes wie Peter Scholl-Latour. Er würde, da bin ich mir sehr sicher, der Situation mit klaren, einfachen Worten und mit seinen wie mit dem Messer gestochenen Analysen einen Namen geben, zur Mäßigung raten und, noch wichtiger, uns vor Überreaktionen warnen, vor allem, was die Ukraine-Krise betrifft. Ich mochte Scholl-Latour vor allem deshalb, weil er sich immer offen gegen eine Dämonisierung des Iran aussprach, weil er es wagte, in islamistischen Gruppen wie der Hisbollah und der Hamas nicht einfach nur Terroristen, sondern eben Widerstandsbewegungen zu sehen, und weil er dies auch offen kundtat. Er hatte Courage und meist auch Recht mit seinen Prognosen. Und er war Vorbild, weil er bei Brandherden, über die er später berichtete, dabei war, und zwar stets ganz vorne! Die Welt vom Büro aus zu verbessern, überließ er den anderen. Aktuell und wohl auf lange Sicht gibt es in Deutschland keinen würdigen Nachfolger für Peter Scholl-Latour.

EU Flagge

Zwischenspiel

Wie ich Peter Scholl-Latour kennenlernte

Im Februar 2009 stieß ich auf ein Zitat von Peter Scholl-Latour. Ich fand es gut zu meinem Buch – Die Legion – passend, aber mehr noch. Ich überlegte, ob es nicht eine gute Idee wäre, den alten Haudegen, Autor, Journalisten und Publizisten zu fragen, ob er nicht ein Vorwort für mein Manuskript schreiben könnte. Da ich nicht wusste, wie ich mit ihm Kontakt aufnehmen konnte, googelte ich und stieß auf die Information, dass Peter Scholl-Latour Präsident der Deutsch-Arabischen Gesellschaft (DAG) war. Ich schrieb mein Anliegen nieder, schickte es an den Chefsekretär der DAG mit der Bitte, die Mail an Herrn Scholl-Latour weiterzuleiten. Am nächsten Tag kam vom Sekretär prompt die Antwort: Peter Scholl-Latour sei gerade 85 geworden, er sei sehr beschäftigt und habe keine Zeit. Das saß! Umso größer war meine Überraschung und entsprechend meine Freude, als vier Monate später (ich hatte den Vorfall längst vergessen) bei mir das Telefon klingelte. Der Mann, dessen Bücher ich in meiner Kindheit geradezu verschlungen hatte (ganz an der Spitze „Der Tod im Reisfeld"), war persönlich am Apparat. Das folgende Gespräch (... er nannte mich „Kamerad Gast") war herzlich. Peter Scholl-Latour entpuppte sich als aufmerksamer Zuhörer, der sich nicht zu schade war, mit mir – einem Menschen, den er kaum kannte – mit offenem Visier zu reden. Kurz darauf rief Scholl-Latour mich wieder an. Er bedankte sich für eines meiner Bücher, das ich ihm hatte zukommen lassen, fragte mich, ob ich vom Gerücht gehört hätte, dass er mit mir demnächst in einer Reportage zusammen auftreten oder gar einen Dokumentarfilm drehen würde oder ob wir andere, ähnliche Projekte hätten. Ich verneinte, fühlte mich geehrt. Wir hielten seit diesem Zeitpunkt, und bis zu seinem Tod, regelmäßigen und freundschaftlichen Kontakt.

Doch nun kurz zurück zum blutigen Anschlag auf *Charlie Hebdo* und die Geiselnahme in einem jüdischen Supermarkt an der *Porte de Vincennes* in Paris. Der getötete französische Polizist hieß Ahmed Merabet[15]. Merabet war Muslim, ein Franzose algerischer Herkunft. Und er war stolz darauf, Frankreich als Polizist zu dienen. Er vertrat und verteidigte aus Überzeugung die Werte unseres Nachbarn, der Französischen Republik: Liberté, Égalité, Fraternité! – Freiheit, Gleichheit, Brüderlichkeit!

> Sollten wir wirklich so sehr verallgemeinern, wie zuvor bereits beschrieben, und alles in einen Topf werfen? Fremde, Bärtige und Andersdenkende auf die gleiche Stufe mit den Terroristen stellen?

Ein Supermarktangestellter aus Mali brachte am Tag darauf 15 Kunden eines jüdischen Supermarkts in *Porte de Vincennes* vor einem Attentäter in Sicherheit. Der Angestellte war Muslim, wie der Attentäter. Er selber sagte nach seiner Rettungstat: „Ich habe keine Juden versteckt, ich habe Menschen versteckt."

> Diesem Angestellten, *obwohl* er Muslim war, kam nie eine Sekunde lang die Idee zu verallgemeinern und in Juden plötzlich Feinde zu sehen. Er tat, was getan werden musste. Punkt!

Während ich in Frankreich lebte, hatte ich Freunde in Bastia, in Marseille, in Paris oder auch in Strasbourg und in Lille, es sind Christen, Buddhisten, Juden und Muslime.

> Nie würde ich, weil ja bärtige Muslime in den Augen der Allgemeinheit Terroristen sind und Juden ja auch, mich von meinen Freunden abwenden. Freundschaft lässt sich nicht verhandeln!

In der Legion hatten wir in ein und derselben Kompanie Soldaten aus dreißig, manchmal mehr Ländern. Alle Rassen waren vertreten, alle Religionen und dementsprechend unterschiedlich waren unsere Weltanschauungen. Probleme gab es deswegen aber kaum, alles verlief ruhig und ohne große Probleme. Die Harmonie bestach, die Effizienz auch.

---

15 Das Video – das zeigt, wie er getötet wurde – ins Internet zu stellen, war meines Erachtens ein monumentaler Fehler. Man könnte fast meinen, es war Absicht(?). Es sollte geprüft werden, wer ein Interesse daran hatte, dass genau das geschieht. Hier griff sofort die Manipulation der Medien und das wussten der oder die Autoren ganz sicher auch.

Verallgemeinern?

Dies zu tun, würde mir niemals in den Sinn kommen!

Es gibt Menschen, die verüben Anschläge auf Unschuldige, und es gibt andere, die tun es eben nicht. Die es nicht tun, sitzen im selben Boot wie wir. Auch deshalb sollten Begriffe wie Rassismus, rechtsterroristische und fremdenfeindliche Umtriebe für uns wieder Fremdwörter werden und in diesem Sinne wäre es angeraten, wie bisher, die sinnvolle und aufrichtige, wenn auch streng kontrollierte Integration von Migranten ständig zu verbessern und voranzutreiben. Dies nicht zuletzt auch deshalb, weil Gleichgültigkeit und Ausgrenzung den Immigranten gegenüber jede Art von Extremismus-Denken ihrerseits eventuell erst entstehen lässt oder verstärkt.

Oft, wenn ich die Möglichkeit dazu habe, spreche ich mir völlig unbekannte Menschen an, denen anzusehen ist, dass es sich um hier lebende Ausländer oder um Menschen mit Migrationsvorgeschichte handelt. Neun von zehn bestätigen, dass der Rassismus und die Ausländerfeindlichkeit in Deutschland sicherlich vorhanden sind, sie aber bislang kaum ein unlösbares Problem darstellen. Die Lebensqualität leidet nicht darunter. Doch! Teilweise ist sie weg, die Lebensqualität, und es brodelt dann ganz gewaltig im Untergrund, aber gemeinsam könnten wir diesen Zustand eindämmen. Das geht jedoch nur, wenn wir gewisse Organisationen, wie zum Beispiel PEGIDA oder die NPD, in die Schranken verweisen, ihnen vehement die rote Karte zeigen. Es gibt in Europa nicht viele Länder, in denen Immigration ähnlich gut verläuft wie bei uns oder wie zum Beispiel auch in Schweden oder Kanada (siehe „kanadisches Modell“). Wir müssen aber wachsam sein, dürfen das rechte Gedankengut niemals die Oberhand gewinnen lassen.

Von „Rechts“ strömt Terror aus!

... und der steht uns Deutschen nicht gut zu Gesicht!

Immer wieder höre ich von Politikern aller Parteien, dass Bildung der wichtigste Schlüssel zu einer gelungenen Eingliederung ist. Diese Einschätzung ist mir etwas zu einfach! Grundsätzlich widerspreche ich ihr nicht, denn Bildung ist selbstverständlich existenziell. Noch wichtiger aber erscheinen mir der respektvolle Umgang miteinander, das Gespräch sowie die gegenseitige Akzeptanz. Bildung gepaart mit Wohlwollen: Das klingt erfolgversprechend!

Das größte Übel, das wir unseren Mitmenschen antun können, ist nicht, sie zu hassen, sondern ihnen gegenüber gleichgültig zu sein. Das ist absolute Unmenschlichkeit!

George Bernard Shaw

Wir sollten ganz gezielt und ganz entschlossen gegen alle bekannten radikal-militanten Terrorverdächtigen, gegen Hassprediger in unsrem Land vorgehen[16]. Die Effizienz natürlicher und permanenter Maßnahmen, im Gegensatz zu jenen, die hastig und in aller Eile gefasst werden, weil gerade eine Serie von Attentaten geschehen ist, ist bewiesen.

Ständig agieren, nicht reagieren!

Und wir sollten nicht übereifrig agieren, nur weil wir gerade *den Atem des Bösen* in unserem Nacken spüren, sondern höchst konzentriert und wohl überlegt, weil wir stets in der Verantwortung gegenüber unseren Kindern und unseres Willens zur Freiheit stehen.

Aus dieser Verantwortung und aus diesem Willen zur Freiheit heraus, aber ohne jeden uns von Kriminellen auferlegten Zwang zum Handeln, muss auch Terrorismus, ganz egal aus welcher Ecke er kommt, knallhart bekämpft werden. Und das geht uns, wie bereits beschrieben, alle

---

16 Andere Länder, andere Sitten. In einem Gespräch mit einem Schiffskapitän aus Kuala Lumpur – es ging um das organisierte Verbrechen – sagte dieser mir allen Ernstes, dass in Malaysia rezidivierende Verbrecher in Nacht- und Nebelaktionen, und ohne dass jemals jemand davon Wind bekommt, einfach „entsorgt" werden. Das spart Personal, Zeit, Geld, Ärger und bringt mehr Sicherheit. Der administrative Aufwand? Gleich null! Inwiefern diese Aussage auch den Tatsachen entspricht, konnte ich leider nicht verifizieren.

etwas an. Weltoffenheit und Toleranz schließen eine gewisse Vorsicht eben nicht aus! Grundsätzlich müssen wir jedoch mögliche Verdachtsmomente, ob mit kriminellen oder gar terroristischen Anhaltspunkten, sehr sorgfältig überprüfen, um unsere Grund- und Menschenrechte nicht zu beschneiden. Gibt es aber fundierte Hinweise oder Beweise, dann muss unverzüglich gehandelt werden, und dieses Handeln soll einen nachhaltigen Charakter haben.

Eventuell bedarf es einer Aufstockung unseres Sicherheitspersonals und von deren Mitteln.

In Deutschland liegt das Gewaltmonopol ausschließlich beim Staat und nicht beim einzelnen Bürger oder den zu Gruppen zusammengeschlossenen Bürgern. Nur ganz wenige Ausnahmen bestätigen diese Regel, dann zum Beispiel, wenn es um die Ausnahmerechte oder *Jedermann-Festnahmerechte* geht. Ich spreche von vorläufigen Festnahmen, Notwehr oder Nothilfe, vom defensiven und aggressiven Notstand etc. Diese Ausnahmerechte erlauben es jedem – *gewisse Voraussetzungen erfüllt* –, Gewalt anzuwenden, um seine oder fremde Rechtsgüter zu schützen. Wer sich mit dieser Thematik ausgiebig auseinandersetzt, der wird überrascht sein, wie viele Gesetze es gibt, die einem die Anwendung von Gewalt zur Durchsetzung seiner Rechte erlauben. Darauf wollte ich aber nicht hinaus, denn wie gesagt: Es sind Ausnahmen. Ich weise aus dem Grund ausdrücklich auf das Gewaltmonopol des Staates hin, weil ich davon überzeugt bin, dass kein Bürger Selbstjustiz üben sollte.

Brauchen wir härtere Strafen?

Terror und Kriminalität wechseln ständig ihr Gesicht. Sie erfinden sich stets neu, modernisieren sich im Rhythmus der Zeit, und so kommt es auch zu dem Phänomen, dass, um ihnen zu begegnen, die jeweils aktuelle Gesetzgebung teilweise nicht mehr zeitgemäß genug ist. Um dem entgegenzuwirken, muss sie an die jeweils neuen Realitäten angepasst werden. Aber nicht spontan und aus der heißen Situation heraus, sondern mit Weitblick über die Jahre hinweg und unter Umständen auch Entwicklungen mit einplanend. So zum Beispiel könnte das

Thema Strafverschärfung neu aufgegriffen werden und falls es keine legale Basis dafür gibt, adäquatere Strafen anzuwenden, dann muss so eine Basis eben geschaffen werden. Ich denke, dass härtere Strafen für Gewalttäter, Sexualstraftäter und für Terroristen eingeführt werden müssen.

Für Sexualstraftäter und deren Helfer sollten Datenbanken erstellt werden, die von potenziellen Arbeitgebern eingesehen werden dürfen. Weiterhin könnten wir prüfen lassen, ob es nicht vielleicht doch Sinn ergäbe, die Haftbedingungen für Gewaltverbrecher zu verschärfen. Die Strafen sollten länger, der Vollzug härter und die Haftbedingungen etwas rüder sein.

Ich war sehr oft in Alten- bzw. in Pflegeheimen unterwegs. Die Bedingungen dort sind teilweise abschreckend und menschenunwürdig. In einigen Einrichtungen herrschen Inkompetenz, Ungeduld, Gleichgültigkeit und äußerste Strenge. Gleichzeitig weiß ich von Häftlingen über die Haftbedingungen von Gewaltverbrechern Bescheid. Unsere ältere Generation kann in den meisten Altenheimen oft nicht in Würde altern, Gewaltverbrecher jedoch büßen wenig in ihrer Würde ein, wenn sie in einem deutschen Gefängnis sitzen. Wir sollten das nicht hinnehmen!
Für Terroristen, die eine Steigerung des Gewaltverbrechens darstellen, muss im Vollzug wieder ein ganz anders Maß angesetzt werden. Hier sollte dem Innenleben der Vollzugsanstalten viel mehr Aufmerksamkeit geschenkt werden. Für diese Häftlinge darf es kaum Vergünstigungen geben und auch keine Möglichkeiten, mit anderen weitere Pläne über Terroranschläge zu schmieden, damit nach der Entlassung wieder Menschen getötet werden.

- Einer der *Charlie Hebdo* Attentäter, Chérif Kouachi, radikalisierte sich im Gefängnis.

- Auch Mehdi Nemmouche, ein Dschihadist, der als IS-Rückkehrer in Belgien vier Menschen tötete (ich komme später noch auf ihn zu sprechen), schloss sich während der Haft einer Gruppe radikaler Islamisten an, die sich im Gefängnis formiert hatte.

- Ich erwähnte die Serie von Terrorattentaten auf die Pariser Metrostationen von 1995, die mit der Explosion einer Bombe in der Station Saint-Michel begannen. Einer der Täter: Khaled Kelkal. Auch Kelkal lebte in der Banlieue, auch er befand sich ein Jahr lang zusammen mit einem anderen Araber in einer Gefängniszelle … bevor er tätig wurde! Erst dort, im Gefängnis, kam er mit dem islamistischen Fanatismus in Kontakt.

Soziale Kontakte? Ja! Aber nicht unter Gleichgesinnten. Oft wird der Fehler begangen, die Opfer von Terroranschlägen schnell aus dem Blick zu verlieren, die Täter jedoch mit aller Gewalt zu resozialisieren, damit sie später ein besseres Leben führen können.

Strafverschärfung soll aber nicht zum Beispiel heißen: Wiedereinführung der Todesstrafe. Ich bin ein strikter Gegner davon! Auch deshalb schon, weil wir eine Gesellschaft sind, die reift, sich nicht rückwärts bewegt oder entwickelt!

Abschiebung?

Das Thema Abschiebung muss meiner Meinung nach neu diskutiert und die Durchführung einer solchen – von Fall zu Fall und sehr sorgfältig geprüft – in Erwägung gezogen werden. Denn uns bekannte, gewaltbereite Menschen sollten, sofern sie unser Land als Spielwiese für ihre abnormalen Verhaltensweisen betrachten, auf keinen Fall gefördert werden. Dabei sollte darauf geachtet werden, dass eine eindeutig begründete Abschiebung mit verhältnismäßig geringem administrativem Aufwand zügig durchgeführt werden kann. So muss es zum Beispiel möglich sein, bekannte und auffällig gewordene Straftäter per Gerichtsentscheid sofort des Landes zu verweisen. Sollten schwere Straftäter, Gewalttäter oder Terroristen (mit Migrationshintergrund) durch Einbürgerung oder durch Geburt die deutsche Staatsbürgerschaft erlangt haben, wäre es meiner Meinung nach angebracht, ihnen, sofern eine doppelte Staatsbürgerschaft besteht, diese abzuerkennen. Die doppelte Staatsbürgerschaft für diese Kreise würde höchstens Unsinn ergeben, denn das käme einem Spiel gleich, nämlich dem des Jackenumdrehens, wie man es gerade braucht und wie es, je nach kriminellem Wunschdenken, dem jeweiligen Personenkreis am meisten Vorteile bringt!

Ein Beispiel dazu liefert unser Nachbar Frankreich. Dort hat der Verfassungsrat im Januar 2015 entschieden, dass eingebürgerte Migranten mit doppelter Nationalität bei schweren Straftaten die französische Staatsbürgerschaft verlieren können. In Deutschland, in Frankreich sowie in anderen EU-Ländern wurde diese Debatte auch immer wieder mit jungen Menschen in Verbindung gebracht, die ihr Land verlassen, anderswo zur Waffe greifen, dort straffällig werden und wieder in ihre Heimat zurückkehren. Natürlich ist die Rede von Dschihad- bzw. IS-Rückkehrern.

IS

Das nächste Kapitel widmet sich IS-Rückkehrern. Bevor ich damit beginne, hier ein kurzer Umriss, was hinter der Bezeichnung IS steckt, welche Ziele diese Extremisten verfolgen und was sie motiviert.

Noch vor nicht allzu langer Zeit hätten wohl nur wenige Menschen auf dieser Erde etwas mit dem Begriff *IS* anfangen können. Das hat sich im Jahre 2014 radikal geändert.

Die Terrororganisation IS führt im Nahen Osten einen Heiligen Krieg von einem bisher nie dagewesenen Ausmaß. Diese *Organisation* kontrolliert inzwischen ein riesiges Gebiet zwischen Euphrat und Tigris, bis weit in den Irak hinein, doch ihre Ambitionen sind scheinbar grenzenlos, denn inzwischen operieren sie im Irak, Libanon, Syrien, Libyen, Nigeria, Kamerun, Niger, Ägypten, Algerien, Jemen, Saudi-Arabien und im Gazastreifen.

Die schnellen Erfolge imponierten vielen militanten Islamisten weltweit. Um auf sich aufmerksam zu machen, scheute IS sich nicht, Hinrichtungen zu inszenieren und Gewaltvideos in Umlauf zu bringen. Diese Aufforderung zu GEWALT und TERROR stieß nicht auf taube Ohren. Die willigen Rekruten strömten von allen Seiten herbei, auch aus Europa. Nach und nach bildete sich die größte Terroristen-Vereinigung, welche die Welt bisher gesehen hat – IS, der Islamische Staat.

Wie entstand IS?

Im Jahr 2003 griffen die USA und einige Verbündete aus recht zweifelhaften Gründen den Irak an. Es folgte die Besetzung. Veteranen der Mudschaheddin-Bewegung, Al-Qaida und andere Gruppen, einst als Freiheitskämpfer bejubelt, heute zu Terroristen abgeurteilt, die gerade ein Jahr zuvor aus Afghanistan zurückgekehrt waren, nahmen ohne zu zögern den Kampf gegen die *Eindringlinge* wieder auf. Im selben Jahr trat Abu Musab al-Zarqawi, ein äußerst brutaler Führer des Terrornetzwerkes Al-Qaida, mit der Organisation *Dschamāʿat al-Tauhīd wa al-Dschihād* – Gemeinschaft für Tauhīd und Dschihad – in Erscheinung. Unter den Männern waren Dschihadisten aus Jordanien, Palästina, Syrien und dem Libanon.

Al-Zarqawi leistete 2004 einen Gefolgschaftseid auf den Al-Qaida Führer *Osama bin Laden* und fungierte ab sofort als Emir von Al-Qaida im Zweistromland *Al-Qaida fi Bilad ar-Rafidain*. Er war fortan der „Kopf“ von AQI, Al-Qaida im Irak.

Als solcher wurde er so bekannt, besser gesagt so gefürchtet, dass US-Außenminister Colin Powell ihn als den meist gesuchten Top-Terroristen schlechthin bezeichnete. Al-Zarqawi wurde US-Staatsfeind Nummer eins, auf dessen Kopf eine Belohnung von sage und schreibe 25 Millionen US-Dollar ausgesetzt wurde. Jedes in Nordafrika, im Nahen oder Mittleren Osten oder in Europa vollbrachte Attentat wurde ihm zugeschoben, und ob es die Anschläge von Casablanca im Mai 2003 oder die Madrider Zug-Anschläge vom März 2004 waren, überall hörte man nur einen Namen: *Abu Musab al-Zarqawi, der Schlächter, der Blutsäufer!*

Auf sein Konto gingen, unter vielen anderen, die Enthauptungen des US-Amerikaners Nicholas Berg und des Briten Kenneth Bigley. Vermutlich war auch der Amerikaner Eugene Armstrong Opfer des „Emirs“.

Im Jahr 2006 änderte die Organisation ihren Namen erneut, wurde zum *ad-dawla al-islāmīya fī l-ʿirāq* (ISI, Islamischer Staat im Irak). Durch seine Brutalität und seinen Drang zur Abspaltung fiel al-Zarqawi jedoch in Ungnade des Mitgründers von *Dschamāʿat al-Tauhīd wa al-Dschihād*, Al-Maqdisi.

Die Al-Qaida-Führung, die ISI als allgemein zu aggressiv und zu brutal einstufte, nahm rasch Abstand von Al-Zarqawi. Infolgedessen distanzierte sich ISI von der Al-Qaida Strategie, die auch darauf beruhte, den weit entfernten Feind in den USA (siehe Anschlag auf das World Trade Center / 11. September 2001) und Israel anzugreifen. Al-Zarqawi hingegen wandte sich gegen die Schiiten und später, in einem *Bruderkrieg*, sogar gegen abtrünnige Sunniten im Irak, denen ISI ganz einfach zu radikal war[17].

Im Jahr 2006 starb Zarqawi in Folge eines Luftschlages der USA, sein Nachfolger wurde der weniger „charismatische" Abu Bakr al-Baghdadi. ISI bestand in den Jahren 2007 und 2008 nur aus wenigen Kämpfern. Diese hatten teilweise in den irakischen Wüsten Zuflucht gesucht.

Im Jahr 2011 zog Abu Bakr al-Baghdadi mit seinen Kämpfern nach Syrien, wo die Nusra-Front gegründet wurde. Diese bekämpfte Präsident Baschar al-Assad, auf Grund dessen Zugehörigkeit zu den schiitisch geprägten Alawiten, doch schon bald setzte sich al-Baghdadi von der Nusra-Front ab und rief den „Islamischen Staat im Irak und in der Levante" (ISIL) ins Leben.

IS – ISIS – ISIL – Daesh

Der Krieg in Syrien und die Sezession von Al-Qaida hatte also eine erneute Namensänderung zur Folge. ISI nannte sich ab sofort ISIS. Einige nennen ISIS auch Islamischer Staat im Irak und in der Levante (ISIL) oder auch Daesh, was einer Abkürzung von Islamischer Staat im Irak und in Syrien gleichkommt. Korrekterweise müsste es heißen: Islamischer Staat im Irak und Sham (Bilad el-Cham – Großsyrien). Sham bezeichnet weite Gebiete Syriens, Jordaniens, Libanons und Palästinas. Aus dem Namen ISIS leitete die Gruppe ihre Besitzansprüche ab: Irak, Syrien, Jordanien, Libanon und Palästina, aber auch Teile der Türkei und Kurdistan.

---

17 *Siehe dazu: IS tötet 200 Sunniten im West Irak – www.zeit.de*

Im Irak verbuchte ISIS einen Erfolg nach dem anderen: Im Januar 2014 eroberten sie nach schweren Kämpfen mit den Regierungstruppen die Stadt Falludscha in der irakischen Provinz al-Anbar. Anfang Juni 2014 fiel Mossul und gegen Ende desselben Monats rief ISIS das Kalifat aus. Abu Bakr al-Baghdadi erhob sich zum selbsternannten Kalifen und Herrscher aller Muslime, woraus sich ein Anspruch auf die Nachfolge des Propheten Mohammed ergibt.

Scharia, Islam, Koran ... der Rahmen stimmte! Zumindest, wie IS es verstehen wollte! In der islamischen Tradition durfte ein Kalifat den *Jihad*, den Heiligen Krieg führen. Mit zunächst Tikrit, dann Ramadi fielen im Jahr 2015 weitere Schlüsselpositionen in die Hand des IS.

Inzwischen hatte sich – außer in Frankreich und in vielen arabischen Ländern, die den Begriff *Daesh* benutzen, weil in dieser Bezeichnung weder die Worte *Staat* noch *Islam* vorkommen – der Name IS, *Islamischer Staat*, eingebürgert.

Über wie viele Kämpfer verfügt der IS und wie finanziert er sich?

Anfang 2015 verfügte IS über etwa 50.000 Kämpfer, darunter etwa 4.000 Europäer. Und IS nagte nicht am Hungertuch. Die Terrororganisation hatte inzwischen Ölquellen, riesige Waffenarsenale, ja ganze Städte unter ihre Kontrolle gebracht. Der IS unterwirft die Bevölkerung in den besetzten Gebieten durch Drohungen, Geiselnahmen, Hinrichtungen und Folter. Und er erhebt eine Steuer in den eroberten Gebieten, finanziert so zum Teil den Krieg. Andere Einnahmen stammen vom Verkauf des Öls. Als Abnehmer kämen türkische und iranische Händler in Frage.

Dass einige arabische Staaten und Privatiers IS finanziell unterstützen, gilt als sicher. Nach Schätzungen amerikanischer Geheimdienste erhält IS über diesen Weg täglich etwa 3 Millionen US-Dollar.

Die indirekten Geldgeber? Saudi-Arabien, Katar und Kuweit![18]

---

18 Gordts, Eline: Argent de l'État islamique – www.huffingtonpost.fr

IS verfügt über Waffen und Munition, die aus Europa, China, den USA und Russland stammen. Natürlich ist das kein Fingerzeig, denn diese Materialien, vor allem die Waffen, kommen zum großen Teil aus geplünderten Armee-Arsenalen. Die Munition dafür erhalten sie von überall her.

Welche Ziele verfolgt IS?

We will Raise the Flag of Allah in the White House!
(Wir werden Allahs Flagge auf dem Weißen Haus hissen![19])

Ist das realistisch? Vielleicht. Irgendwann.

Wir müssen vorsichtig sein!

Doch zunächst erhebt der IS den Anspruch, alle Muslime dieser Welt zu vertreten und diese in einem einzigen Islamischen Staat, dem *ad-dawla al-islāmiyya*, zu vereinigen. Um die Militanten eng an sich zu binden, aber auch um vor einer Abkehr zu mahnen, verbreitet die Organisation Terror am Fließband. Im August 2014 enthauptete ein Mitglied von IS vor laufender Kamera den amerikanischen Journalisten James Foley und nur wenig später Steven Sotloff, einen US-amerikanisch-israelischen Journalisten. Doch das sind nur die bekanntesten Fälle von Barbarei. Die Gotteskrieger inszenieren Enthauptungen und verbreiten die Bilder oder Videos davon über Facebook, Twitter, YouTube und Instagram.

Vor nicht allzu langer Zeit ist die Terror-Organisation dazu übergegangen, Kulturgüter zu zerstören. Sie zerschlagen Moscheen, Denkmäler, Mahnmale und alte Kirchen mit Hämmern, um ... *das Gedächtnis und das Erbe der Menschheit auszulöschen!*

Wie es meiner Meinung nach weitergeht?

Der IS hat nur ein Konzept: Krieg! Darüber hinaus fehlt dieser Organisation alles, was es braucht, ein gut funktionierender *Staat* zu sein. Ich

---

19 *Douglas, Ernst: We will raise the flag of Allah in the White House – www.washington-times.com*

spreche *auch* von menschlichen Werten. Durch seine inhumanen Taten schadet IS – und das wird schließlich ausschlaggebend sein – sich selbst. Er befleckt nicht nur das Ansehen des Islam, sondern das aller friedliebenden Muslime. Die Weltgemeinschaft muss sich jetzt zusammenschließen. Wir können es nicht den arabischen Staaten und den Muslimen überlassen, IS alleine zu bekämpfen, denn die Gefahr ist global. IS geht jeden Menschen auf dieser Welt etwas an, der FREIHEIT großschreibt.

Die Luftangriffe der USA gegen den IS zeigen kaum Wirkung. Syriens und Iraks Regierungstruppen verfügen nicht über den im Gelände notwendigen Kampfgeist. Grundsätzlich bin ich gegen militärische Interventionen, doch die IS-Gefahr hat meine Meinung diesbezüglich geändert. Mehr denn je bin ich davon überzeugt, dass nur der Einsatz von Bodentruppen ***einer weltweiten Koalition gegen den IS*** ein erfolgversprechendes Mittel wäre, dem Spuk ein Ende zu bereiten. Die Bodentruppen jedoch dürften hauptsächlich aus Sondereinheiten bestehen, denn das Kampfgebiet würde „urbanen" Charakter haben. Der Kampf selbst im bebauten Gelände stattfinden.

Deutsche IS-Rückkehrer

Toleranz ist eine Sache. Wenn Toleranz aber heißt, Mord und Gewalt ungeahndet zu lassen, dann stimmt etwas nicht.

Bei diesen Rückkehrern handelt es sich in den meisten Fällen um Deutsche mit Migrationshintergrund. Das bekannteste Beispiel „deutscher Dschihadisten" ist der deutsche Ex-Rapper Denis Cuspert. Cuspert, in Berlin als Sohn eines aus Ghana stammenden Mannes geboren, geriet irgendwann in seiner Jugend auf die schiefe Bahn und praktizierte ab 2009 den Islam. Irgendwann verschwand er von der Bildfläche, aber schon kurz darauf, im Jahr 2013, erschienen Bilder von ihm im Internet. Sein damaliger Aufenthaltsort: Syrien!

Weit mehr als 650 Deutsche sind in die Kriegsgebiete in Syrien und im Irak gereist, zurück kamen bislang nur knapp 200. Wie viele von diesen

200 einen *Kampfauftrag* im Gepäck haben, bleibt wohl so lange unklar, bis tatsächlich etwas geschieht.

In Deutschland geboren oder hier aufgewachsen, eventuell Opfer von sozialer Ausgrenzung, werden viele von ihnen irgendwann mit radikalen Ideologien konfrontiert, und so nimmt alles seinen Lauf. Sie kämpfen für IS-Brigaden in Syrien, im Irak oder anderswo; sind, wider besseres Wissen, überzeugt von dem, was sie tun.

Als ich zum ersten Mal mit diesem Thema konfrontiert wurde, schoss mir sofort durch den Kopf: *„... die Burschen sollte man nie wieder einreisen lassen! Zu gefährlich!“* Kaum aber hatte ich das gedacht, wusste ich auch schon, dass es Unsinn war. War es nicht ich, der behauptete, dass Verallgemeinern ein großes Übel sei? Ist denn jeder, den es in diese Krisengebiete zieht, auch gleichzeitig ein gefährlicher Straftäter?

Nein!

Nach einer Studie von Richard Barret, dem britischen Anti-Terror-Experten, sind die meisten von ihnen zwischen 18 und 27 Jahre alt und ich erinnerte mich an die Zeit, in der ich etwa dasselbe Alter hatte. Ich war damals ein Heißsporn, suchte im jugendlichen Eifer nach Sinn und nach Idealen, die es wert waren, gelebt zu werden. Noch während meiner Zeit bei der Bundeswehr plante ich mit einigen Kameraden nach Angola zu reisen, um dort an der Seite der SWAPO (South West Africa People's Organization) zu kämpfen. Der Kontakt stand! Bevor es jedoch zu irgendeiner Aktion unsererseits kam, zerstörten die südafrikanischen Streitkräfte das Hauptquartier der SWAPO, mehrere Stützpunkte fielen.

Unsere Pläne siedle ich im Nachhinein in der Kategorie *Jugendfehler und unüberlegtes Handeln* an. Kaum aber in die der absoluten Böswilligkeit. Im Gespräch mit den damaligen, heute längst ergrauten, Partnern kam heraus, und das spiegelt auch meine Überzeugung wider, dass wir alle damals sehr wohl gewillt waren zu kämpfen und eventuell unsern Tod in Kauf zu nehmen, wir aber in erster Linie Deutsche waren. Unser Land bedeutete uns alles, und hätte uns jemand den Vorschlag gemacht in Deutschland einen Anschlag zu verüben oder anderswo in Europa kriminell aktiv zu werden, dann hätten alle von uns wie ein einziger Block dagegengehalten.

Beispiele von jungen Menschen, die auszogen, *um das Fürchten zu lernen (oder zu lehren)* und um ihren *Brüdern und Schwestern* anderswo zu helfen, gab es schon immer und es wird sie auch in Zukunft immer wieder geben. Man nennt sie „Foreign Fighters" – eine Bezeichnung wie ein Titel. Eine Bezeichnung, die meiner Ansicht nach nicht gerade geschickt gewählt wurde, weil sie an sich schon einen verherrlichenden Unterton in sich birgt.

Da setzt man jemandem ein Krönchen auf!

Der Unzufriedenheit dieser meist jungen Menschen liegen oft Unrast, Orientierungslosigkeit sowie das Fehlen eines festen Halts und fester Ideale zugrunde. Es sind Menschen, die buchstäblich zwischen zwei Identitätsstühlen sitzen, und wer davon nicht betroffen ist oder war, kann das niemals nachvollziehen.

Quelle der Identitätskrise und der Sinnfrage sind in erster Linie Abstammung, Familie und teilweise massive Manipulation durch Hassprediger. Alkohol, Vorstrafen und die daraus resultierende Hilflosigkeit tragen vielleicht das ihre dazu bei, aus jungen Männern *Terroristenanwärter* zu machen.

Inwiefern ein geringes Bildungsniveau, Schwierigkeiten eine Identität zu finden oder das Fehlen von Selbstwertgefühl dabei eine Rolle spielen? Eine ganze Menge! Das zumindest meint Thomas Mücke vom *Violence Prevention Network*, Frankfurt[20].

Jugendliche mit einer Identitätskrise leben oft in Familien, die eine westliche Lebensweise mitten in Deutschland ablehnen. Aber genau mit dieser Art das Leben zu führen werden sie täglich konfrontiert – bei Freunden, in der Schule, auf unseren Straßen. Was muss in diesen jungen Menschen vorgehen? Auf der einen Seite die recht strengen

---

20 *Mücke, Thomas: Wie Jugendliche radikalisiert werden – www.zdf.de*

Traditionen und die Religion aus ihrer Heimat und auf der anderen Seite, direkt vor ihrer Haustüre, die moderne westliche Lebensweise. So prallen zwangsläufig Welten aufeinander ... und das tagtäglich! Zu diesem inneren Zwiespalt kommen oft als Krönung noch Ablehnung und erlebte Fremdenfeindlichkeit hinzu. Es kommt sicher bei vielen oft der Punkt, an dem Glaube und Familienbande (und Verführung durch radikale Hassprediger) stärker in die Waagschale fallen als der sichere Job in einem netten, sicheren Land unter toleranten Menschen.

Eine andere Gruppe bilden Jugendliche mit deutschen Wurzeln. Der größte Teil von ihnen sucht Zugehörigkeit, Halt und Anerkennung. Warum? Weil gerade die ältere deutsche Generation nur Leistung anerkennt! Leistungsdruck, Orientierungslosigkeit, Überfluss, Luxus, Langeweile: Genau das könnten die maßgebenden Faktoren sein.

Jene, die zurückkehren und eine terroristische Bedrohung darstellen, stellen daher nur eine sehr geringe Minderheit unter den möglicherweise Hunderten von Dschihad-Veteranen, welche nach Europa zurückgekommen oder hierhin immigriert sind, nachdem sie in Bosnien, Tschetschenien, Afghanistan oder anderen Dschihad-Kampfschauplätzen – gedient – haben.[21]

Edwin Bakker, Direktor des Center
for Terrorism and Counterterrorism, Den Haag

Von den meisten der jungen Rückkehrer geht weniger Gefahr aus, als man denken mag. Durch das, was sie erlebt haben, sind einige von ihnen psychologisch destabilisiert und bis zu einem gewissen Grad auch traumatisiert. Sie brauchen Hilfe. Ich selbst war als professioneller Soldat sehr oft mit dem Tod konfrontiert. Kriege und Kampfeinsätze gehen immer einher mit Verstümmelungen, mit schrecklichen Verletzungen, mit Angst und mit Terror, und ich kenne nur wenige, die damit klarkommen. Kameraden fallen oder sie am Boden liegend schwer verwundet zu sehen, ist eine außerordentlich hohe psychologische Belastung. Meist bleiben Narben auf der Seele zurück. In meinem Buch

---

21 *Said, Behnam T.: Islamischer Staat. IS-Miliz, al-Qaida und die deutschen Brigaden., München: C.H. Beck 2014.*

GUYANA – Faszination Fremdenlegion schrieb ich ausführlich über Posttraumatische Belastungsstörungen, PTBS.

Für diese Rückkehrer könnte somit gelten: Jeder Mensch hat eine zweite Chance verdient. Denn heißt es nicht: Wer von uns ohne Sünde ist, der werfe den ersten Stein? Und wir sollten auch hier der Menschlichkeit folgen und nicht die Rückkehrer in den großen Topf der Verallgemeinerung werfen, sondern genau hinsehen und helfen.

Die Wurzel des eigentlichen Phänomens sollte hier sehr kritisch und gewissenhaft analysiert werden und solange die Gesellschaft oder der Staat sich die essentielle Frage, *was (oder wer) trieb diese Menschen dazu, sich derart radikalisieren zu lassen*, nicht genau beantwortet und keine Abhilfe geschaffen hat, so lange wird es dieses kriminelle Phänomen auch geben.

Sind diese jungen Männer eventuell gar der Spiegel unserer Wohlstandsgesellschaft, der uns jetzt als Bumerang wieder um die Ohren fliegt? Oder sind sie, im Gegenteil, Reflektoren einer allzu wohlgesinnten Gesellschaft? Oder eben einer zu gleichgültigen Gesellschaft, wobei Diskriminierung das Zünglein an der Waage ist?

Ein kleiner Prozentsatz der Rückkehrer ist jedoch mit Sicherheit gewaltbereit. Vielleicht ist bei ihnen die Radikalisierung zu weit fortgeschritten. Vielleicht auch sind sie psychisch zu sehr angegriffen. Wer gekämpft, Tote gesehen und selbst getötet hat, kann durchaus eine psychische Ebene erreichen, die eine Flucht, einen Ausweg aus der Gewaltspirale nicht mehr zulässt. Einige sind sicher extrem gefährlich.

Haben sie sich im Ausland nachweislich strafbar gemacht, so müssen sie sich ohne Wenn und Aber dafür verantworten. Wird dieser Schritt unterlassen, käme dies einem Freibrief, einem Aufruf zu nicht geahndetem Mord gleich. Soweit es sich hier auch noch um gewaltbereite Wiederholungstäter handelt, müsste man davon ausgehen, dass sie ihre zweite Chance bereits hatten. Toleranz wäre unangebracht.

Ob gefährlich oder nicht, engmaschig überwacht werden sollten alle uns bekannten Rückkehrer.

Dem Terror zum Trotz

Eine ganz legitime Frage: Kann man sich vor Terroranschlägen schützen?

Die Antwort ist *ja!*

Bleiben Sie daheim in Ihrem Keller, verrammeln Sie Türen und Fenster, brechen Sie sofort alle Kontakte mit der Außenwelt ab und beten Sie! Das zumindest wäre eine Lösung für diejenigen unter uns, die dem Terror Platz lassen und ihm zugestehen über uns und alle freiheitsliebenden Menschen zu triumphieren. Das wäre vielleicht auch genau die Reaktion, die einige Terroristen sich wünschen. Wir aber sollten in einer kollektiven Antwort eine einzige Stimme haben:

Nein, nicht mit uns!

Doch zurück zur Frage.
Die richtige Antwort ist: Nein.
Potenzielle Terroristen kann man leider nicht an ihrem Aussehen erkennen. Wenn Terroristen oder andere Kriminelle entscheiden, heute auf die Straße oder in ein Café zu gehen, um dort Menschen zu töten, dann machen sie das auch und wir können nichts oder kaum etwas dagegen tun.

Wir gehen aber trotzdem weiter in Cafés, genießen Latte Macchiato und Cappuccino, weil wir das so entschieden haben. Und wir werden weiter heiter sein, lachen, tanzen und singen, wenn uns danach gelüstet. Und wir essen unseren Schweinebraten, trinken Bier, Wein oder eben Coca-Cola, während unsere Frauen, kokett und begehrenswert, wie sie sind, uns die Köpfe verdrehen. Wir möchten gerne so leben – frei und ohne Diktat. Wir wollen das Leben genau so, auch weil es schön ist. Es bräuchte mehr als eine Handvoll Terroristen, um uns von unserer selbst gewählten Lebensweise abzubringen oder uns die Freude am Leben zu verderben.

Was wir in unserer modernen Welt benötigen, ist das Gefühl der *Sicherheit* auf der einen, aber auch ein *angenehmes freies und ungezwun-*

genes Leben daheim (Privatsphäre) und in der Öffentlichkeit auf der anderen Seite. Dass Letzteres durch allzu starke Sicherheitsmaßnahmen beeinflusst werden kann, ist uns bekannt. Die Balance macht es aus. Wenn das Sicherheitsdenken unsere Freiheit zu sehr einschränkt, dann haben wir etwas falsch gemacht.

Zwischenspiel

Verminderung der Privatsphäre durch zu starke Sicherheitsmaßnahmen?

Riad, Saudi-Arabien, Anfang 2006

Ich arbeitete als Sicherheitsangestellter in einem Residential Security Team (RST), das zur Bewachung der Räumlichkeiten der Botschaft selbst wie auch zur Bewachung der Residenz des Botschafters der Delegation der Europäischen Kommission – auch EU-Botschaft – herangezogen wurde. Zu unserer Verfügung standen zwei gepanzerte Limousinen, beide von einer Berliner Firma: ballistischer Stahl, Titan, Keramik, Panzerglas. Top-Qualität! Weiterhin verfügten wir über kugelsichere Westen vom Typ SK4 und nagelneue Maschinenpistolen Heckler & Koch MP5 K-PDW, die wir vor Blicken verdeckt unter der Weste trugen. Dazu hatten wir Pistolen vom Typ HK-USP Compact. Wir Ex-Legionäre waren mit dem gesamten Material gut vertraut, konnten blind damit umgehen. Zeitgleich deckte ein Close Protection Team (CPT) alle Bewegungen des *Head of Delegation* ab.

Eines Nachts berief uns unser Teamleiter zu einer dringenden Krisensitzung ein. Erst am Tag zuvor hatten irgendwelche verantwortungslose dänische Journalisten es geschafft, die arabische Welt in einen Hexenkessel zu verwandeln. Die Rede ist von den dänischen Mohammed-Karikaturen.

Die Tätigkeiten der EU-Botschaft sind darauf ausgerichtet, Kontakte zu den Parlamenten von Staaten zu unterhalten und zu fördern, die traditionell Partner der Europäischen Union sind. Sie sollen dazu beitragen, die Werte, auf denen die Europäische Union beruht, namentlich die Grundsätze der Freiheit, der Demokratie, der Achtung der Menschenrechte und Grundfreiheiten sowie der Rechtsstaatlichkeit, zu fördern. Die Kommission verkörperte, was viele arabische Länder ablehnten oder gar verabscheuten: Frauenrechte, Gleichbehandlung, aber auch Gleichstellung der Geschlechter, Religions- und Pressefreiheit und uneingeschränkte kulturelle Entfaltung. Unsere Befürchtungen, dass alleine aus diesen Gründen die Delegation, mit ihren Vertretern und Familien, die wir beschützen sollten, jeden Tag eine Zielscheibe – ein Target – sein konnte, war also begründet.

In unseren Köpfen spukte immer noch die Erinnerung an den Angriff auf das US-Konsulat im Dezember 2003.

Bei einem Angriff mutmaßlicher Kämpfer der Terrororganisation Al-Qaida auf ein US-Konsulat in Saudi-Arabien sind damals zwölf Menschen getötet worden. Bewaffnete Männer stürmten das Gebäude in der Hafenstadt Jeddah. Während des Überfalls und der anschließenden Erstürmung durch die Polizei starben fünf Angestellte, drei Angreifer sowie vier Wachleute. Natürlich hatten wir diesen Angriff ausgiebig analysiert. Wir sprachen mit Polizisten, mit Angehörigen der deutschen Botschaft sowie mit einigen Amerikanern, die schon länger in Saudi-Arabien arbeiteten. Angeblich wurde das Konsulat bereits über einen längeren Zeitraum von AQAP[22] beobachtet.

Unweit, in einer nur hundert Meter entfernten, parallel laufenden Gasse, standen einige Schutt-Container – unauffällig mit Bauschutt, Kartons und sonstigem Müll befüllt. Angeblich hatten die Terroristen diesen und andere Container dazu benutzt, um über Wochen hinweg jeden Tag Waffen, Munition und Sprengstoff dort einzulagern. Als die Zeit gekommen war, spazierten sie einfach an den Containern vorbei, holten ihre Waren und statteten dem Konsulat einen Besuch ab.

22 *Al-Qaida auf der arabischen Halbinsel, auch AQAH.*

Unsere beiden Teams waren zu diesem Zeitpunkt im *Arabian Homes Compound* im *Al-Mursalat Quartier* untergebracht, kaum einen Katzensprung von dem Buchladen entfernt, in dem wenige Monate zuvor, am 22. Mai 2003, der deutsche Küchenchef Hermann Dengl ermordet wurde, hinterhältig niedergestreckt mit sechs Schüssen in den Rücken[23]. Angeblich nur aus dem Grund, weil er ein *Ungläubiger* aus dem Westen gewesen war. Unweit von unserem Compound wurde im Juni 2004 auch der Körper des US-Bürgers Paul Johnson (Hubschrauber-Ingenieur des Lockheed Martin Corps / Wartung von Apache-Helikoptern) gefunden. Mudschaheddin der AQAP hatten ihn einige Tage vorher entführt und ihn dann vor laufender Kamera enthauptet. Der Kopf wurde im nördlichen Riad im Kühlschrank einer Villa gefunden.

Die Liste dieser Verbrechen ist unendlich lang. Seit Mai 2003 waren sie quasi an der Tagesordnung, wobei hauptsächlich zwei Ziele gleichermaßen ins Visier genommen wurden: westliche Ausländer und Einrichtungen oder den USA wohlgesonnene, einheimische Häupter.

Der Botschafter, der Ire Bernard Savage, machte sich also zu Recht große Sorgen. Immerhin hatte er die Verantwortung für seinen ganzen Stab, der inzwischen auf ein gutes Dutzend angestiegen war, und natürlich für dessen Familien.

Unser Teamchef war formell: „Wir werden auf unbestimmte Zeit die Wachen verdoppeln. Ich versuche den Chef dahingehend zu beeinflussen, dass er seine Arbeitszeiten drastisch verändert. Das CPT muss neue An- und Abfahrtswege erkunden, mehr irreführende Leerfahrten hinzufügen und ein Vorauskommando jeweils systematisch die Strecken abfahren."

Genauso wurde es gehandhabt.

---

23 *Vgl. Center for Strategic and International Studies. Asymmetric Threats and Islamist Extremists, www.merkur-online.de*

Wir organisierten unser ganzes Programm um, stellten uns ganz gezielt auf die neue Lage ein. In unseren Fahrzeugen und den Dokumenten, die wir immer am Mann hatten, waren auch die Blutgruppen aller Familienmitglieder und Botschaftsangehörigen zu finden. Wir kannten die Adresse des privaten Arztes des Botschafters sowie die seiner Angehörigen und wir wussten, in welchen Kreisen und an welchen Orten der knapp siebzehnjährige Sohn verkehrte, wenn er mal in Riad war. Außerdem erhielten wir an jedem Posten in der Botschaft und in der Residenz die doppelte Anzahl Munition.

Wir bewachten den Wohnsitz rund um die Uhr. Ein kleines, separates Wachgebäude innerhalb der fünf Meter hohen Mauern des Besitzes stand uns zum Schlafen sowie als Aufenthaltsraum zur Verfügung.

Ich schlug vor, dass ich zusätzlich ab sofort, sehr diskret, in einem kleinen Zimmer im recht großen Haus des Botschafters wohnen sollte. Zumindest so lange, bis die Lage sich etwas entspannt hatte. Das würde, so dachte ich, nicht nur ihm, sondern auch Frau und Kindern ein verstärktes Gefühl der Sicherheit bieten. Mit einigen Waffen und einer entsprechenden Quantität Munition könnte ich, das war meine bescheidene Ansicht, eine Zeit lang eventuelle Aggressoren hinhalten. Zumindest so lange, bis Polizei- oder Armeekräfte eintrafen.

Die nächste Polizeieinheit hatte ihren Sitz nur 500 Meter weiter in Richtung Stadtmitte. Alarmiert könnten sie innerhalb von zehn Minuten eintreffen.

Mit unserem Mann der normalen RST Wache wären wir dann zu dritt, denn vor den Außenmauern der Residenz hatten die saudischen Sicherheitskräfte einen ihrer Männer nonstop postiert. Mein ernst gemeinter Vorschlag wurde zwar in Betracht gezogen, aber letztendlich, als „nicht erwünscht“ verworfen. Auch dann nicht, als in den kommenden Tagen in vielen arabischen Ländern dänische Botschafter abgezogen wurden, im Gazastreifen fünfzig bewaffnete Männer die Büros der Europäischen Kommission angriffen oder in Jakarta 300 Moslems der extremen *Islamischen Verteidigungsfront* in die dänische Botschaft eindrangen, um sämtliche Flaggen zu verbrennen.

Die Privatsphäre war dem Botschafter wichtiger als eine zu erdrückende Sicherheit mit all der verminderten Privatsphäre, die diese eben mit sich bringen konnte.

Sicherheitsdenken vs. Privatsphäre

Eine interessante Frage: Wäre der Bürger bereit fünf Prozent seiner Privatsphäre gegen fünf Prozent mehr Sicherheit einzutauschen? Oder anders gefragt: Hat unsere Sicherheit nicht auch einen Preis?

So zum Beispiel könnte man überlegen, unsere Banken, Supermärkte[24], Schulen, Kindergärten und andere Brennpunkte wie Asylantenheime in Zukunft vermehrt von Sicherheitsleuten bewachen zu lassen. An kritischen, risikoreichen Stellen könnten sogar bewaffnete Sicherheitsmitarbeiter zum Einsatz kommen. Diese zum Beispiel privaten Wachleute sollten sehr sorgsam ausgewählt, gut und praxisnah aus- und ständig fortgebildet werden. Sorgsam ausgewählt, auch um zu verhindern, dass Misshandlungen an Flüchtlingen – wie 2014 in Burbach (NRW) eventuell geschehen – total ausgeschlossen werden können.

Bei der Auswahl des Sicherheitspersonals muss allergrößte Sorgfalt angewandt werden. Das setzt u.a. voraus, dass die Auswahlkriterien von jemandem aufgestellt werden, der im Sicherheits-Business das notwendige Knowhow mitbringt. Den Bewerbern muss klar sein, dass ihre ganze Vergangenheit durchleuchtet wird. Gibt es dunkle Flecken, nicht nachprüfbare Perioden, Vorstrafen oder besteht kein einwandfreier Leumund: Der Nächste bitte! In diesem Business geht es nicht zuletzt um Menschenleben. Was die Ausbildung und die Qualität der Wachdienste angeht, sowie die Sicherheitsindustrie allgemein, darauf komme ich später noch einmal zu sprechen.

---

24 Das geschieht in der Praxis bereits: in Grevenbroich, Pirmasens und Kehl am Rhein, unter vielen anderen, bewachen Sicherheitsleute diverse Supermärkte.

Aufgrund der großen Anzahl an Einrichtungen, die es bei uns gibt, wäre die Durchführung einer solchen Maßnahme natürlich eine Herkulesarbeit, die sich über viele Jahre hinziehen würde. Eine aber, die es wert wäre, in Angriff genommen zu werden. Der finanzielle und der zeitliche Aufwand sollten uns nicht abschrecken, denn an vielen Schulen zum Beispiel kommt es zu Drohungen gegen Schüler und Lehrer. Drogen werden verkauft. Vandalismus breitet sich aus. Der fehlende Respekt vor fremdem Eigentum ist frappant. In Berlin-Neukölln werden – mit Erfolg – bereits seit 2007 mehrere Schulen, die mit diesen Problemen zu kämpfen hatten, von privaten Sicherheitsdiensten bewacht.

Auch mit Blick auf die immer wiederkehrenden Amokläufe an Schulen wäre es zumindest eine Überlegung wert.

> *Die Liste von Amokläufen an deutschen Schulen (School Shooting) der letzten Jahre ist blutig und lang: Eching und Freising 19. Februar 2002, Erfurt 26. April 2002, Coburg 2. Juli 2003, Emsdetten 20. November 2006, Winnenden 11. März 2009, Ansbach 17. September 2009, Ludwigshafen am Rhein 18. Februar 2010, Wernigerode 26. Februar 2013.*

Der Begriff Amoklauf ist jedoch irreführend. Amok wird durch spontane, d.h. explosionsartige Gewaltausbrüche charakterisiert. Diese wenden sich in der Regel gegen alle Personen, die gerade anwesend sind. Die abgeschlossenen Ermittlungen der Fälle Winnenden und Erfurt ergaben jedoch, dass die Täter diese Gewaltakte lange vorbereitet hatten. Auch wurden die Schulen nicht wahllos attackiert, sondern ganz gezielt. Von ihrer Entstehung her ähneln solche Taten eher terroristischen Anschlägen. Der Meinung ist auch der Entwicklungspsychologe *Vincenz Leuschner*. In einem Interview mit der *Süddeutschen Zeitung* im März 2013 erklärte er, warum Schulmassaker keine Amokläufe sind. Aus den Erkenntnissen des Forschungsprojektes der Freien Universität Berlin „Wie werden aus jungen Menschen Massenmörder“ sollten wir Lehren ziehen.

Auch geht es darum, Risikofaktoren auszuschließen. Ein Risikofaktor zum Beispiel wäre, wenn Täter in Sachen Schul-Attentate denken: *Hier habe ich ein leichtes Spiel!*

Gegner eines solchen Modells sollen sich einfach die Frage stellen, welche Schule sicherer sein könnte. Die, in der Sicherheitsbeamte sichtbar ihre Runden drehen, Ein- und Ausgänge überwachen und jeden Fremden anhalten, um dessen Identität zu überprüfen? Oder Schulen, in die jeder, ohne große Aufmerksamkeit zu erregen, hineinspazieren kann?

Brauchen wir eine moderne Sicherheitsindustrie?

Freiheit ist die unverzichtbare Garantie der Sicherheit oder auch nur des Gefühls von Sicherheit.

Charles de Montesquieu (1689 –1755)

Machen wir doch einen kurzen Sprung zurück in die Vergangenheit.

Ob zu Land, in der Luft oder auf See, spätestens seit den Anschlägen auf das World Trade Center am 11. September 2001 war es das weltweite Bestreben der modernen Gesellschaft, sich in einem sicheren Umfeld weiterzuentwickeln. Die private Sicherheitsindustrie allgemein wurde ein fester Bestandteil und ein von vielen heute nicht mehr wegzudenkender Faktor dieser Gesellschaft. Die Sicherheitsbranche entwickelte sich seit 2005 explosionsartig von heute auf morgen zu einem expandierenden Arbeitsmarkt, private Wach- und Sicherheitsfirmen schossen wie Pilze nach einem lauen Regen aus der warmen Muttererde.

Laut *Wolfgang Pflüger*, dem damaligen Chefvolkswirt der *Berenberg Bank*, lagen die weltweiten Ausgaben für Sicherheitsdienste im Jahr 2005 bei 113 Mrd. US-Dollar. Das durchschnittliche jährliche Wachstum im vorangegangenen 5-Jahres-Zeitraum betrug 9,3%. Der globale Markt für Sicherheitsdienstleistungen hat das Potenzial, sich bis zum Jahr 2015 auf 231 Mrd. US-Dollar gut zu verdoppeln. Das bedeutet: Für den 10-Jahres-Zeitraum von 2005 bis 2015 liegt das Geschäftsvolumen für die beteiligten Unternehmen im vierstelligen Milliardenbereich[25].

---

25 Quelle: „Sicherheitsindustrie wird zum Wachstumsmarkt" von Wolfgang Pflüger, damaliger Chefvolkswirt der Berenberg Bank.

Man braucht jedoch keine offiziellen Zahlen oder Statistiken: Die überall anzutreffenden Sicherheitsleute, bewaffnet oder nicht, Kameras an Bahnhöfen, in Einkaufszentren, Banken, Museen und an öffentlichen Plätzen sowie diverse verstärkte Sicherheitsvorkehrungen sprechen eine allzu deutliche Sprache!

Die globale Sicherheit ist ein feststehender Begriff geworden. Der Feind steht nicht still. Er ist ständig in der Vorwärtsbewegung und trifft er auf Ebenbürtiges, so weicht er aus, um bessere, effizientere Wege und vor allem Lücken zu finden. Die moderne, private Sicherheitsindustrie darf also in ihren Leistungen nicht hinten anstehen, muss auf die sich ständig verändernden Bedürfnisse und Ereignisse reagieren. Nicht nur quantitativ, sondern vor allem auch qualitativ – und das fängt beim Personal an. Das Problem ist nur: Wo findet man „qualifizierte" Mitarbeiter? Solche, die durch ihre Erfahrung oder einfach durch ihr Auftreten, ihr Wesen, durch ihre Intelligenz und ihr Knowhow, Gefahren effizient begegnen oder bis zum Eintreffen der Polizei bzw. der Spezialeinheiten den „ersten Schock" einstecken?

> *Kurz nach 9/11 arbeitete ich in Deutschland für Sicherheitsfirmen im „bewaffneten Dienst", bei dem auch Quereinsteiger eingestellt wurden. Ich fand mich zur Bewachung von höchst sensiblen Anlagen und Einrichtungen plötzlich neben ehemaligen Kindergärtnerinnen, Altenpflegern, Hundesalon-Besitzern, Kriegsdienstverweigerern und Langzeit-Arbeitslosen ohne einschlägige Vorkenntnisse wieder, von denen nur die Hälfte mit dem Material, das man ihnen anvertraute – Waffen, Munition, Schlagstock, Funkgeräte etc. –, umgehen, geschweige denn mit schwierigen Situationen fertig werden konnte. Das war natürlich nicht der „Idealfall".*

Führte man damals, und das trifft heute noch zu, eine Gruppenanalyse durch beziehungsweise wertete die Lebensläufe der Sicherheitsmitarbeiter weltweit aus, so wurde und wird eines schnell klar: Ob in Frankreich, Deutschland, England, Australien, in den USA oder anderenorts, das taktische und strategische Knowhow, vor allem aber *das praktische Wissen* lag bzw. liegt in den Händen derer, die gedient hatten. Bis heute kommen diese Fachleute aus verschiedenen Armeen der Welt, der

Bundeswehr, dem Heer, der Marine und Luftwaffe. Aber auch aus weitgehend nicht-militärischen Spezialeinheiten wie der Polizei, dem Grenzschutz oder Zoll, dem THW und zum Beispiel dem Roten Kreuz. Die Behörden sollten dafür Sorge tragen, dass diese Männer und Frauen keine größeren Disziplinarstrafen aus ihrer vorherigen Dienstzeit haben.

Aber wie soll man in Deutschland diesen stark ansteigenden Bedarf an hochqualifizierten Sicherheitsleuten abdecken? Eine Möglichkeit sehe ich zum Beispiel in den ausscheidenden Soldaten auf Zeit. Ihr Weg, durch die Wiedereingliederung in das Zivilleben, könnte sie in die Sicherheitsbranche führen.

Diese Frauen und Männer verfügen bereits über ein enormes Wissen und müssen kaum mehr nachgeschult werden. Die Mindeststandards sollten aber auch hier hoch angesetzt werden, weil es um Menschenleben geht. Doch wir müssen realistisch und aufmerksam bei der Auswahl sein: Soldaten, bei denen ein posttraumatisches Belastungssyndrom festgestellt wurde, sollten nicht für einen „bewaffneten" Sicherheitsdienst herangezogen werden.

Doch zurück zum ursprünglichen Thema, wie man dem Terrorismus, insbesondere dem islamistischen Terror hierzulande, begegnen kann, ohne unser freies Leben zu stark einschränken zu müssen. Es gibt keine ultimativen Lösungen.

Aber es gibt logische Ansätze zur Prävention und in der unmittelbaren, direkten Bekämpfung des Terrors.

Prävention

Wenn du einen unbequemen Feind hast, mache ihn zu deinem Verbündeten!

Der Islam selber ist nicht unser Feind und wir müssen keine Angst vor dieser Religion haben. Er wird aber auch nicht unser Freund werden, solange wir ihn unter dem Schirm der Demokratie und der daraus resultierenden Meinungs- und Pressefreiheit ständig verunglimpfen. Es ist nicht notwendig, § 166[26] des Strafgesetzbuches zu zitieren, schon unser gesunder Menschenverstand muss rebellieren, wenn irgendwo in Europa Mohammed-Karikaturen erscheinen.

Wenn wir es jedoch ungebremst zulassen, brechen wir, meiner Meinung nach, mit allen von uns selbst ins Leben gerufenen moralischen Werten. Der Islam zeigt sich in unserem Land weltoffen und demokratiefähig – nur wenige Gemeinden schlagen einen radikaleren Weg ein – und so sollten wir einem Dialog und einer Zusammenarbeit mit diesen andersgläubigen Menschen nicht ausweichen. Das ist ein wichtiger Ansatz.

Unsere Anstrengungen islamistischen Terror zu bekämpfen sollten an mehreren Fronten gleichzeitig geführt werden. Bereits in der Präventivphase bräuchte es vertrauensbildende Maßnahmen, Aufklärung, Information und Dialog. Das muss in den Familien, in Kindergärten, an Schulen sowie am Arbeitsplatz stattfinden. Fremden, Migranten und Ausländern gegenüber sollten wir allgemein etwas mehr Toleranz und Gelassenheit demonstrieren. Wieso sollten wir nicht in der Lage sein, allen, auch denen, die eine andere Kultur, eine andere Religion haben, offen und aufrichtig und voller Wertschätzung in die Augen sehen zu können? Der Miteinander-Effekt wirkt manchmal Wunder. Über alles gemeinsam zu reden tut niemandem weh und verhindert sicher in vielen Fällen, dass eine Ausgrenzung, die ja Wurzel von nicht wenigen Problemen ist, überhaupt stattfindet.

Kommt es dennoch zu einer Radikalisierung von Jugendlichen, so erscheint es mir extrem wichtig – direkt, ganz bewusst und vor allem ganz entschlossen –, einzugreifen, soweit unsere Einflussmöglichkeiten und die uns zur Verfügung stehenden Informationen dies erlauben. Ich rede hier von einer unabdingbaren und unmissverständlichen Kontaktaufnahme mit den Betroffenen, nicht jedoch von der bloßen Überwachung dieses Personenkreises.

---

26 *(1) Wer öffentlich oder durch Verbreiten von Schriften (§ 11 Abs. 3) den Inhalt des religiösen oder weltanschaulichen Bekenntnisses anderer in einer Weise beschimpft, die geeignet ist, den öffentlichen Frieden zu stören, wird mit Freiheitsstrafe bis zu drei Jahren oder mit Geldstrafe bestraft. (2) Ebenso wird bestraft, wer öffentlich oder durch Verbreiten von Schriften (§ 11 Abs. 3) eine im Inland bestehende Kirche oder andere Religionsgesellschaft oder Weltanschauungsvereinigung, ihre Einrichtungen oder Gebräuche in einer Weise beschimpft, die geeignet ist, den öffentlichen Frieden zu stören.*

Dass potenzielle Täter überwacht werden, ist, so denke ich, ein Selbstläufer.

Diesen – immer noch präventiven – Prozess könnten wir zusammen mit Muslimen gestalten, sie mit einbeziehen. Potenzielle Täter, ihre Beweggründe, die Sprache, die sie anwenden, die Art, wie sie denken, wo sie Schwerpunkte legen oder wie sie bestimmte Dinge gewichten: Ein Muslim kann unter Umständen etwas leichter nachvollziehen, was im Kopf eines islamistisch motivierten Terroristen vorgeht. Diese Helfer könnten das Zwischenstück zwischen unseren Behörden und den betroffenen Menschen sein. Mit ihnen zusammen müssen wir die Ursachen des bei uns entstehenden Terrorismus herausfinden, um vorzubeugen, um zu verstehen (oder um eine breitere Basis für ein Eingreifen zu erlangen). Wir befinden uns in dieser Phase der Prävention immer noch im Gespräch, im Austausch zwischen Behörden, helfenden Muslimen und einem potenziellen Straftäter, von dem wir wissen, dass eine gefährliche Entwicklung in Richtung islamistischer Terrorismus bereits im Gange ist. Dieser Austausch sollte jedoch nur wenig Raum für Zweifel lassen.

Das Einschreiten lange vor oder während der Planungsphase von mörderischen Attentaten muss ein wichtiges Ziel bleiben – neun von zehn Mal ins Blaue treffen ist, wenn es um Sicherheit geht, eine gute und akzeptable Bilanz – und das geht nicht nur über eine tiefe Kennt-nis und über das Verständnis der Lehre vom Verbrechen. Vielmehr bräuchte es zusätzlich ein tiefes Wissen um die Menschen, um ihre Mentalität und über ihre sozialen Kontakte.

Trägt dieser Prozess keine Früchte, besteht sofortiger Handlungsbedarf.

Versäumnisse in dieser Phase haben in Frankreich in gleich mehreren Fällen bereits einen hohen Blutzoll gefordert. Ein Beispiel dafür ist die Akte *Mohammed Merah*. Die Behörden wussten, oder ahnten zumindest, wie gefährlich und radikal er war. Sein älterer Bruder war, Berichten zufolge, stets durch seine Nähe zu islamistischen Gruppierungen aufgefallen. Merah selbst wurde jahrelang überwacht, ein entschlossener Dialog oder gar ein Zugriff blieb aber dennoch aus. Später tötete Merah bei einer Anschlagserie im März 2012 sieben Menschen, darunter französische Soldaten und jüdische Kinder. Am 21. März wurde Merah in Toulouse von Polizisten des RAID erschossen.

Solche Beispiele, bei denen sich ein dringender Handlungsbedarf abzeichnete, eine Handlung aber ausblieb und es in der Folge zu blutigen Anschlägen kam, gab es gleich mehrere.

Auch *Yassin Salhi*, der mutmaßliche Attentäter des Anschlages von Lyon (Gasfabrik in Saint-Quentin-Fallavier), der am 26. Juni 2015 einen Mann enthauptet haben soll, war dem französischen Inlandsgeheimdienst bestens bekannt. Er gehörte der salafistischen Szene an.

Ich habe in Riad und im Jemen die arabische Sprache erlernt. Mein Lehrer in Riad war ein alter, weiser und sehr gebildeter Jordanier, der an der amerikanischen Botschaft unterrichtete.

Er sagte mir immer: *Nur ein Muslim kann einen Muslim verstehen!*

So ganz Unrecht hat er damit nicht.

Um ein Beispiel zu nennen: Im Konflikt mit den Indianern setzten die Amerikaner mit großem Erfolg Indianer-Scouts ein. Nur sie konnten sich in die Psyche ihrer Brüder hineinversetzen und bestimmte Muster und Vorgehensweisen vorhersehen und nicht selten war es, dass die Scouts vermittelten, mit Erfolg zur Mäßigung rieten.

Ich erinnere mich an einige Situationen im Bosnienkrieg, im Frühjahr 1993. Es ging dabei nicht um Religion, sondern vielmehr um ethnische Zugehörigkeiten und um *menschliche Affinitäten*. Englischen, kanadischen und ukrainischen Einheiten der *United Nations Protection Force* (UNPROFOR) war der Weg in ihre Einsatzgebiete oft von serbischen T-55 Panzern und bis an die Zähne bewaffneten Kämpfern an verschiedenen Checkpoints versperrt. Die Tschetniks (Serben) weigerten sich strikt, sie passieren zu lassen. Als wir Legionäre ankamen, schickten wir zuerst unsere serbischen Legionäre nach vorne. Nach kaum ein paar Minuten der Verhandlung (sie beschnupperten sich, lachten, erzählten, ... „Ach so, du kommst aus der gleichen Region wie ich, sag bloß!?

Kennst du ...“) war der Weg plötzlich frei. Wir durften passieren und hatten zusätzlich noch wertvolle Informationen aus erster Hand, die sich später alle als richtig erwiesen haben und an die andere Einheiten in hundert Jahren nie herangekommen wären! Warum wohl?

Ukrainischer BTR der UNPROFOR, Bosnienkrieg 1992-1993.

Gleiches geschah, wenn wir Probleme bei bosnischen Checkpoints hatten. Hier kamen unsere Bosnier zum Einsatz. Nun könnte man meinen, wir taten das der Arglist wegen, aber so war es nicht. Oft hatten wir Verletzte oder schwangere Frauen etc. an Bord, die schnell ins nächste Hospital gebracht werden mussten, oder wir waren in einem anderen dringenden Auftrag unterwegs. Wir spielten also nicht mit dem Vertrauen der Soldaten der Gegenseite. Auch die gegebenen Informationen nutzen wir nur dann, wenn es absolut notwendig schien. Wir wollten einfach nur Menschenleben retten! Und genau DAS ist auch im Kampf gegen den Terror prioritär.

Bekämpfung

Mit Blick auf die stetig wachsende Gefahr, die von islamistischen Terrornetzwerken ausgeht, wäre es angebracht, eine neue Anti-Terror-Einheit zu gründen, die quantitativ in der Lage ist, gleichzeitig an mehreren *Brandherden* Großeinsätze durchzuführen und die qualitativ auch das leistet, was man von einem solchen Spezialkommando erwarten muss. Eine solche ist bereits geplant (Stand 20.03.2015). Jedoch soll sie, laut CDU-Innenexperte *Armin Schuster,* nicht ausschließlich in komplexen Gefahrensituationen zum Einsatz kommen.

Das ist meiner Meinung nach falsches Denken!

In naher Zukunft werden sich ebendiese *komplexen Gefahrensituationen*, vor allem in unseren Städten, häufen. Gibt es größere Terroranschläge in mehreren Städten gleichzeitig, müssten wir zum aktuellen Stand der Dinge zugeben: Wir wären der Situation nicht gewachsen! Was fatal wäre.

Wir benötigen eine Einheit mit hoher Effizienz, die zielgerichtet eingesetzt werden kann. Und lieber wird diese top-ausgerüstete und 1A ausgebildete Einsatztruppe nicht gebraucht, als dass wir sie eines Tage bitter benötigen und sie dann nicht parat haben. Vorhalten würde man es der Regierung dann allemal.

Eine neue Einheit muss meiner Meinung nach so aufgebaut und ausgebildet werden, dass sie sich genau darauf fokussiert: auf Szenarien, die nicht alltäglicher Natur und de facto alle komplex sind! Sie für normale Polizeidienste heranzuziehen wäre knallhart am Thema und an den Anforderungen vorbeispekuliert. Die Einheit muss einzigartig in ihrer Art sein. Sicherlich gibt es für Spezialaufträge Einheiten wie zum Beispiel die GSG9, aber diese sind stärkemäßig nicht in der Lage, tätig zu werden, wenn es multiple Vorfälle gibt, die dann auch noch lange andauern. Einige sprechen davon, dass die neue Einheit die *kleine Schwester* der GSG9 sein soll[27], und alleine diese Aussage lässt auf die ungefähre Personalstärke schließen. Das ist eindeutig zu wenig.

Was macht stattdessen Sinn?

---

27 *Siehe dazu: www.n-tv.de*

Sinn macht das Aufstellen von vier identischen, jedoch voneinander unabhängigen Einheiten, mit jeweils einer Stärke von etwa 60 Mann (60 Mann = ein Einsatz-Block), die aus taktischen Gründen ihrerseits wiederum in vier Gruppen aufgeteilt sind. Gleichzeitig unterteilen wir Deutschland in vier Bezirke. Die einzelnen 60er Einheiten plus deren direkte, 25 Mann starke Support-Gruppen und mobile OPS-Zellen (untergeordnete Hauptquartiere) würden nicht zentral, sondern in ihrer zuständigen Region in Deutschland und nahe einem Flughafen stationiert sein. Nur das Hauptquartier und das Ausbildungslager sollten zentral liegen.

Einsatzmöglichkeiten

Ihre Spezialgebiete wären, meiner Meinung nach: die Zerschlagung der organisierten Kriminalität, der Einsatz in Städten und in bebautem Gelände sowie der Einsatz gegen Terroristen, auch im Hinblick darauf, dass diese auch größere Geiselnahmen einkalkulieren könnten (siehe Beslan im September 2004 oder der Terror-Anschlag in einem Supermarkt in Nairobi im September 2013). Eine Ausrüstung auch mit Kriegswaffen wäre für mich eine konsequente Umsetzung einer Spezialeinheit.

Diese 240 Männer wären ausschließlich für den *Kontakt*, den Direkteinsatz gedacht und nicht für andere Aufgaben. Weiterhin bräuchte es für jeden 60er Block eine direkte Support-Gruppe: Das Bindeglied zwischen dem Brennpunkt und der Realität außerhalb der laufenden Operation! Diese direkten Support-Gruppen von 25 Mann sollten mit ins Gelände und unmittelbar hinter den Einsatzgruppen agieren.

Es muss Sorge getragen werden, dass an vier verschiedenen Brennpunkten in Deutschland gleichzeitig agiert werden kann, denn das sind meine Prognosen für die nahe Zukunft: ein Terroranschlag mit Massen-Geiselnahmen in zwei oder drei Großstädten gleichzeitig! Die neue Einheit, direkt dem Innenminister unterstellt, müsste besondere Befugnisse erhalten und in der Lage sein, mit Spezialkräften der Bundeswehr wie zum Beispiel dem KSK[28] im Inland eng zusammenzuarbeiten, was wiederum erfordert, dass ein Bundeswehreinsatz im Inneren grundsätzlich per Gesetz möglich gemacht werden muss.

---

28 Kommando Spezialkräfte.

Zwischen der Prävention und der Bekämpfung des islamistischen Terrorismus tut sich jedoch eine Lücke auf: die der Zusammenarbeit und Einigkeit!

Der Kampf gegen „Terrorismus“ liegt fast überall in der ausschließlich nationalen Kompetenz und vermutlich ist das der Grund dafür, dass Europa nicht ausreichend gegen ihn gewappnet ist. Griechenland, Österreich und Schweden, zum Beispiel, führten die Datenspeicherung erst ein, als sie vom Europäischen Gerichtshof verklagt wurden. Einen gemeinsamen, europäischen Geheimdienst gibt es nicht und die nationalen Geheimdienste tauschen sich nicht immer zeitnah oder nicht detailliert genug aus. Europol erleichtert zwar den Informationsaustausch, aber zu Pannen kommt es leider immer wieder und die kosten Menschenleben.

Nehmen wir den Fall *Mehdi Nemmouche. Nemmouche*, ein Franzose mit Migrationshintergrund, war ein Gotteskrieger. Er kämpfte ein Jahr lang für IS in Syrien, bevor er nach Europa zurückkehrte. Dem französischen Geheimdienst waren Nemmouches Umtriebe bekannt, vor allem aber wusste man, wie gefährlich er war. Via Schengener Informationssystem (SIS) wurde gegen Nemmouche europaweit eine verdeckte, grenzpolizeiliche Beobachtung eingeleitet. Die Franzosen wollten wissen, wann und wo er auftauchte, eine Festnahme sollte allerdings nicht erfolgen. Sie unterließen es aber, auf die hohe Bedrohung, die von ihm ausging, hinzuweisen. Mitte März landete Nemmouche als Passagier einer aus Bangkok kommenden Maschine in Frankfurt. Das BKA reichte lediglich den Fahndungstreffer an die Franzosen weiter, hielt Nemmouche aber nicht davon ab, weiterzureisen. Überwacht wurde er nicht. An einem Samstag, es war der 24. Mai 2014, tötete Nemmouche vier Menschen in einem jüdischen Museum in Brüssel: zwei israelische Touristen, eine Französin und einen Angestellten des Museums. Leider hatten auch die belgischen Behörden nichts oder kaum etwas über ihn gewusst. Nun hätte Nemmouche getrost auch in Deutschland Anschläge verüben können, anonym, nicht beschattet, extrem gefährlich! Fakt ist, dass vier unschuldige Menschen in Belgien noch am Leben sein könnten, wenn die Geheimdienste zusammengearbeitet hätten.

Es scheint, dass der Terror uns langsam verschlingt. Europa, Russland, Australien, der Mittlere und Nahe Osten sind wohl bald gleichermaßen davon betroffen. Südlich und östlich des Mittelmeers bilden sich Terrorkalifate und Erfolge gegen IS können selbst die allmächtigen USA im Augenblick nicht vermelden. Ein Gedanke drängt sich mir nun förmlich auf: Was wäre, wenn global noch viel enger gegen den Terrorismus vorgegangen würde, etwa im Rahmen einer einzigen *Welt-Koalition gegen den Terror?*

Am 09. Mai 2015 zum 70. Jahrestag des Sieges der Sowjetunion über Hitlerdeutschland hat Kremlchef *Putin* die These eines weltweiten Sicherheitssystems ohne die herkömmlichen militärischen Blöcke erwähnt. Gleiche Sicherheit für alle Staaten, Kooperation in ALLEN Belangen! Der Mann, den wir gerne „Kriegstreiber“ nennen, kann sich sehr gut vorstellen, dass damit die Sicherheit für alle Staaten garantiert wäre. Der Ansatz ist, so finde ich, brillant, doch einem *Putin* schenken wir Europäer leider nicht die Aufmerksamkeit, die ihm wirklich zukommen sollte.

Der Ukraine-Konflikt

Zünglein an der Waage?

Eine Auseinandersetzung im Osten der Ukraine, die sich durch kleine, aber stetige Schritte der Eskalation ab Februar 2014 zu einem bewaffneten Konflikt ausweitete.

Ich möchte Ihnen sagen, dass es von Russland nichts zu befürchten gibt.

Kremlchef Wladimir Putin, Juni 2015

„Bear" über der Ostsee!

Es ist Sonntag, der 07. Dezember 2014. Hoch über der Ostsee spielen sich ungewöhnliche Szenen ab. Sechs russische Langstreckenbomber vom Typ Tupolew Tu-95 (NATO-Code Bear) und Tu-22M (Backfire), begleitet von einigen Transportfliegern, manövrieren im baltischen Luftraum, als sei es das Selbstverständlichste von der Welt. Ist es aber nicht! Das wird uns aber erst klar, als bekannt wird, dass dieses Geschwader über Funk nicht erreichbar ist. Die russischen Flugzeuge haben wohl ganz bewusst ihre Funkanlagen ausgeschaltet. Die NATO-Kampfflieger der *Air Policing Baltikum*[29] sind bereit einzugreifen, selbst die finnische und die schwedische Luftwaffe überwachen das Manöver

29 Bezeichnung der NATO-Mission zur Luftraumüberwachung und zum Luftraumschutz der baltischen Staaten Estland, Lettland und Litauen.

sehr aufmerksam. Und das müssen sie dieses Mal auch, denn die russischen Maschinen fliegen gefährlich nahe am litauischen Grenzraum. Drei Szenarios sind möglich: Entweder es handelt sich um normale Flüge zwischen Russlands europäischer Enklave Kaliningrad und dem Rest des russischen Kernlandes oder aber um geplante Militärübungen, in denen der Krieg geprobt wird. Die dritte Möglichkeit wäre eine ganz andere: Eine gewollte Machtdemonstration Putins! Einen Tag zuvor, am 06. Dezember, war Finnlands Unabhängigkeitstag.

Zufall?

Nein!

Es war eine Botschaft von Präsident Putin, deren Bedeutung die NATO sehr wohl verstanden hat. Was das Ganze so besonders macht, ist, dass es sich bei den Tupolew Tu-95 um strategische Langstreckenbomber handelt. Jede einzelne von ihnen ist in der Lage, nukleare Marschflugkörper zu transportieren. Vorfälle dieser Art häuften sich Ende 2014 und Anfang 2015.

Der Grund?

Die Ukraine-Krise!

Putins Kriegsschiffe patrouillierten zum Jahresumschwung demonstrativ in der Ostsee. Seine Luftwaffe übte sich ständig weiter in der Provokation, wobei die Langstreckenbomber gar bis zum Ärmelkanal flogen und dort von NATO Abfangjägern in Empfang genommen wurden. Das alles war *Reaktion* im wahrsten Sinne des Wortes. Man könnte es gelassen sehen, aber es genügte ein Hauch Nervosität – egal auf welcher Seite. Es reichte eine Panne in der Übermittlung von Daten, eine unkorrekte finale Auswertung derselben – und eine ungeahnte Eskalation hätte ihren Lauf genommen. Da einige Staatsmänner sich für halbgottartige Wesen halten, die sich manchmal von ihrer eigenen Unbedachtheit und ziemlich oft von falschen, aber durchaus in ihr Konzept passenden Informationen nähren, kann man sich den Rest ausmalen. Erst im März 2015 gestand Präsident Putin, dass er, als die Krim im Jahr zuvor von seinen Einheiten eingenommen wurde, bereit war, Atomwaffen in Bereitschaft zu versetzen[30]. Er konnte einfach nicht abschätzen, ob der Westen militärisch in den Konflikt eingreifen würde oder nicht.

Ist die Welt haarscharf an einer Katastrophe vorbeigeschlittert?

Der Krieg in der Ukraine hat, meiner Meinung nach, durchaus das Potential zu diesem berühmten *Zünglein an der Waage* zu werden, das über Weltfrieden oder Weltkrieg entscheidet.

Die Machtdemonstrationen Russlands – so verständlich, besser gesagt so folgerichtig sie auch waren – sind vor allem eines: ***höchst gefährlich für uns!***

Die reale Gefahr?
Ein globaler Krieg!

Sogar Russlands Ex-Präsident Gorbatschow, dem wir nichts weniger als die Wiedervereinigung verdanken, sagte, dass die Welt am Rande eines neuen Kalten Krieges steht! Gorbatschow weiß, wovon er spricht, und so ist seine Aussage nicht dazu angetan, uns allzu frohen Mutes in die Zukunft blicken zu lassen. Auch deshalb schon nicht, weil das russische Atomwaffenarsenal wirklich beeindruckend ist. Ob es sich nun um die Atom-U-Boote der Borei- Klasse[31] handelt, das russische taktische Atomwaffenarsenal oder um die RS-24 JARS-Raketen: Russland verfügt insgesamt über etwa 1.600 atomare Sprengköpfe, denen Europa nur wenig entgegenstellen kann, die Amerikaner aber sehr wohl, wobei ich hier ganz bewusst differenziere.

Die USA lagern einen Teil ihrer aktiven Atomwaffen in Europa. Nach Schätzungen von Experten handelt es sich derzeit um maximal 240 nukleare Bomben der Typen B-61-3 und B-61-4. Diese Waffen sind für NATO-Aufgaben und den Einsatz durch Jagdbomber der USA sowie einiger europäischer Nationen vorgesehen, die sich an der nuklearen

30 *Siehe dazu: AFP / Reuters – www.welt.de*

31 *Projekt 955/955A. Jedes der Boote ist mit 16 Interkontinentalraketen Type SS-N-32 Bulawa bewaffnet und jede einzelne kann gleichzeitig bis zu zehn Ziele mit Atomsprengköpfen in einer Entfernung von zwischen 8.000 bis 11.000 Kilometern angreifen!*

Teilhabe der NATO beteiligen. Das sind Belgien (Kleine Brogel), Deutschland (Büchel), die Niederlande (Volkel) und derzeit noch Italien (Ghedi-Torre und Aviano).

Otfried Nassauer, Leiter des Berliner Informationszentrums für Transatlantische Sicherheit (BITS)

Atomwaffen, die eventuell auf Stützpunkten in der Türkei, insbesondere in Incirlik, gelagert sind, sollten dabei nicht vergessen werden. Alle US-Atomwaffen aber werden von den USA kontrolliert: ausschließlich! Die Frage ist, können wir wirklich auf diese Waffen und somit auf die nukleare Einsatzbereitschaft der NATO zählen und ist dieses Arsenal auch unmittelbar einsatzbereit? Nach Nassauers Ausführungen wurde der Bereitschaftsstatus der nuklearfähigen Luftwaffeneinheiten (Jagdbombergeschwader), die diese Waffen einsetzen können, bis zum Jahr 2008 deutlich herabgesetzt. Damals, während des Kalten Krieges und im Rahmen des *Quick Reaction Alert* (QRA), standen aufmunitionierte Jagdbomber bereit, um innerhalb von 15 Minuten starten zu können. Heute würde es Monate dauern, bis die volle Einsatzbereitschaft wiederhergestellt wäre.

Ich denke, wir haben uns allgemein zu sehr von den USA abhängig gemacht. Käme es zu einem Konflikt mit Russland, dann wäre, zumindest was den Einsatz von Nuklearwaffen angeht, Europa auf das Wohlwollen der Amerikaner angewiesen. Aber auch Europas konventionelles Verteidigungspotential ist viel zu gering. Ich halte es durchaus für möglich, dass wir Europäer uns eventuell nur auf das französische (250 Sprengköpfe werden vermutet) und auf das britische Atomarsenal (etwa 160 Sprengköpfe in Schottland) verlassen könnten, doch beide Länder haben zunächst ihre nationalen Interessen zu wahren. Aus den Plänen, dass Frankreich Deutschland unter einen gemeinsamen, atomaren Schutzschirm stellt, ist leider nichts geworden. Und derweil haben die USA *gegebenenfalls* den „Marshall Plan 2019“ – Akte: *Zerstörtes Mitteleuropa, insbesondere Deutschland* – schon in der Schublade liegen.

Ukraine. Das Thema interessierte mich natürlich brennend, aber ich hatte auch keine Lust, mich von den Medien manipulieren zu lassen.

Deshalb habe ich versucht, mir Informationen über die wirkliche Lage von denen zu holen, die es wissen müssen: von Ukrainern selbst.

Berufsmäßig arbeite ich viel mit Ukrainern zusammen, die zwischen dem Krisenherd bei sich daheim und ihrer Arbeit hin und her pendeln. So zum Beispiel habe ich in Dschibuti und in Fujairah (Vereinigte Arabische Emirate) über dieses Thema mit vielen von ihnen, darunter auch Ost-Ukrainer aus der Donbass-Region (Donezbecken), gesprochen. Habe also Meinungen aus beiden Camps eingeholt, was mir extrem wichtig schien. Unter ihnen war auch der eine oder andere ukrainische Ex-Fremdenlegionär[32], der in Donezk (Flughafen und Innenstadt) vor Tagen oder Wochen noch gekämpft hatte und nach dem Winter wohl auch wieder dorthin, in seine Heimat, zurückkehren würde. Ihren Worten nach ***A*** gebe es kaum aktive russische Soldaten ***B***, keine konstituierten russischen militärischen Einheiten und auch kein russisches Kriegswerkzeug, das von aktiven regulären russischen Soldaten bedient wird.

> ***A/*** *Stand Mitte Februar 2015 und unter Vorbehalt. Es sind aber dennoch brandaktuelle Informationen aus dem Gelände selbst. Ich nehme diese Informationen zumindest so ernst, dass sie mich sehr zum Nachdenken anregen. Die Ukrainer, mit denen ich sprechen konnte, waren auf der einen Seite einfache Menschen, deren Handeln nicht von einem Wunschdenken, sondern höchstens vom täglichen Überlebensinstinkt motiviert war und ist. Auf der anderen Seite handelte es sich aber auch*

---

32 *Bei allen größeren Konflikten unserer Erde desertierten aktive Legionäre, um in ihrer Heimat, neben ihren Familien und Freunden, zu kämpfen. Das fand zuletzt 1992 kurz nach dem Ausbruch des Bosnienkrieges statt. Damals, 1992, verschwanden viele Jugoslawen, Kroaten und Serben (Legionäre), quasi über Nacht. Sind sie bereits im Zivilleben, wie in diesem Fall in der Sicherheits-Branche, tätig, dann gehen einige von ihnen zwischen den Aufträgen in ihre Heimat. Das alles nur, um klarzustellen: Auch Legionäre haben Familien, auch sie identifizieren sich mit Werten, mit Traditionen, Ländern oder Nationen. Bezüglich aktiver Legionäre und Kriegen, die diese in französischer Uniform gegen ihr eigenes Land führen müssten, handhabt es die Legion sehr kulant. Es wird den Legionären immer freigestellt, ob sie gegen ihre Landsleute in den Krieg ziehen wollen. Möchten sie das nicht, werden sie auch nicht dazu gezwungen, sondern versetzt – an einen anderen, weit entfernten Krisenherd katapultiert. Das Phänomen ist kein neues, fand zuerst im Deutsch-Französischen Krieg 1870/1871 statt, wo es natürlich zu einer Front Deutsche (Legionäre) gegen Deutsche (Preußische Soldaten) kam. Ob im Bosnienkrieg oder wie jetzt in der Ukraine: Fakt ist, dass sich Ex-Legionäre in Krisengebieten sehr schnell Positionen und Ränge erkämpfen, die bis zur Ebene eines Stabsoffiziers und weiter reichen.*

zu etwa 50 % um Menschen aus einem rein Militär-/Sicherheitsbranche-angehauchten Milieu oder wie im Falle meiner letzten Gespräche im Kempinski Hotel (Dschibuti) um Menschen aus dem Umfeld der zivilen Seefahrt – alles höhere Offiziere, darunter auch ein ukrainischer Geschichtslehrer. Dieser Personenkreis hat das kritische Auge. Sie wissen, wovon sie sprechen. Ihre Aussagen könnten de facto die Meinung sehr vieler Menschen in der Ukraine widerspiegeln.

***B/** Aktive russische Soldaten „auf Urlaub"? Ja.*
... einige russische Soldaten in der Ost-Ukraine, aber diese seien angeblich nur zur Unterstützung ihrer hier lebenden Familienangehörigen im Land. Was nachvollziehbar ist.
Sicher schließen sie sich zu Gruppen zusammen und sickern mit dem Wohlwollen des russ. Militärs in ihren Einsatzraum. Solche Aktionen wären zunächst bar jeglicher Ideologie oder politischer Ausrichtung: Das sind menschliche Prozesse! Auch kämpften viele Freiwillige aus anderen Ländern für die Separatisten der Ost-Ukraine, darunter Schweizer, Franzosen und Serben. Natürlich unterstütze Putin die Separatisten, aber nicht auf die Art und Weise und vor allem nicht in dem Maße, wie uns viele Medien das glauben machen. (Die USA und Russland haben sich seit Beginn der Krise gegenseitig vorgeworfen, die Kriegsparteien in der Ukraine militärisch zu unterstützen.) Behauptungen, wenn ständig in den Medien wiederholt, werden immer glaubhafter, und die gängige Meldung heißt „Der Russe ist der Schwarze Peter!".

Neutrale Berichterstattung sieht anders aus!

Vielmehr sprachen alle von reichen ukrainischen und prorussischen Oligarchen, die, vor allem zu Beginn des Krieges, vom Ausland her, unter anderen aus der Schweiz und aus Frankreich, das Kriegsmaterial einfach von den Russen kauften. Bedienen würden es die Ukrainer aber größtenteils schon selber. Ein BMP-3 oder ein T-80 Kampfpanzer und eine russische Kampfuniform, ob von den russischen Streitkräften gestellt, getragen und bedient oder vom Schwarzmarkt gekauft, sehen auf einem Satellitenfoto und in den Augen der Beobachter verschiedener Seiten immer nur wie ein BMP-3, ein T-80 Kampfpanzer und wie eine russische Kampfuniform aus. Falsche Schlussfolgerungen sind schnell gezogen und meistens sieht man immer nur das, was man sehen will. Unter den einst prorussischen und heute westlich orientierten Oligarchen sei zum Beispiel *Rinat Achmetow*. Mit einem Vermögen von geschätzten 11,6 Mrd. US-Dollar ist er der reichste Mensch der Ukraine und gilt auch als der einflussreichste Oligarch des Landes. Zu Beginn des Ukraine-Krieges sympathisierte er mit den ostukrainischen Separatisten, die er laut deren Aussagen auch finanziert hat[33]. Auch *Konstantin Walerjewitsch Malofejew*, ein russischer Oligarch, unterstützt die Separatisten in der Ost-Ukraine. Und es gibt Russen, Soldaten oder Ex-Soldaten, die nur gekommen sind, um ihre Familien zu unterstützen. Es gebe auch sehr viele reiche Ost-Ukrainer, die ihr ganzes Vermögen liquidiert haben, um mit dem Erlös Waffen, Munition und andere Mittel für ihren Kampf in die Waagschale zu werfen.

DONEZK in der Ukraine am 30. Januar 2015.
(© picture alliance / dpa Fotograf: Sokolov Maxim)

33 *Siehe dazu: WeltN24 – „In der Ukraine tobt der Krieg der Oligarchen“ – www.welt.de*

Fragen tun sich auf.

> ***1. Die bisher erwähnten Aussagen in Betracht ziehend und zumal auch der Westen (wir) und Kiew bisher noch keine gegensätzlichen Beweise dafür liefern konnten: Täuschen sich der Westen (Europa) und die USA gewaltig, wenn sie behaupten, die Russen würden aktiv am Krieg teilnehmen, massiv Waffen liefern und die Kämpfe der Separatisten steuern?***

Das ist durchaus möglich!

Aussagen, die in diese Richtung verlaufen, häufen sich. Und sie decken sich mit den Informationen meiner Gesprächspartner, die ich alle als sehr verlässlich einstufe. Man wird hier an die Gründe erinnert, die 2003 zum Irakkrieg führten. Unter anderem behauptete die Bush-Regierung, der Irak würde über Massenvernichtungswaffen verfügen und Staatspräsident Saddam Hussein mit dem Terrornetz Al-Qaida zusammenarbeiten. Ein auf Lügen aufgebauter Krieg, der hunderttausenden Menschen das Leben kostete, begann.

Auch im Ukraine-Krieg suchen die USA nun Gründe.

Aber auch die internationale Presse findet Anzeichen dafür, dass nicht jede dieser Behauptungen für bare Münze zu nehmen ist. So berichtete die *Frankfurter Neue Presse* am 29.08.2014, dass die *Organisation für Sicherheit und Zusammenarbeit in Europa* (OSZE) bis dato keine Beweise für einen Einsatz regulärer russischer Truppen in der Ukraine hatte. Es sei jedoch bestätigt worden, dass mehr russische Freiwillige in diesen Kämpfen impliziert seien, als man bislang annahm. Der französische Nachrichtensender *Europe1.fr* interviewte im Februar 2015 gleich mehrere *russische* Soldaten in der Donezk-Region. Alle sagten dasselbe: „Wenn wir hier sind, dann freiwillig. Einen Befehl oder eine Anregung aus Moskau hat es nie gegeben.“ [34]

Ich sah mir das Video an (Quelle: Europe1.fr, Februar 2015), in dem

---

34 *Berrissoul, Walid: Ukraine: les soldats russes s'expliquent – www.europe1.fr*

mehrere dieser Freiwilligen – einige kamen sogar aus Sibirien – von ihrem Trip erzählten. Was ich sah, war höchst interessant, erinnerte mich an meine Zeit bei der Fremdenlegion, als es darum ging, neuen Rekruten auf den Zahn zu fühlen bzw. sie einzuweisen. Ihre Gesichtszüge waren hart und in ihren Augen funkelte wilde Entschlossenheit, als sie sagten, dass es ihre Absicht sei, die Interessen der slawischen Volksgruppe zu verteidigen. Sie haben Putin-Porträts an der Wand, tragen russische Abzeichen und russische Uniformteile. Zuerst waren es wenige, doch ihren Worten zufolge kamen immer mehr hinzu. Im Laufe der Zeit formierten sich Gruppen zu Zügen, diese wiederum zu Kompanien. Freiwillige? Sicher! Aber eben keine regulären russischen Truppen. Die meisten von ihnen sind erfahrene Ex-Militärs, die bereits in Afghanistan und in Tschetschenien gekämpft haben. Vom Auftreten und von der Art zu kämpfen her unterscheiden sie sich also kaum von russischen Eliteeinheiten. Das sieht man daran, wie sie sich bewegen, wie sie ihre Waffen tragen und ständig aufmerksam um sich blicken. In ihrer Meinung, was sein könnte, wenn wirklich russische Truppen in der Ost-Ukraine wären, sind sie sich alle einig:

> ***Hätte Russland reguläre Einheiten hier, dann würden diese das Ukrainische Problem innerhalb einiger Stunden regeln!***

Die Vereinigung *Veteran Intelligence Professionals for Sanity* (VIPS), bei der es sich um Ex-Mitarbeiter der US-Geheimdienste, die sich aus ehemaligen Mitgliedern der NSA, CIA und des FBI zusammensetzen, berichten zu diesem Thema:

Wir haben damals keine glaubwürdigen Beweise für Massenvernichtungswaffen im Irak gesehen; wir sehen jetzt keine glaubwürdigen Beweise für eine russische Invasion.

Die ehemaligen US-Geheimdienstmitarbeiter am 30. August 2014
in einer Mitteilung an die Bundeskanzlerin Angela Merkel

Um die Kompetenz sowie die Glaubwürdigkeit der Mitglieder dieser Vereinigung zu prüfen, stellte ich mir die Frage, um wen es sich tatsächlich handelt. Ich recherchierte und war über das Ergebnis doch einigermaßen überrascht.

Warum?

Da wären zum Beispiel ***David MacMichael***, ein Ex-CIA Mitglied, Veteran des US Marine Corps und ehemaliger Mitarbeiter des *National Intelligence Council* (i.R.). *MacMichael kannte aus seiner Dienstzeit unzählige Fälle, bei denen Beweise, die später ein politisches Handeln legitimierten, dem Erfindungsreichtum der CIA zu verdanken waren.*[35]

Zur Gruppe gehört auch ***William Binney***. William Binney ist ein ehemaliger US-amerikanischer Nachrichtendienst-Mitarbeiter und Technischer Direktor der *National Security Agency*. Seit Januar 2015 ist er Träger einer Auszeichnung der *Sam Adams Associates for Integrity in Intelligence*. Binney entwickelte die ersten Daten-Späh- und Auswerteprogramme. Seit 1985 habe er, seinen Worten nach, dabei auch eng mit dem BND zusammengearbeitet.

Auch ***Ray McGovern*** gehört der Gilde an. McGovern ist ein US-amerikanischer ehemaliger CIA-Offizier. Er war als Mitarbeiter der CIA unter sieben US-Präsidenten insgesamt über 27 Jahre lang für die morgendliche Berichterstattung im Weißen Haus zuständig. Mit einigen anderen machten sie bereits im September 2014 in einem offenen Brief die Kanzlerin Angela Merkel auf Ungereimtheiten aufmerksam. Sie sagten allzu deutlich, dass die weit mediatisierte These einer russischen Invasion der Ukraine nicht von verlässlichen Quellen unterstützt wird. Sie warnten ausdrücklich davor, NATO-Satellitenbilder als Beweis einer russischen Invasion in der Ukraine anzusehen.

Aus meinen Zeiten bei der Fremdenlegion kenne ich Brigadegeneral Hervé Gomart sehr gut. Zwischen 1990 und 1997 diente er im selben Regiment wie ich, war sogar für kurze Zeit mein direkter Vorgesetzter. Sein Bruder, General Christophe Gomart, ist derzeit verantwortlich für

---

35 Quelle: Thomas Leif – „Mehr Leidenschaft Recherche. Skandal-Geschichten und Enthüllungsberichte. Ein Handbuch zur Recherche und Informationsbeschaffung", Seite 171.

den französischen militärischen Nachrichtendienst. Zum Thema sagt er am 25. März 2015:

Das wahre Problem mit der NATO besteht darin, dass dort der amerikanische Geheimdienst das Sagen hat, während der französische Geheimdienst lediglich mehr oder weniger zur Kenntnis genommen wird – deshalb ist es von Bedeutung, den Nato-Kommandeuren genügend geheimdienstliche Erkenntnisse aus französischen Quellen bereitzustellen.

Diese Aussage vom Chef der DRM[36] ist auf jeden Fall mehrdeutig. Liest man sich die Stelle seiner Rede[37] mehrmals durch, kann man durchaus zu dem Schluss kommen, dass General Christophe Gomart den US-Geheimdiensten sicher kaum Glauben schenkt, wenn diese behaupten, die Russen würden aktiv am Krieg in der Ost-Ukraine teilnehmen und/oder schwere Waffen liefern.

Die Nato, so sagte General Gomart weiter, *kündigte an, Russland werde in die Ukraine einmarschieren, obwohl unsere Informationen diese Annahme nicht stützten. Wir hatten vielmehr beobachtet, dass die Russen weder Kommandozentren noch Nachschubzüge aufgeboten hatten. Insbesondere Lazarette, die für Militärinvasionen benötigt werden, und Reserveeinheiten verzeichneten überhaupt keine Bewegungen.*

Er ergänzte: *Die nachfolgenden Ereignisse bewiesen, dass wir richtiglagen. Auch wenn tatsächlich einige russische Soldaten in der Ukraine gesehen wurden, so handelte es sich eher um Manöver, die Druck auf den ukrainischen Präsidenten Poroschenko ausüben sollten, als um den Versuch einer Invasion.*

Hat Christophe Gomart Recht? Wie anders kann man sich sonst die Tatsache erklären, dass niemand das Gerücht, es gebe russische Truppen/Material in der Ost-Ukraine, mit handfesten Beweisen bestätigt –

---

36 *Direction du Renseignement Militaire – militärischer Nachrichtendienst.*

37 *Quelle: Audition des Generals Christophe Gomart vor der Commission de la défense nationale et des forces armées; Mittwoch, 25. März 2015 – www.assemblee-nationale.fr*

oder es endlich aus der Welt schafft? Das wäre Aufgabe derer, die am vehementesten die These der russischen Einmischung vertreten, und hier würde es bereits genügen, Schwarz auf Weiß mit hieb- und stichfesten Aufnahmen, Filmen oder anderen Fakten aufzuwarten, nicht jedoch, wie bisher, nur mit vagen Mutmaßungen.

Aufklärung ergibt fast immer ein umfassendes Lagebild. In einer Zeit, in der die (zivil-)militärische Aufklärung über Mittel verfügt, die vor allem im strategischen Bereich (mit AWACS, hochentwickelten Drohnen, Satelliten, Agenten vor Ort etc.) ganz bestimmt ein technisches Hoch erreicht haben und die es fast schon möglich machen, buchstäblich den Fingerabdruck am Abzug eines Snipers selbst aus größter Distanz abzulesen, mutet es fremd an, dass bisher nur Hypothesen vorliegen; wobei das Schlimme daran ist, dass viele Medien diese unbestätigten Annahmen ungeprüft aufgreifen und die Propaganda-Maschine den Rest zur vielleicht absoluten Desinformation beiträgt!

Und unsere Nachrichten- und Geheimdienste?

Russische Panzerkolonnen, Züge mit Panzern und Fahrzeugen, regulär konstituierte Einheiten – vom Osten kommend und sich hunderte von Kilometer bewegend: Sie hinterlassen eine nachrichtendienstlich sehr breite und nicht übersehbare Spur. Solch eine Bewegung nach Donbass ins Donezbecken – und es gibt keine schlüssigen Satellitenfotos, keine Aufnahmen, keine Namen der Einheiten oder deren initiale Standorte oder Garnisonen? Nichts?

Jeder erfahrene Militär kann darüber höchstens schmunzeln.

Oder darf man es gar so interpretieren, dass die Russen bei ihren militärischen *Bewegungen* so perfekt ans Werk gehen, dass die besten Nachrichtendienste der Welt und die sonst über alles so gut im Bilde scheinenden USA es gar nicht mitbekommen? Wenn es doch auffällt, dann muss es Beweise geben, und zwar ganz massiv! Und gesetzt den Fall, es gibt tatsächlich Geheimdienst-Beweise, warum werden sie dann nicht veröffentlicht und genutzt? Aber was rede ich: Natürlich gab es

Fotos! So zum Beispiel in der ARD. Die zeigte gegen Ende 2014 eine Panzerkolonne in einer wüstenartigen Landschaft. Im Bildtext dazu hieß es: „Russische Kampfpanzer fahren am 19.08.2014 noch unter Beobachtung von Medienvertretern in der Ukraine." Betitelt war der WDR-Artikel mit der Zeile: „Russland auf dem Vormarsch?" Tatsächlich aber stammte das Bild aus dem Jahre 2008[38].

1. Die USA scheinen mehr Interesse an diesem Konflikt zu haben als Europa, ja viel mehr noch, als die Russen.

Im Frühjahr 2015 verlegen die USA 3.000 Soldaten ins Baltikum. Der Grund? Wegen der „russischen Gefahr"! Sie sollen die NATO-Truppen stärken und an Manövern teilnehmen. Zur gegenwärtigen Stunde stehen in Europa 67.000 US-Soldaten bereit. Die akute Gefahrenstelle heißt *Ukraine*. Doch wer hat dafür Sorge getragen, dass es überhaupt so weit kommen konnte?

Erstens hat nicht Putin diese Krise begonnen. Es gab keine russische Aggression. Diese Krise begann, als die Europäische Union Janukowitsch im November ein Entweder-oder-Ultimatum gestellt hat. In den Protokollen des Abkommens ist die Nato zwar nicht explizit erwähnt, aber die Sicherheitsbedingungen hätten die Ukraine zu einer Art Ehrenmitglied der Nato gemacht. Zweitens ist falsch, dass Putin hinter allem steckt, was in der Ost-Ukraine passiert. Die USA haben mehr Kontrolle über die Regierung in Kiew als Putin über die Aufständischen im Osten.

Die Aussage stammt von Stephen F. Cohen. Cohen ist ein US-amerikanischer Professor und Russistik-Gelehrter an der Princeton University und der New York University, der sich hauptsächlich mit Russland und der Sowjetunion nach der Oktoberrevolution sowie den Beziehungen der USA zu diesen Staaten beschäftigt. In einem im Mai 2014 gegebenen Interview mit Journalisten der *taz* (die Tageszeitung) war es seine Antwort auf die Frage, was denn Kanzlerin Merkel zu Präsident Obama und seinem Außenminister John Kerry sagen solle, was an deren Aus-

---

38 *Meisner, Matthias: Propagandatricks – oder Pannen in Serie – www.tagesspiegel.de*

sagen bezüglich Russland und der Ukraine-Krise nicht stimme. Auf die Frage, wie wichtig die Ukraine für die USA sei, sagte Cohen:

Die Ukraine ist so wichtig für die politische Führung der USA, dass sie einen Krieg mit Russland riskieren. Warum das so ist, lässt sich nur sehr schwer erkennen! [...] Nicht Putin habe die Ukrainekrise ausgelöst, sondern der Wunsch der USA, die Ukraine in die Nato zu holen.

Am 29. Januar 2015 warnt Friedensnobelpreisträger Michail Gorbatschow erneut. Die USA hätten Russland „in einen neuen Kalten Krieg getrieben".

Warum also scheinen die USA so daran interessiert, dass dieser Konflikt nicht zur Ruhe kommt? Ist es wegen Öl, Gas, wegen den Ressourcenwegen? Geschieht es aus Gründen der Expansion?

Einen solchen schließt auch Stephen F. Cohen nicht aus:
Seit den 90er Jahren haben Clinton, Bush und Obama eine Politik gemacht, die Russland umzingelt.

„Umzingeln" ist auch ein militärischer Begriff. Würden wir es durch andere Worte ersetzen, so gäbe es eine ganze Anzahl dafür: einkreisen, umstellen, umschließen, umkreisen, umringen, belagern!

Der Sinn solcher Handlungen?
Ich lasse die Frage gerne so offen stehen!

Fakt ist, dass die USA mit ihrem Raketenabwehrsystem (geplante Raketenabwehrbasen in Polen, Radaranlagen in Rumänien) immer näher an Russlands Landesgrenzen heranrücken. Angeblich als Schutz vor der iranischen Raketenbedrohung. Eine Bedrohung, die nie wirklich existiert hat! Wer aber sagt Raketenabwehrsysteme, der meint auch amerikanische Kasernen und Soldaten, denn ganz ohne geht es nicht. Die NATO wächst, drängt nach Osten und ihre Erweiterung durch ehemalige Sowjetrepubliken stört Russland gewaltig. Ein Blick auf die Karte genügt, um nachvollziehen zu können, dass Präsident Putin eine Gänsehaut bekommt. Derzeit, im Juni 2015, diskutiert die US-Regierung über die Möglichkeit etwa 5.000 Soldaten sowie militärisches Gerät ins Baltikum (Quelle „New York Times") und weitere osteuropäische Staaten zu entsenden. Nun tut sich die Frage auf: Wann endet die Provokation und wann endlich beginnt die Vernunft?

Und der Kremlchef erinnert uns an Hans-Dietrich Genschers Versprechen. Während eines Gespräches am 10. Februar 1990 mit dem sowjetischen Außenminister Schewardnadse soll Genscher gesagt haben,

… dass es der Bundesregierung „bewusst" sei, dass die Zugehörigkeit eines vereinten Deutschlands zur Nato komplizierte Fragen aufwerfe. Für uns stehe aber fest: Die Nato werde sich nicht nach Osten ausdehnen.[39]

Hans-Dietrich Genscher soll diese Meinung bereits vor seinem Besuch in Moskau öffentlich vertreten haben. Ist es ein gebrochenes Versprechen?

Erst dieser Tage, im März 2015, hat Russland den Ausstieg aus dem Vertrag über konventionelle Streitkräfte in Europa bekannt gegeben und man braucht kein Experte zu sein, um einen direkten Zusammenhang mit der zunehmenden Stationierung von Nato-Truppen an Russlands Grenzen zu sehen.

Wer könnte in diesem Konflikt etwas gewinnen?

Soll die Ukraine-Krise einfach so lange aufrechterhalten und durch Waffenlieferungen an Kiew sogar noch weiter zugespitzt werden, bis Washington sein Ziel, Russland finanziell total zu isolieren und eine *harte Reaktion Putins* heraufzubeschwören, erreicht hat, oder will man gar den Westen der Ukraine aufrüsten und Russland dazu anstacheln, dort einen teuren und verlustreichen Abnutzungskrieg zu führen?

---

39 *Aus dem Englischen von Matthias Schulz: Versprochen und gebrochen – www.zeit.de*

Am 20. Februar starben rund um den *Maidan* in Kiew 44 Menschen durch Schussverletzungen. Wer hat denn auf dem *Maidan-Platz* wirklich geschossen[40]?

Wer hat die Proteste überhaupt geschürt? Wer war tatsächlich verantwortlich für den Abschuss der MH-17?[41] Es sind Fragen, auf die es noch keine Antworten gibt. Aber dennoch kommt mir, immer wenn ich mir diese Fragen selbst stelle, die *Operation Ajax* ins Gedächtnis. Auch hier kam es zu Unruhen, dann zu Gewalt – und mit dem Ende vom Lied zu hunderten von Toten. Damals, 1953, nachdem sie den Iran bewusst destabilisiert hatten, stürzten britische und amerikanische Geheimdienste Irans Premierminister Mossadegh durch einen fein ausgeklügelten Militärputsch. Der Grund? Mossadegh wollte die Ölressourcen des Landes verstaatlichen[42]. Aber bei Mossadegh, einem glühenden Verfechter der Interessen seines Landes, handelte es sich um einen Politiker, der durch demokratische Wahlen an die Macht gekommen war, und seine Entscheidung war daher mehr als legitim. Warum sollte das iranische Volk nicht an erster Stelle von seinen eigenen Ressourcen profitieren? Die führende Teilhabe der CIA am Militärputsch ist heute bewiesene Sache[43]. Der Geheimdienst sagte, es sei ein Akt im Rahmen der US-amerikanischen Außenpolitik gewesen. Das Beispiel bietet sich deshalb an, weil es zeigt, wie skrupellos Amerikaner und Engländer sind, wenn es um Ressourcen geht. Der Irakkrieg war so ein Exempel, aber das dürfen wir nicht zu laut sagen; und außerdem: Man spricht nicht über einen Kampf um Ressourcen, sondern allenfalls von einem Kampf Gut gegen Böse! Das macht sich auch besser. Und es geht, so möchte manch einer denken, auch um Weltanschauungen, denn man muss kein allzu großer Gelehrter sein, um zu erkennen, dass jedes Mal, wenn die USA mit ihren Bündnispartnern in den Krieg ziehen, auch ein Kampf der Kulturen stattfindet.

---

40 *WeltN24: Tod auf Bestellung? – www.welt.de*

41 *Am 17. Juli 2014, gegen 16:20 Uhr Ortszeit, wurde der Malaysia Airlines Flug MH17 über der Ost-Ukraine abgeschossen. Alle 298 Insassen starben, darunter viele Kinder. Wer schoss den Malaysia-Airlines-Flug MH17 ab? Seit dem Absturz suchen Ermittler und Flugexperten nach einer Antwort auf diese Frage. Einerseits gibt es Hinweise, dass das Flugzeug von einer russischen BUK-Rakete abgeschossen wurde, andererseits behauptet die russische Regierung, dass ukrainische Kräfte dafür verantwortlich sind.*

42 *Diese Ressourcen wurden damals von der Anglo-Persian Oil Company (später umbenannt in Britisch Petroleum, BP) kontrolliert.*

43 *Stark, Florian: CIA bekennt sich zu Militärputsch 1953 im Iran – www.welt.de*

Wenn wir alle von den Amerikanern nach Vietnam geführten Kriege einzeln unter die Lupe nehmen, nicht zuletzt Irak oder Afghanistan, finden wir immer wieder ein und dasselbe Schema und im Ukraine-Konflikt hat sich von Anfang an, kaschiert von anderen Ereignissen, ein ebensolches Schema auch abgezeichnet. Ich denke, dass es um die Ukraine alleine wohl kaum geht, sondern um eine Vormachtstellung in der Region sowie in ganz Osteuropa. Raum gewinnen, sich an Europas Ostflanke fest etablieren, in Estland, Lettland, Litauen, Polen, Rumänien und Bulgarien eine dauerhafte militärische Präsenz aufbauen: angeführt von den USA, war das ein allzu deutlich sichtbares Bestreben der Nato in den letzten Jahrzehnten. Das provoziert, schürt natürlich Argwohn und Nervosität.

Und unser Beitrag zum Ukraine-Konflikt? Leisten wir den Amerikanern in ihrem Bestreben direkt Schützenhilfe, indem wir die Sanktionen gegen Russland immer weiter verschärfen, die Einsatzbereitschaft unserer Armeen provokant höher schrauben und indem wir den Russen – die seit dem Mauerfall enge Verbündete sind – alles, was so an Unrecht geschieht, in die Schuhe schieben?

In Amerika und in der Europäischen Union spricht man heute nur noch über Sanktionen gegen Russland. Haben die völlig den Kopf verloren?
Michail Gorbatschow

Die Meinungen fast aller Ukrainer, die ich traf, sind in einem Punkt identisch: Die aktuelle Regierung (prowestliche Führung), so sagen sie, sei korrupt, nicht erwünscht und der Sache nicht gewachsen. Sie seien Marionetten der USA! Der Minderheit gegenüber, die sich als prorussisch zu erkennen gab, agierten und agieren sie (die prowestliche Führung) stets im höchsten Grade diskriminierend und es mutet fremd an, dass Europa hier die Augen ganz fest zudrückte und auch heute immer noch wegsieht. Gleiches geschah ihren Worten nach auf der Krim. Auch hier wurde die Situation von den westlichen Staaten falsch eingeschätzt oder geflissentlich übersehen. Für die hauptsächlich russisch verwurzelten Menschen gab es unter der Hoheit der Ukraine weder ausreichende Rechte noch genügend Schutz und Anerkennung. Das musste sich eines Tages rächen. Die Rache war eine kompromisslose, wenn auch späte Hinwendung zu Russland. Dies geschah auch deshalb schon, weil es in der menschlichen Natur liegt, sich dem zuzuwenden, der einen ernst nimmt und der auf ein offensichtliches Schutzbedürfnis mit Wohlwollen reagiert.

Bezüglich des *großen Bruders*, den Russen gegenüber, sind die Ukrainer eher gespalten. Während die einen nicht unbedingt von den Russen verwaltet oder gar selbst Russen werden wollen, weisen andere, und die bilden eindeutig die Mehrheit, auf die jetzige, verbesserte Situation auf der Halbinsel Krim hin. Unter der russischen *Fuchtel* sei alles schöner: das Verwaltungs- sowie das Gesundheitssystem, die Schulen, der öffentliche Transport ... alles sei nun beispielhaft und kein Vergleich zu dem Chaos vorher. Sie seien Ukrainer, sagen sie. Viele von ihnen sind westlich orientiert, aber alle haben sie auf irgendeine Art und Weise mehr Affinitäten mit Russland. Die unter ihnen, die es gewohnt sind, möchten die russische Sprache weiter sprechen, die (beidseitige) Kultur pflegen sowie Verwandte in Russland besuchen dürfen und vice versa.

Zur Situation auf der Krim muss man wissen, dass die russischen Seestreitkräfte seit dem 18. Jahrhundert einen wichtigen Stützpunkt dort haben: den Hafen Sewastopol! Sogar während der Zugehörigkeit der Krim zur Ukraine von 1991 bis 2014 (die Krim genoss einen Autonomiestatus) hatten die Russen dieses Monopol unangefochten für sich beansprucht, auch wenn es seitens der Ukraine immer wieder zu verbalen Drohungen kam, diese *Beziehung* beenden zu wollen. Im April 2010 kam es bezüglich der russischen Flotte zu dem Charkower Abkommen zwischen Russland und der Ukraine. Ein Pachtvertag genehmigte den Russen – unter anderem – die weitere Stationierung der Schwarzmeerflotte bis ins Jahr 2042. Im Gegenzug versprach Russland erschwingliche Gaslieferungen an die Ukraine. Es ging um einen Preisnachlass von 30 Prozent für den Zeitraum von 25 Jahren, was für diesen Zeitraum einer Summe von nicht weniger als 40 Milliarden US-Dollar entsprach.

Die 2014 per Volksentscheid bestimmte Abspaltung von der Ukraine und den Beitritt zur Russischen Föderation der Krim konnten selbst die Tataren, die einst die Halbinsel besiedelt hatten, heute aber die klare Minderheit darstellen, nicht verhindern. Das Volk hatte entschieden! Einem Volksentscheid nicht den Respekt zu zollen, der ihm zukommt, hieße dem Volk keinen Respekt zu zollen. Die Bindung der Menschen auf der Krim zu Russland war und ist sehr intensiv, was sich auch dadurch zeigt, dass für weit mehr als zwei Drittel unter ihnen die russische Sprache als Muttersprache gilt. Im Nachhinein muss man den Russen sogar zugutehalten, dass es infolge des Referendums zu keinen größeren blutigen Auseinandersetzungen kam. Dies wurde geschickt verhindert. Auf der Krim leben 60 % Russen, gefolgt von 25 % Ukrainern und 12 % Krimtataren. Letztere sind wohl die großen Verlierer, doch das muss man im Auge behalten.

Die ukrainische, prowestliche Regierung muss den Willen der Menschen in der Ost-Ukraine respektieren! Die Korruption unter Politikern beider Lager in der Ukraine und die Tatsache, dass man die Bürger – Messer auf die Brust – vor die Wahl *Europa oder Russland* stellte, waren monumentale Fehler, die schließlich zur Spaltung und zum Krieg führten.

Der Westen wirft Russland vor, sich die Halbinsel Krim völkerrechtswidrig einverleibt zu haben. Auch Ex-Nato-Generalsekretär Anders Fogh Rasmussen hat die Annexion der Krim in scharfer Form verurteilt: „Die Nato muss reagieren!" Rasmussens Worte klingen, als kämen sie direkt aus dem Oval Office im Weißen Haus, und natürlich wird an dieser Stelle nicht erwähnt, dass der von den USA und der „Koalition der Willigen" geführte Irakkrieg im Jahr 2003 ohne Mandat des UN-Sicherheitsrats geführt wurde und durch und durch völkerrechtswidrig war. Ebenfalls schweigt man darüber, dass im US-Militärgefängnis Guantánamo hunderte von Insassen seit 2002 ohne Gerichtsurteil menschenrechtswidrig festgehalten werden. Niemand spricht davon, dass US-Drohnen in Pakistan, Jemen und Somalia Menschen töten, Menschen, die nie vor Gericht erschienen sind, von den Kollateralschäden an der zivilen Bevölkerung nicht zu sprechen.

Qu'on respecte nos droits, notre langue c'est le russe! (Unsere Rechte sollen respektiert werden, unsere Sprache, das ist die Russische!), sagte ein Separatist im April 2014 zum französischen Nachrichtensender RTL[44].

---

44 *RTL-Medien: On veut vivre librement – www.rtl.fr*

Auch erzählten meine Gesprächspartner davon, dass der Konflikt sich bereits in dem Sinne ausweite, dass immer mehr ausländische Söldner hinzukommen (auf beiden Seiten!). Man spricht inzwischen auch von etwa hundert Deutschen, die auf Seiten der Separatisten kämpfen. Und man sehe immer öfter auch M16-Gewehre, was neu sei.

Amerikanische Sturmgewehre? Hier tauchen Fragen auf!

Das Gerücht um diese Söldner taucht immer öfter auf. Da ich selbst einige Söldner kenne, weiß ich, dass solche Gerüchte, sobald man von ihnen hört, bereits Tatsachen sind. Krisengebiete ziehen Söldner unweigerlich an.

Der deutsche Politik- und Wirtschaftsberater Michael Lüders sagte dazu gar in einem Interview mit dem Fernsehsender Phoenix:

Es sollen sich, unter anderem, auch 500 Söldner der Blackwater-Organisation am Konfliktherd befinden. Das ist eine gefährliche Entwicklung, eine ungute Entwicklung. Denn es ist ganz klar, dass eine Eskalation nicht ausgeschlossen ist. Und dieser Konflikt kann außer Kontrolle geraten, wenn die russische Seite oder wenn die ukrainische Seite der Meinung ist, sie könnte ganz auf Sieg setzen.

Auf welche Quellen Michael Lüders sich beruft, ist nicht bekannt. Dass auf prowestlicher wie auch auf prorussischer Seite Söldner am Werke sind, das weiß ich aus meinen Gesprächen mit Ex-Legionären. Handelt es sich bei einigen dieser Söldner um Amerikaner, so sammeln sie sicherlich Informationen für US-amerikanische Geheimdienste. Es wäre pure Naivität, zu glauben, dass dem nicht so sei. Auch die These, dass US-Söldner von Academi (Blackwater) dort gleich zu hunderten gegen prorussische Kräfte eingesetzt sind, ist durchaus glaubhaft, ja es entspricht sogar einer gewissen Logik.

Als Putin im Januar 2015 die ukrainische Armee wissend als Fremdenlegion der NATO bezeichnete, haben viele nur geschmunzelt und die Aussage als Unsinn abgetan. Nun aber erweist es sich, dass Putin mit seiner Behauptung ins Schwarze getroffen hat. Etwas mehr als drei Monate später nämlich kündigte die Ukraine an, die Aufnahme von ausländischen Kämpfern in den Reihen ihrer Armeen offiziell zu gestatten. Als Ex-Fremdenlegionär kann ich mir ganz genau vorstellen, welche Kandidaten bei den Rekrutierungsstellen anklopfen werden, und mir läuft es bei dem Gedanken eiskalt den Rücken hinunter. Nun erhärtet sich natürlich auch das Gerücht von Academi-Kämpfern (Ex-Blackwater). Das alles gibt dem Krieg eine neue Dimension, vor allem für Kiew. Denn es ist eine Sache, ergebene, landestreue Soldaten an der Front zu wissen, aber wieder eine ganz andere, unbekannte Söldner mit zweifelhaften Interessen bewaffnet im eigenen Land operieren zu lassen. Der Schuss könnte leicht nach hinten losgehen. Die Gefahren sind vielfältiger Natur. Je nachdem, welche Nationalität diese Ausländer haben, könnte es zu Repressalien Russlands gegen diese Länder kommen. Söldner, und das weiß ich aus Erfahrung, kann man nur bis zu einem gewissen Grad kontrollieren. Werden diese Männer nicht von eiserner Hand geführt, so könnte es durchaus geschehen, dass sich innerhalb ihrer Ränge gleich mehrere Interessengruppen (gemäßigt ausgedrückt) bilden, die, läuft der Krieg einmal auf Hochtouren, ihre Ansprüche stellen. Diese Ansprüche würden sie dann auch mit Waffengewalt geltend machen, wenn es erforderlich sein sollte. Wer sollte sie schon davon abhalten? Die ukrainische Armee etwa, die jetzt schon schwächelt? Auch wäre ein Putsch gegen Kiews Regierung mit Hilfe ebendieser Söldner durchaus möglich.

Der Westen hat einst den Verantwortlichen der prorussischen Milizen genau das vorgeworfen, was in Kiew mit diesen Rekrutierungen nun stattfindet: Söldner würden den Konflikt verschärfen! Es ist nun interessant, zu beobachten, wie die USA und die EU mit dieser Tatsache – bezüglich der Söldner – umgehen. Werden sie es tatsächlich dulden oder von Kiew verlangen, einen Riegel vor die Rekrutierung von Ausländern zu schieben? Die Ukraine, mit den sich vermehrt bildenden Fraktionen in Ost wie West, von denen nur ein kleiner Teil wirklich das Interesse der Ukraine verteidigt, könnte bald zum Schauplatz eines immensen, total unüberschaubaren Krisenherdes werden, den niemand mehr eindämmen kann. Und der ist nur eine Tagesreise weit entfernt von uns.

Da einige Leser mit dem Namen *Academi* oder *Blackwater* nichts anfangen können, hier ein kurzer Umriss: Die Sicherheitsfirma Blackwater, später auch Blackwater Worldwide, wurde 1997 in den USA gegründet und arbeitete hauptsächlich für die US-Truppen im Irak. Sie änderte ihren Namen mehrmals, hieß bis 2011 Xe LLC und nennt sich heute Academi. Academi ist ohne Wenn und Aber die bekannteste private *military company,* kurz PMC, nicht aber unbedingt die seriöseste. Die Firma arbeitete oft in einer Grauzone. Betrieb, als privater Akteur, wohl auch immer eine Art verdeckter Kriegsführung. Die Mitarbeiter, obwohl laut Lebenslauf alles gut ausgebildete Ex-Soldaten, haben mich nie wirklich beeindruckt, auch vor allem deshalb nicht, weil gewisse ihrer Vorgehensweisen moralisch und operationell nichts von der eigentlich zu erwartenden Professionalität widerspiegelten. Einem Ehrenkodex, ähnlich dem der Fremdenlegion, scheinen sie nicht zu folgen. Blackwater hatte immer einen sehr zweifelhaften Ruf und wurde vor allem durch das Fallujah-Massaker im Irak bekannt. Damals, am 31. März 2004, gerieten vier Angehörige der Firma in einen Hinterhalt. Ihr Auftrag war es, einen aus Kuwait kommenden Lkw-Konvoi zu beschützen. Der Auftrag wurde zum Albtraum. Die vier Sicherheitsleute wurden aus ihren Fahrzeugen gezerrt, gelyncht, ihre toten Körper geschlagen, gebrandmarkt, durch die Straßen geschleift, öffentlich zur Schau gestellt und an Brückenpfeilern aufgehängt. Einige Jahre später erregte Blackwater erneut großes Aufsehen. Im September 2007 sollen bei einem ihrer Einsätze mindestens 17 Zivilpersonen in Bagdad getötet worden sein. Binnen einer knappen Viertelstunde wurden damals 14 Zivilisten von ihnen ermordet, darunter ein neunjähriges Kind. Wieder einige Jahre später, im April 2015, sind vier Blackwater-Mitarbeiter für dieses Massaker von einem Bundesgericht in Washington zu langen Haftstrafen verurteilt worden.

Auch heute noch bieten PMCs hauptsächlich den Militärs ihre Dienste an. Dienste, die als offensiv einzustufen sind und die eine militärische Wirkung erreichen können oder sollen – und das in drei verschiedenen Domänen: Support, Logistik und Transport! Mal nennen sie sich Ausbilder, mal Berater, dann wieder Consultant. Immer aber sind es Provider, Lieferanten von Kämpfern für den tatsächlichen Einsatz an der Front. Dass sie hauptsächlich Ex-Soldaten rekrutieren, hat Gründe. Man muss diese nicht erst noch ausbilden, spart also Zeit und Geld.

Was riskieren wir, wenn der Ukraine-Krieg eskaliert?

Alles!

Es wird immer von europäischen oder von NATO-Eingreiftruppen gesprochen und dass diese als Abschreckung und wichtiges Werkzeug dienen könnten, sollte der Konflikt international eskalieren. Das ist eine schöne, aber auch eine gewagte Theorie. Ich denke nämlich, dass sich ein solcher Konflikt ausschließlich zwischen den Großmächten abspielen würde – wozu Europa eindeutig nicht gehört –, aber leider wohl auf europäischem Boden, vor unserer Haustüre! Die NATO, ohne die USA, die eventuell zunächst ihre eigenen Ziele weiterverfolgen würden, wäre angesichts der russischen konventionellen und atomaren Feuerkraft ineffizient und zur Statistenrolle verdammt. Berlin, Rom, Paris und London innerhalb weniger Stunden zerstört. Gerade bei einer atomaren Konfrontation wäre Deutschland das erste Opfer. Wissen wir wirklich, auf was wir uns da einlassen?

Cleveres, strategisches Krisen-Konfliktmanagement und Schuldzuweisungen hier bzw. immer mehr Sanktionen dort? Das beißt sich gegenseitig ganz gewaltig. Ja, definitiv, im Osten braut sich was zusammen, und: Russland von Verhandlungen auszuschließen, auch, aber vor allem wenn das Thema Ukraine heißt, ist ein kapitaler Fehler! Russland von der Gruppe der Acht auszuschließen und vom G7-Gipfel in Garmisch-Partenkirchen im Juni 2015 fernzuhalten, war unüberlegt. Wir müssen das alte Feindbild dorthin packen, wo es auch hingehört, in den Schredder nämlich, dann neu anfangen wieder Vertrauen aufzubauen und in Russland endlich einen Partner anstatt einen Feind zu sehen!

Schmutzige Bomben

Nuklearterrorismus und die Gefahr durch Flüssiggas LNG

Nuklearterrorismus

Spätestens seit den Anschlägen auf das World Trade Center sind Kräfte auf der Suche nach einem Pfad, um den noch größeren Coup zu landen. Ziele mit einem hohen Symbolwert stehen dabei an vorderster Stelle. So drohten im Jahr 2009 die Taliban mit ganz konkreten Targets: das Oktoberfest in München, das Brandenburger Tor, der Kölner Dom! In einem im September 2009 erschienenen Video auf einer türkischsprachigen Dschihadisten-Website drohte ein deutschsprachiger Kämpfer namens *Ajjub* mit Anschlägen auf diese deutschen Stätten. Wer *Oktoberfest* sagt, der meint tausende von Menschen dicht aneinandergedrängt. Der Kölner Dom hingegen ist ein bedeutungsvolles Weltkulturerbe.

Symbolwert und Effizienz!

Der Anschlag mit einer schmutzigen Bombe gilt als überfällig. Die These, dass Terroristen sich für einige Millionen bzw. sogar Milliarden Euros einen angepassten Atomsprengkopf oder eine konventionelle Sprengladung mit radioaktivem Material beschaffen und diese in einer Großstadt der westlichen Welt – zum Beispiel auf der Theresienwiese während des Oktoberfestes – am helllichten Tag zünden könnten, war bislang nur Thema für Hollywood. Die Möglichkeiten dafür sind technisch aber längst gegeben. Auch wenn ein Anschlag mit einer *schmutzigen Bombe* wahrscheinlicher ist als das Zünden einer echten Atombombe, schließt die heutige Technologie es nicht mehr aus. Auch Atombomben können so konzipiert und konditioniert werden, dass sie in einem kleinen Lkw Platz haben! Einmal gezündet, egal wo, käme es zu einer Kernspaltung, was bei der schmutzigen Bombe nicht der Fall wäre. Aber wie dem auch sei, beides lässt natürlich die Türe weit offen für das, was wir Atom- oder Nuklearterrorismus nennen[45]. Und genau hier sehe ich auch die Gefahr des kommenden Jahrzehnts.

Schenkt man dem Institut der Vereinten Nationen für Abrüstungsforschung (UNIDIR) Glauben, so gab es im Jahr 2003 weltweit noch etwa 30.000 Atomsprengköpfe, 2010 waren es etwas weniger als 18.000. Hinzu kamen 3.000 Tonnen angereichertes Uran und Plutonium. Beides eignet sich zum Bau von Atombomben und wer das „Material" und das Wissen hat, hat die Macht.

Aber auch eine andere Theorie sollte nicht aus den Augen verloren werden. Eine Großmacht, die eine andere in die Knie zwingen möchte, bräuchte gegebenenfalls nicht mehr selbst auf den Knopf zu drücken und einen Gegenschlag zu riskieren, nein! Man behält eine saubere Weste und lässt die dreckige Arbeit für eine schmutzige Bombe von drei oder vier Menschen mit höchster krimineller Energie erledigen. Man liefert nur die verdeckte Logistik, das handliche Material und das Wissen um dessen Einsatz. Dieses Wissen kann man – begrenzt – sogar im Internet abrufen.

Wer sich im Sicherheitsgewerbe auskennt, der weiß, dass der Transport gewisser Materialien und die Sicherheitskontrollen an unseren Landesgrenzen, an Flug- oder auch Seehäfen, selbst wenn immer sophistischer, kaum mehr ein großes Hindernis darstellen. Man muss nur gewisse Prozeduren kennen und sich der Bereitschaft einiger Insider, zum Beispiel der Sicherheitsmitarbeiter, versichern. Geld stößt alle Türen auf und gibt es moralische Hemmschwellen, so ist es eventuell nur eine Frage der Summe, diese zu beseitigen. Einmal die Augen zudrücken oder wegsehen für eine fünf- oder sechsstellige Summe? Wenn man in

---

45 *Heise-online zufolge soll der irakische UN-Botschafter nach der Einnahme von Mossul durch den IS gewarnt haben, dass diesem auch radioaktives Material in die Hände gefallen sei, mit dem sich ebensolche Bomben herstellen ließen.*

Betracht zieht, dass in Deutschland sowie im restlichen Europa die Löhne für qualifizierte Sicherheitsmitarbeiter sich den Vorwurf von Hungerlöhnen durchaus gefallen lassen müssen, wäre das nicht abwegig[46].

Die Infiltrationswege? Der Seeweg. Zum Beispiel in Form einer oder mehrerer Sprengladungen, transportiert in einem der Millionen Container, die in deutschen Häfen täglich entladen werden und die kaum Objekt knallharter Kontrollen sind. Eine völlige Kontrolle ist nicht einmal annähernd möglich!

Auch der Landweg böte sich an. An den Grenzen zu Belgien, Dänemark, Frankreich, den Niederlanden, Luxemburg, Österreich, Polen und der Tschechischen Republik gibt es kaum Grenzkontrollen mehr, doch was wissen wir wirklich über die verdeckten kriminellen Umtriebe in unseren Nachbarländern? Wie dicht sind Polens Grenzen nach Osten hin oder die der Tschechischen Republik? Und im Westen? Nichts Neues? Hat Frankreich alles im Griff? Wir sollten größtes Augenmerk darauf legen, dass die Grenzen des Schengen-Raumes aufs Strengste kontrolliert werden.

Nehmen wir an, das verbotene „Material" wäre auf einem dieser Wege ins Land gekommen. Nun ist es ein Leichtes, alles in einem Kofferraum eines Pkw zu verstauen und ebendieses Fahrzeug in einer Tiefgarage einer Großstadt zu parken. Schön zentral gelegen, versteht sich.

Die Folgen der Detonation einer solch schmutzigen Bombe?

- *Es käme zu einer Umweltverseuchung durch Verstrahlung.*
- *Eine ungezügelte Panik könnte ausbrechen.*
- *EineLähmung des öffentlichen Lebens im weiten Umkreis der betreffenden Region wäre fast sicher.*
- *Es käme zu enormen, volkswirtschaftlichen Schäden.*
- *Tote, Verletzte: unsägliches Leid!*

---

46 Ich arbeitete, unter anderem, auch in Deutschland lange Zeit in der Sicherheitsbranche. Bewaffnete Sicherheitsmitarbeiter – auch solche, die Munitionsdepots, höchst sensible Anlagen und Kasernen bewachten – erhielten Löhne von sieben bis neun Euro die Stunde. Mit der Verantwortung, welche das Tragen einer Waffe alleine schon mit sich bringt, ist das eindeutig unterbezahlt.

NYK Containerschiff
Nippon Yūsen Kabushiki Kaisha – eine der größten Reedereien der Welt.

Es handelt sich bei *schmutzigen Bomben* nicht um Massenvernichtungswaffen. Die Schäden aber, welche allein die Verstrahlung mit sich brächte, wären dennoch schlimm und vor allem von dauerhafter Natur. So könnte, je nach Strahlungsart, -dauer oder -intensität, das Einsatzgebiet (Zentrum Berlin, Frankfurt oder München?) auf Jahre hinaus unbewohnbar werden! Wind und Wetter trügen vielleicht das ihre dazu bei, dass sich dieses Gebiet vergrößert, weil sie den durch die Explosion aufgewirbelten radioaktiven Staub davontragen, ihn überall verteilen würden. Ein ganzer Stadtkern, sprich zehntausende von Menschen, müsste eventuell evakuiert werden. Würde sich so ein Szenario gleichzeitig in zwei oder mehreren Städten abspielen, wäre das betroffene Land paralysiert und am Rande des Knockouts. Es könnte wohl kaum alle nötigen Mittel aufbringen, deren es bedürfte, die Dekontamination durchzuführen und die verstrahlten Personen zu behandeln. Es wäre auf Hilfe von außen angewiesen. Das von Terroristen damit gesetzte Ausrufezeichen wäre kaum zu überbieten, geschweige denn zu übersehen!

... das Abhandenkommen, der Diebstahl, der unrechtmäßige Besitz und der illegale Handel von radioaktivem Material nimmt ständig zu!

Die Internationale Atomenergie-Organisation (IAEO)

Und das überall! Allein zwischen 1993 und 2013 gab es weltweit 2477 bestätigte Zwischenfälle mit radioaktivem Material – darunter 18 Fälle von *waffenfähiger Ware*, hoch angereichertes Plutonium[47]. Es wäre also durchaus möglich, eine kleine Kernwaffe zu bauen und zu zünden. Es bräuchte nur das nötige Wissen und die notwendige Technik! Und es ist auch längst bewiesen, dass die Materialmenge, die es braucht, um eine schmutzige Bombe (oder eine kleine A-Bombe) zu bauen, durch Diebstahl oder durch den Kauf am Schwarzmarkt erhältlich ist. Weltweit nutzen Arbeiter in Kernanlagen die Lücken im Sicherheitssystem, um kleinere Mengen Materials herauszuschmuggeln. Gelingt es, verkaufen sie es an den Meistbietenden. Natürlich sind auch organisierte kriminelle Netzwerke längst in dieser Richtung interessiert und tätig[48].

Hier einige Beispiele von vielen:

Litauen / Ignalina, 1992: Im August 1992 wurde ein sieben Meter langes und 270 kg schweres Brennstabbündel aus dem Kernkraftwerk Ignalina entwendet. Man hatte es an der Unterseite eines Firmenbusses montiert und so konnte es unbemerkt vom Betriebsgelände abtransportiert werden. Bei der Untersuchung des Vorfalls stellte sich heraus, dass Sicherheitskräfte der Anlage verantwortlich für den Diebstahl gewesen waren. Bei Einsätzen von 1992 bis 2002 sind rund 80 kg des gestohlenen LEU (low enriched uranium – niedrig angereichertes Uran) wieder aufgetaucht.

Ukraine / Tschernobyl, 1993: Auf mysteriöse Art und Weise verschwanden aus dem Kernkraftwerk zwei Brennstäbe, die zuvor aus einem Brennstabbündel herausgetrennt worden waren. Ein Teil des vermissten Urans konnte im Januar 2002 bei einem Schmugglerring in Minsk sichergestellt werden. Festzuhalten wäre, dass ein Mitglied der gefassten Gruppe früher im Kernkraftwerk Tschernobyl als Vorarbeiter beschäftigt war.

Deutschland / München, August 1994: Drei Männer, ein Kolumbianer und zwei Spanier, wurden von der Polizei in einem Münchner Hotel festgenommen. Einer von ihnen, Torres Benítez, der am 10. August 1994

---

47 *Quelle: Internationale Atomenergie-Organisation, IAEO.*

48 *Quelle: Datenbank für Nuklearschmuggel und unbekannte Strahlenquellen (DSTO).*

mit einer Boeing 737 der Lufthansa aus Moskau eingereist war, führte 363,4 Gramm radioaktives Plutonium mit sich im Gepäck, welches bereits zu mehr als 87 % waffenfähigem Plutonium-239 angereichert war. Auch wurden bei Torres etwa 400 Gramm des zum Bau von Wasserstoffbomben notwendigen Lithium-6 gefunden.

Georgien / Tiflis, Mai 2003: In Tiflis stellte die Polizei zwei Behälter mit einem radioaktiven Gemisch aus Cäsium und Strontium sicher, einer davon enthielt knapp 80 kg. Das Material war, so vermuteten die Behörden, für den illegalen Weiterverkauf über die türkische Grenze bestimmt. Im gleichen Jahr wurde in Bangkok ein Versuch des Schwarzhandels mit 30 kg Cäsium vereitelt und sechs Monate zuvor war in St. Petersburg ein Mann mit fast drei Kilo hoch angereichertem Uran erwischt worden. Die Mengen reichen natürlich nicht aus, eine Atombombe zu bauen, aber wer sagt, dass sie nicht stetig aufgestockt werden?

Dass an das Material leichter heranzukommen ist, als man denken mag, und das manchmal auch völlig unverhofft, zeigen folgende Fälle:

Brasilien / Goiânia, 1987: In der Hauptstadt des Bundesstaates Goiás in Brasilien fanden einige Arbeiter auf einem Müllplatz einen Bleibehälter, gefüllt mit 93 Gramm hochradioaktivem Cäsiumchlorid 137. Das Material stammte aus einem nahegelegenen früheren Krebszentrum. Unmittelbar nach dem Fund wurde es aus Neugier von Hand zu Hand weitergereicht. Das Resultat? Es gab vier Tote und nicht weniger als 250 strahlungsbedingte Erkrankungen. 112.000 Menschen mussten auf Strahlenschäden untersucht werden. Ein ganzer Stadtteil wurde radioaktiv verseucht und Teile der Stadt sind bis heute schwer belastet.

Mexiko-Stadt, April 2013: Ein unbekanntes Banditen-Duo hat in Mexiko einen Laster mit Kobalt-60 gestohlen. Das Material? Laut Internationaler Atomenergiebehörde war es „extrem gefährlich“! Anscheinend wussten die Diebe nicht, welch extrem gefährliche Last sie da abtransportierten. Irgendwann haben sie den Laster später einfach stehen lassen und sind zu Fuß geflüchtet.

Aber ob Abhandenkommen, Diebstahl, unrechtmäßiger Besitz oder auch illegaler Handel: Freiheitsliebend und friedfertig, wie wir sind, sollten wir die Intelligenz unserer Gegner nie eine Minute lang in Frage stellen oder diese gar beleidigen. Was sie mit dem entwendeten Material anstellen oder in welche Hände es schließlich gelangen könnte, das wissen die Diebe! Vermutlich landet es in den Händen von Terrororganisationen im Nahen Osten. Und die Empfänger? Nun ...
... die arbeiten weiter daran. An der Schmutzigen Bombe!

Wir wären naiv, uns nicht ständig aktiv mit dieser Bedrohung zu befassen.

Ein anderes, an und für sich sehr erfolgversprechendes Szenario, wie es zu einer nuklearen Katastrophe kommen könnte, wäre, dass Terroristen das Gelände eines AKWs stürmen und dort genau kalkulierte Sprengladungen an kritischen Stellen zünden. Unmöglich? Ist es tatsächlich unmöglich, dass Unbefugte sich Zutritt zu einem AKW verschaffen können?

Nein, es ist möglich!

Das zumindest bewiesen immer wieder Greenpeace-Aktivisten, indem sie, erst im März 2014 wieder – wenn auch, zugegeben, einfachere – Unternehmungen erfolgreich durchführten. In Fessenheim zum Beispiel. Dutzende Greenpeace-Aktivisten sind am 18.03.2014 auf das Werksgelände des AKWs Fessenheim eingedrungen. Das AKW gilt als alt, schadhaft und störanfällig. Bereits im Jahr 2013 haben sich Greenpeace-Aktivisten Zutritt zum südfranzösischen Atomkraftwerk Tricastin verschafft. Tricastin ist die größte Atomanlage der Welt, eine Explosion gab es dort bereits. Ob Fessenheim oder Tricastin: Beide Anlagen sind gegen Naturkatastrophen oder terroristische Angriffe schlecht gerüstet! Dass das französische Fessenheim und unser Freiburg im Breisgau nur einen Katzensprung auseinanderliegen, ist bekannt. Käme es zu einem Vorfall ... was dann?

Wenn es friedlichen Greenpeace-Leuten schon gelingt, auf das Werksgelände zu kommen, so kann man getrost davon ausgehen, dass ein aus Profis bestehendes, schwerbewaffnetes Terroristen-Kommando es mühelos schafft, auch in den Sicherheitsbereich einzudringen, um dort seine Bomben zu legen.

AKW Grafenrheinfeld – am 27. Juni 2015 wurde es abgeschaltet.

Wieder ein anderes, jederzeit denkbares Szenario wäre es, ein AKW aus kurzer, aber dennoch sicherer Distanz mit einem Lenkflugkörper Typ Milan oder besser noch mit einer französischen ACCP *Eryx*[49] anzugreifen. Um in den Besitz eines oder gar mehrerer Eryx-Systeme zu kommen, muss ein Terrorkommando nur einen Überfall auf ein Munitionslager durchführen oder einen Trupp überfallen, der gerade auf einem Übungsplatz diese Art Munition verschießt; und beides ist viel leichter, als es sich zunächst anhört. Ein Eryx-Lenkflugkörper verfügt über einen 136 mm Sprengkopf. Er hat eine sogenannte Tandemladung und diese durchbricht mühelos 2,5 Meter Beton. Bei einer Tandemladung handelt es sich um zwei hintereinander angeordnete Ladungen, wobei die erste dafür gedacht ist, Reaktivpanzerung auszuschalten und so den Weg für die Hauptladung frei zu machen. Im Falle der Eryx aber steckt mehr dahinter. Ich habe selber drei Lenkflugkörper Eryx abgefeuert, einen davon in ein Gebäude mit mehreren Räumen. Es hatte eine ungefähre Länge von 15 bis 17 Metern. Das Resultat war, dass das ganze Gebäude von innen regelrecht zerstört wurde. Die Explosion der Hauptladung verpuffte nicht einfach, sondern wurde um ein Vielfaches verstärkt. Die Flugbahnen zweier Lenkflugkörper dieses Typs können sich kreuzen, ohne dass sie sich gegenseitig vom Ziel ablenken, auch Stromleitungen oder Feuer oder andere Hitzequellen stellen keine Störfaktoren dar. Terroristen könnten mit diesem Wissen durchaus mehrere Missiles in sehr kurzen Intervallen auf dieselbe Stelle abfeuern; und dass man an einen Reaktor sehr nahe herankommt, ist zur Genüge bewiesen. Idealerweise trifft einer dieser Flugkörper auch die zentrale Stromversorgung der Sicherheitssysteme und hier wären wir dem Super-GAU dann schon recht nahe.

Im März 2015 besuchte ich das Werksgelände des AKW Grafenrheinfeld.

Zu meiner Überraschung gab es an der äußeren Umzäunung und am Eingangstor kein Wachpersonal, das mich am Betreten des Geländes hinderte. Im inneren Bereich richtete sich dann zwar kurz eine Überwachungskamera auf mich, aber immerhin war ich bereits bis auf

---

49 *Arme antichar de courte portée / Panzerabwehrwaffe für kurze Distanzen von 50 bis 600 Metern.*

weniger als hundert Meter an den Türmen dran. Sicherheitsleute sah ich keinen einzigen! In der Sicherheitsbranche kenne ich mich gut genug aus, um mir hier ein recht negatives Urteil zu erlauben, denn es mutet schon fremd an, dass an jedem größeren Supermarkt Männer mit der Aufschrift *Security* herumlaufen, hier aber, in einem AKW, nichts dergleichen zu sehen war.

Meine persönliche Überlegung war, dass der Sicherheitsbereich unbedingt nach außen, außerhalb der Sichtweite zum AKW, vorgelagert werden müsste. Außerdem sollte mit einer Personenkontrolle am Tor begonnen werden, und zwar *bevor* jemand den Fuß auf das Werksgelände setzt. Hundeführer könnten Patrouille laufen und ein schneller Einsatztrupp müsste ständig auf Abruf bereitstehen.

Eine enge Zusammenarbeit der Behörden, Nachrichten- und Geheimdienste

Dem Hass terroristischer Organisationen, die versuchen könnten, Anschläge mit nuklearem Material durchzuführen, können wir nur eine kühle, aber perfekte Effizienz entgegenstellen. Dann nämlich, wenn es darum geht, ihre Pläne zu vereiteln; und hier müssen im Rahmen der Gefahrenabwehr verlässliche Netzwerke und ein grenzübergreifender, interkontinentaler und zeitgerechter Austausch von Informationen ausschließlich für nachrichtendienstliche Zwecke her – und das nicht nur, was Fluggastdaten betrifft. Wenn zum Beispiel der pakistanische oder französische Geheimdienst Gespräche abhört, die auch nur ansatzweise die Sicherheit einer anderen Nation, die Sicherheit der Bürger, einzelner Personen, Soldaten, der Kultur und der Infrastrukturen dieser Nation etc. in Frage stellen, so sollte diese Art von Infos auch auf dem Tisch der Geheimdienste der betroffenen Nation landen. Ein Austausch sollte, sofern operativ sinnvoll, auf ansprechendem Niveau und ständig stattfinden, auch in Zeiten, in denen bedrohungstechnisch Flaute herrscht. Ein derartiges Zusammenwirken muss kein Wunschdenken bleiben, erweist sich aber schon innerhalb der Europäischen Union, und sicherlich auch innerhalb der einzelnen Länder der EU, als recht kompliziert.

Flüssiggas LNG – die tickende Zeitbombe

Liquified Natural Gas. LNG ist durch Tiefkühlen verflüssigtes Erdgas.

Bei –162° Celsius wird das Gas flüssig und verringert dabei sein Volumen um das 600-fache. In LNG-Tankern kann es so rund um den Globus transportiert werden.

Die Gefahr kann auch andere Gesichter haben. Das eines LNG-Tankers zum Beispiel, der mit 165.000 m3 Flüssiggas an Bord einen europäischen Hafen ansteuert. Deutschland ist eines der Länder, die noch vom russischen Gas abhängig sind. Im Angesicht der Ukraine-Krise jedoch suchen unsere Politiker längst nach anderen Lösungen. Flüssiggas aus Katar, Malaysia, Indonesien, aus dem Jemen, den USA, aus Algerien oder aus Westafrika (Nigeria) bietet sich an. Dazu bedarf es jedoch neuer Infrastrukturen (LNG-Terminals) an unseren Häfen. Diese zu realisieren ist Sache von Spezialisten und so startete *Bomin Linde*[50]

LNG-Tanker bei Fujairah.

50 *Siehe dazu: http://bominlinde.com*

Terminal-Umsetzungen in Hamburg und Bremerhaven. Diese Terminals sollen bereits ab 2015 verfügbar sein. Es wären bundesweit die ersten Flüssigerdgas-Betankungsterminals. Andere Häfen wie Kiel, Lübeck, Rostock oder Wilhelmshaven sollen folgen. LNG wäre nicht nur eine Alternative zum russischen Gas, sondern es wäre auch für die Schiffsflotte unerhört wichtig, weil es in naher Zukunft Schweröl als Schiffstreibstoff weitgehend ersetzt, was auch umweltfreundlicher wäre.

Ich hole etwas weiter aus, um die eventuellen Gefahren besser darzustellen. Von 2010 bis 2014 arbeitete ich in einer LNG-Plant (Terminal) im Süden Jemens. Das ist eine Niederlassung, in deren speziellen Einrichtungen Erdgas in einem aufwendigen Prozess in Flüssiggas umgewandelt wird. Die Satellitenfotos dieses Wüstencamps erinnern haarscharf an die Anlage, die Ende der zweiten Januarwoche 2013 in Amenas / Algerien von radikalen Islamisten unter der Führung von Mokhtar Belmokhtar gestürmt wurde. Mokhtar, Anführer der Brigade „der Unterzeichner mit Blut", auch genannt „der einäugige Pate der Sahara", wurde vermutlich am 14. Juni 2015 in Libyen von den Amerikanern getötet. Zwei F-15-Kampfjets sollen mehrere 225-Kilogramm-Bomben auf das Haus, in dem er sich verkrochen hatte, abgeworfen haben.

Bei dem Anschlag auf das Wüstencamp in Amenas gab es vierzig Tote. Einer davon war Paul Morgan (RIP), ein Ex-Legionär, der mit seiner Einheit, dem 1er REC (1er Régiment étranger de cavalerie), 1991 am Golfkrieg teilgenommen hatte. Er arbeitete für die Sicherheits-Firma „Stirling Group" und starb mit der Waffe in der Hand – einmal Legionär, immer Legionär! Paul befand sich in einem Bus, der ihn zum Flughafen bringen sollte. Der Bus wurde von den Terroristen angriffen.

Etwas Geschichte nebenbei: Es war das 1er REC – und nicht etwa, wie gerne irrtümlich behauptet, eine US- oder englische Einheit –, das bei der Operation Desert Storm 1991 als erster Stoßtrupp die Grenze zum Irak überschritt und mit seinen leichten Panzerjägern, den anderen weit voraus, ins Landesinnere vorstieß.

In einem tiefgründigen Gespräch mit Ingenieuren, Experten im Umwandlungsprozess von natürlichem Erdgas in Flüssiggas, wurde mir gesagt, dass es sehr schwer sei, Flüssiggas zum Explodieren zu bringen, zu viele Faktoren müssten zusammenkommen.

LNG-Vorfälle (Unfälle, die Gott sei Dank nichts mit Terrorismus zu tun hatten) gab es genug: Im Jahr 1973 tötete eine LNG-Explosion 40 Arbeiter in Staten Island. FOX NEWS schrieb zu Beginn 2004: „An LNG-tanker attack would be devastating!“ (Ein LNG-Tanker-Angriff wäre verheerend!)

Ein Angriff auf einen LNG-Tanker wäre zerstörerisch! Im April 2014 kam es in Plymouth (Washington / USA) zu einer kleinen Explosion. 1.000 Menschen mussten ihre Wohnungen fluchtartig verlassen. Im Radius von zwei Meilen (3,2 km) wurde alles, was zwei Beine hat, evakuiert.

Erst letztes Jahr sagten Malteser Experten: „An LNG-tanker explosion would be as powerful as 50 atomic bombs!“ (Eine LNG-Tanker Explosion wäre so gewaltig wie 50 Atombomben!), zu lesen in *Malta independent* am 16. Februar 2014.

Wer sich über die Urgewalt von explodierendem LNG selbst eine Meinung bilden will, braucht nur auf Youtube einschlägige Videos unter dem Stichwort „LNG-Explosion“ aufzurufen.

Sollte es wider Erwarten geschehen, dass ein Gas-Tanker explodiert (verschiedene Sprengsätze, an den richtigen Stellen, im richtigen Moment gezündet), so wäre es eine Katastrophe. Wenn man nämlich weiß, dass ein Liter Flüssiggas das 600-fache Volumen erreicht, sobald es sich an der freien Luft wieder in normales Gas umwandelt, und dass, sollte so ein Gastanker bzw. das entweichende oder entwichene Gas explodieren, diese Explosion so gewaltig sein könnte, dass im Umkreis von knapp 20 Kilometern einige lange Sekunden kein Quäntchen Sauerstoff mehr vorhanden sein würde, dann macht das Angst.

Unglaubwürdig?

Übertrieben?

Dann fragen Sie mal den Bürgermeister von Boston!

Der Verladehafen Everett (Boston Harbor) ist seit 2010 einer der Abnehmerhäfen des Jemen-Gases aus der Marib Region, was natürlich die Angelegenheit *Sicherheit an US-Häfen* mehr als brisant macht. Jemen, das noch im Jahr 2002 von einem gewissen George W. Bush als der *Achse des Bösen* zugehörend verteufelt worden war, ein Schurkenstaat also, in dem sich der internationale Terrorismus ein Stelldichein nach dem anderen mit anderen Gleichgesinnten gab, befand sich nicht gerade in einer komfortablen Situation.

Es war daher verständlich, dass Schiffe, die vom Jemen kommend einen Zielhafen in den USA anpeilten, ganz genau geprüft wurden und in den Fokus der öffentlichen Aufmerksamkeit rückten.

In den Fokus rückte auch der *Boston Harbor Everett*, der ja quasi mitten in der Stadt lag. Wie sollte man den US-Bürgern von Boston, Massachusetts, die Angst nehmen, dass ein aus dem Jemen kommender, mit 165.000 m^3 Flüssiggas beladener und von Terroristen in die Luft gesprengter Tanker die Stadt in einen enormen Schutt- und Aschehaufen verwandelten könnte? Auch ein Flugzeug- oder Raketenangriff auf einen in den Hafen einfahrenden Tanker hätte katastrophale Folgen, und dass so ein Flugzeugangriff aus der Luft durchaus möglich ist, wissen die Amerikaner wohl selbst am besten.

Auszug aus der *Everett Independent Newspaper* vom 25. Februar 2010:

One incident – that's all it will take to change our world!
(Ein einziger Unfall … mehr benötigt es nicht, unsere Welt zu ändern!)
Mayor Menino, Bürgermeister von Boston

I agree completely with Mayor Menino!
(Ich schließe mich der Meinung meines Vorredners absolut an!)
Jay Ash, City Manager von Boston

Ein Katastrophenszenario war nicht abwegig. Die geplante Gaslieferung fiel in eine ungünstige Zeit, denn Massachusetts stand immer noch unter Schock, hatte doch erst vor einigen Wochen, im Dezember 2009, ein Passagier, den man später der Terrorzelle Al-Qaida im Jemen zuordnen konnte, versucht, ein Flugzeug über Detroit hochgehen zu lassen. Und das am Weihnachtstag!

Es war also verständlich, dass zumindest Bostons Bürgermeister Thomas M. Menino und zahlreiche seiner Anhänger, alles einflussreiche und ehrbare US-Bürger, sich gegen Gaslieferungen aus dem Jemen aussprachen und Himmel und Hölle für ihre Sache einsetzten.

Laut der *Boston Globe*, einer liberalen Tageszeitung der *New York Times Company* (Auflage 320.000), ging Menino sogar so weit, den US Coast Guards (US-Küstenwache), die ihrerseits bereits ihr grünes Licht für die Gaseinfuhr gegeben hatten, vorzuwerfen, sie würden nur den möglichen Profit sehen und nicht die Menschenleben, die somit in Gefahr gerieten. Menino beauftragte angeblich eine ganze Armada von Anwälten, um das Projekt *Gas aus dem Jemen*, das er als falsch beschrieb, rechtzeitig abzuwenden.

Irgendwann in naher Zukunft werden die USA in puncto Gasenergie völlig unabhängig sein – man sprach von 2015 –, doch noch ist es nicht so weit und das Gas aus dem Jemen ist zudem qualitativ gut und recht billig.

Die US-Küstenwache nahm sich, wie bereits erwähnt, der Sache an. Das fein ausgeklügelte Sicherheitsprotokoll, das sie anwendete, war nicht zu toppen. Am Ende ihres Audits (im Qualitätsmanagement übliche Untersuchung, ob gewisse Prozesse den Anforderungen genügen) gab es nur zwei Möglichkeiten für den Jemen und die hinter dem Vertrag stehenden Aktionäre: entweder auf die USA als Abnehmer zu verzichten oder ihnen zu versichern, dass es, zumindest während des Ladevorganges im Jemen, keiner Maus gelingen könnte, sich dem Tanker zu nähern oder gar an Bord zu gehen, um Sprengladungen anzubringen. Man wählte natürlich die zweite Option, was hieß, es musste eine Horde Profis her, welche die Tanker Tag und Nacht bewachten und den Zugang streng kontrollierten. Die Auswahl, um diesen Auftrag durchzuführen, fiel auf eine kleine diskrete, französische Sicherheitsfirma. In aller Eile wurden Anfang Januar 2010 zwei Teams (hauptsächlich Ex-Fremdenlegionäre) gebildet und in den Jemen gesandt. Ich war einer vom ersten Team, das Mitte Januar mit der Arbeit dort begann.

Auch hier kamen die verschiedenen Nationalitäten unserer „Patria Nostra“ gut zum Tragen. In unserem Team hatten wir Schotten, Deutsche, Franzosen und Spanier. Allein wir Ex-Legionäre deckten somit fast alle wichtigen Sprachen ab. Ich selbst sprach etwas Arabisch, was in einigen Situationen Gold wert war. Über die Disziplin und die Geradlinigkeit ehemaliger Legionäre müssen wir uns nicht erst noch unterhalten, wir machten die Sachen richtig oder gar nicht.

Wir krempelten die Ärmel hoch. Es ging zunächst darum, eine klare Linie zu fahren, ein Konzept anzuwenden, das keinen Raum für Interpretationen ließ. War der Zugang zu den Tankern vorher von einer privaten jemenitischen Sicherheitsfirma mehr schlecht als recht überwacht worden, so überließen wir nichts dem Zufall. Niemand, der nicht auf Herz und Nieren geprüft und durch unsere Hände gegangen war, konnte sich den Tankern nähern, weder vom Land noch vom Meer aus. *Und so vergingen die Wochen ...*

... der erste LNG-Tanker, die MARAN GAS CORONIS, verließ den Hafen Anfang Februar 2010 und lief am 23. Februar, kurz vor Morgengrauen, problemlos in Boston ein. Die zuständigen Behörden, vor allem auch die United States Coast Guards, atmeten erleichtert auf. Alles verlief wie geplant, es kam zu keinerlei Zwischenfällen, die von Bürgermeister Menino angekündigte Katastrophe fand nicht statt. Doch da lag ein ganzes Stück Arbeit dahinter, im Jemen wie auch in den USA. Tatsächlich wurde der Tanker, als er endlich in Boston Harbor ankam, von einem eindrucksvollen Aufgebot flankiert: Zwei Polizeihubschrauber kreisten in der Luft, ein Dutzend Schnellboote der Küstenwache waren unterwegs und überall an Land, an allen wichtigen Kreuzungen und anderen Schlüsselpunkten, standen Polizeifahrzeuge – von den Reportern und Schaulustigen gar nicht zu sprechen. Die Sicherheitskontrollen im Hafen selbst waren extrem hoch. So wurde zum Beispiel einer der Journalisten des *Boston Globe* sechs Mal innerhalb einer halben Stunde kontrolliert, als er versuchte, in den Hafen zu kommen. Selbst die Armee wurde mobilisiert. Ein ziviles Support-Team erwartete das Schiff mit Nukleardetektoren und Kampfstoff-Spürgeräten. Die Stadt Boston hielt den Atem an:

„You're reading this, because a Yemen LNG-tanker did not blow up in the harbor this morning ...“

(Sie lesen das nur, weil heute Morgen kein LNG-Tanker aus dem Jemen in die Luft geflogen ist!)

Das las man unter anderem mit großer Erleichterung und einem Kloß im Hals in der *Boston Local Business News* am Morgen des 23. Februar 2010.

Doch zurück in die Gegenwart.

Warum wohl hatte Bostons Bürgermeister sich so vehement gegen die Einfahrt eines LNG-Tankers gewehrt? Sicher hauptsächlich aus dem Grund, weil der Tanker aus dem Jemen kam. Aber nicht nur. Der Amerikaner war vielmehr über die möglichen Risiken ganz genau informiert. Seine Berater wussten um die Zerstörungskraft des Gases, käme es zu einer Explosion. Die Furcht der Amerikaner war, dass irgendwelche Terroristen das Schiff in eine einzige, kolossale Massenvernichtungswaffe umwandeln könnten.

Wenn also in absehbarer Zukunft die ersten Terminals in Deutschland Flüssiggas aus dem Ausland in Empfang nehmen, so sollte mit der seriösen Absicherung bereits in dem Land, in dem Hafen begonnen werden, in dem das Gas gefördert wird.

Und einige grundsätzliche Fragen sollte man beantworten können:

- Wo genau, aus welcher Region des Landes, kommt das Gas her?
- Durch welche Gebiete führt die Pipeline und wer profitiert davon?
- Wem entsteht dadurch eventuell ein Schaden?
- Gab es schon Anschläge auf die Pipelines?
- Wer bewacht diese und wer hat ein Interesse daran, dass das Gas nicht exportiert wird?
- Welche terroristischen Vereinigungen sind im Land aktiv?

Wer die Antworten auf diese Fragen nicht kennt, sie nicht bis ins kleinste Detail auswertet und diese Auswertungen nicht richtig zuordnet, der könnte eine bitterböse Überraschung erleben.

Zu den weiteren Maßnahmen gehört eine ständige Überwachung des gesamten Hafens zur Land-, See- und Luftseite hin. Der Hafen erfüllt idealerweise alle ISPS-Voraussetzungen (ISPS-Code: International Ship and Port Facility Security Code). Je nachdem, in welchem Land dies sein mag, müsste in Erwägung gezogen werden, mit der Bewachung zweigleisig zu fahren:

- Lokale Behörden, lokale Sicherheitskräfte für die Bewachung des gesamten Terminals, der näheren Umgebung des Außenbereichs sowie der Eingangstore bei gleichzeitiger militärischer Absicherung des Hafens durch die zuständige Marine.

- Eine europäische Sicherheitsfirma für die interne Bewachung der eigentlichen Port Facility (Ladehafen / Hafenanlage) sowie für den direkten Schutz der LNG-Tanker.

Bevor die vollgeladenen Tanker Richtung Europa auslaufen, müssten alle Räume an Bord wie Maschinenraum, Brücke, Kompressor-Raum sowie alle Decks einer eingehenden Inspektion unterworfen werden. Eine *Maritime Private Security Company* muss solche Tanker zwingend durch Hoch-Risiko-Gebiete begleiten[51].

---

51 Die Grenzen dieser High-Risk-Areas auf See sind wohldefiniert. Es handelt sich um ein Rechteck zwischen den Linien von Suez zur Straße von Hormus im Norden über die Linie 10° Süd und 78° Ost im Süden. Die bekanntesten Firmen, die sich den Kuchen der Branche untereinander aufteilten, waren: Control Risks, Eos, Seamarshals, Triskel, Haechi, Poseidon, Alphard, G4S, Ambrey, Shield, Mast und Salama Fikira. Viele haben inzwischen das Handtuch geworfen; und von denen, die blieben, sind wegen des überaus harten Konkurrenzkampfes fast alle inzwischen dazu übergegangen, low cost Personal einzustellen. Dieser Begriff an sich ist nicht abwertend gemeint, bezieht sich nur auf die Tatsache, dass dieser Personenkreis unterbezahlt ist, wenn man die Löhne mit denen ihrer europäischen, amerikanischen oder australischen Kollegen vergleicht. Meist handelt es sich dabei um Inder (Gurkhas), Pakistani, Koreaner, Sri-Lanker und Mazedonier. Die Mehrheit dieser Sicherheitsleute ist zwar per Diplom qualifiziert, spricht aber kaum eine der erforderlichen auf See üblichen Sprachen auf ansprechendem Niveau und die Backgrounds, vor allem die criminal records, sind nur mühsam zu prüfen, was zu einem allgemeinen Sicherheitsrisiko wird. Die Tatsache, dass sie weniger Geld für dieselbe Arbeit verdienen, ist natürlich kein Motivationsfaktor. In dieser Branche des Sicherheitsbusiness zu Ungunsten der Qualität Kosten sparen zu wollen, das könnte sich rächen. Ausnahme: die Gurkhas. Das sind gut ausgebildete Fachmänner, die weder Tod noch Teufel fürchten und die sehr diszipliniert auftreten.

Bewaffnete Sicherheitsleute und eine gefährliche Ladung?

Das beißt sich nicht unbedingt und es ist derzeit durchaus Usus, auch auf Gastankern vom Typ LNG, bewaffnete Sicherheitsleute für den Transit anzuheuern. Noch nie wurde ein Tanker, der Sicherheitsleute an Bord hatte, überfallen.

Der Empfänger-Terminal muss alle hierzulande – inländischen – gängigen Sicherheitsstandards erfüllen und das sollte damit beginnen, einen Ort dafür zu finden, der nicht wie in Boston / Everett nahe einer dichten Bevölkerung liegt.

Das sind nur einige Beispiele der tatsächlich zu treffenden Maßnahmen. Noch weiter ins Detail zu gehen würde den Rahmen des Buches sprengen. Doch noch ein Wort zu der Gefahr, die alle Meere heimsucht: die Piraterie. Und wer Piraterie sagt, der meint Terrorismus. Wie beides zusammenhängt, sehen wir im Anschluss.

Sie existiert, seit es Schiffe gibt. Hauptsächlich vier Zonen waren von ihr betroffen: die Karibik, der Golf von Guinea, das Horn von Afrika und Süd-Ost-Asien. Asiens Gewässer zählten lange Zeit zu den gefährlichsten Regionen. Jährlich wurden bis zu dreißig Angriffe alleine vor Samarinda, Belawan und Jakarta gemeldet. Ziel waren Schiffe mit heißbegehrten Waren an Bord. Vor den Küsten Jemens und Somalias vor Anker zu gehen, barg stets das Risiko, überfallen zu werden; und genau in dieser Region, vom Roten Meer nach Süden, vorbei am Bab el Mandeb[52], durch den Golf von Aden hindurch und entlang an den Küsten Somalias bis hinunter nach Tansania, organisierten sich in der

---

52 *Das Bab el Mandeb oder Tor der Tränen, die Meerenge zwischen Arabien (Ras Bab el Mandeb/Jemen im Osten und Ras Siyan/Dschibuti im Westen) und Afrika, verbindet Europa mit Asien. Diese Enge hieß auch deshalb Tor der Tränen, weil hier, so behaupten die Einheimischen, bei dem Erdbeben, welches vor langer Zeit Asien von Afrika trennte, die Tränen der Ertrunkenen ins Meer flossen. Andere behaupteten, der Name kommt davon, weil die Enge zu befahren oft den Tod bedeutete. Entweder wurden die Schiffe Opfer der Gezeiten oder sie fielen in die Hände der zahlreichen somalischen Piraten, die in diesen Breiten bis in unsere Tage ihr Unwesen treiben. Die Wichtigkeit dieser Straße muss nicht mehr demonstriert werden. Es genügt, zu wissen, dass etwa dreißig Prozent des weltweit geförderten Rohöls hier entlangfahren. Gäbe es das Bab el Mandeb und den nördlich davon gelegenen Suezkanal nicht, müssten alle Schiffe die Südspitze Afrikas umfahren, um nach Europa zu kommen.*

jüngeren Zeit somalische Piraten, wurden aktiv, schlugen zu, griffen alle lohnenswerten Ziele an. Allein im ersten Halbjahr 2009 gab es 86 Piratenangriffe im Golf von Aden, dreißig davon hatten Gas- oder Öltanker ins Visier genommen.

Ein international besetztes Sicherheits-Team bereitet sich auf einen neuen Transit in einem Hochrisikogebiet vor.

Es ging den Piraten nun nicht mehr um die Schiffe oder um die Waren als solche. Sie nahmen vielmehr die Besatzungen und die Schiffe als Geiseln, um von den meist steinreichen Reedern ein Lösegeld zu erpressen. Und sie hatten Erfolg damit: Häufig wechselten zweistellige Millionenbeträge den Besitzer! Diese Angriffe störten natürlich auch die Warenströme der Wirtschaft zwischen Europa und Asien oft empfindlich und so blieben die Gegenmaßnahmen nicht aus. Private maritime Sicherheitsfirmen boten ihre Dienste an und parallel dazu wurde die *Operation Atalanta* ins Leben gerufen. Hierbei handelte es sich um Seepatrouillen, durchgeführt von Kriegsschiffen der beteiligten Staaten. Die Atalanta-Schiffe (EU NAVFOR) patrouillieren auf einer wie mit dem Messer gezogenen Linie, dem IRTC (Internationally recommended transit corridor), einem 492 Seemeilen langen, zwischen Afrika und der Arabischen Halbinsel eingerichteten Sicherheitskorridor. Dieser Korridor hat zwei jeweils fünf Meilen breite Strecken, *East bound* und *West bound*, mit einem zwei Meilen breiten Zwischenraum. Im Rahmen des Möglichen werden Schiffe und Tanker zu Transit-Gruppen zusammengefasst, die eine vorgeschriebene Geschwindigkeit einhalten müssen und von Kriegsschiffen durch den Korridor begleitet werden. Erfahrungen zeigen, dass selbst Schiffe, die im IRTC kreuzten (Transitgruppen), von Piraten angegriffen wurden, bisher jedoch ohne Erfolg. Für die deutsche Beteiligung hat der Bundestag eine Verlängerung bis zum 31. Mai 2015 genehmigt.

Rasch sank die Zahl der Angriffe im Jahr 2010 um mehr als die Hälfte, dafür aber verlagerten die Piraten ihr Operationsgebiet nordöstlich hin zum *Bab el Mandeb* und zum südlichen Roten Meer, doch nicht nur.

Eines der zahlreichen Waffenarsenale, sichergestellt von Fremdenlegionären in der Elfenbeinküste während der Operation Licorne, Ende des Jahres 2002.

Teilweise greifen Piraten auch Schiffe an, die tausende von Kilometern südöstlich von Somalia kreuzen. Somalische Piraten, und das sollte man wissen, sind sehr gut bewaffnet. Sie kaufen ihre Waffen auf Schwarzmärkten in Somalia, von denen ein Großteil wiederum aus Sierra Leone, aus Liberia, Libyen und Mali stammt. Gerade nach dem Krieg in Libyen gibt es in fast jedem schwarzafrikanischen Land Waffen und Munition im Überfluss.

Afrika ist ein Kontinent bestehend aus 1.500 Mikronationen, wie ein Politiker aus Nigeria es einmal sehr schön und treffend beschrieb. Grenzen? Ja! Auf der Landkarte! Ich kannte Städte wie N'déle, Ndjamena, Bangui oder Brazzaville. Hier haben Europäer auf das, was hinter *den Caisses* geschieht, keinen Einfluss, oder nur so viel, wie die Afrikaner ihnen tatsächlich gestatten.

Caisses ist das französische Wort für Kisten. Das sind die lokalen Verkaufsstände in den Märkten, den Souks. Dahinter: ein Wirrwarr aus Hütten, engen Gassen und dunklen, finsteren Orten, die für Europäer auch heute noch tabu sind! Sie sind durchaus vergleichbar mit der algerischen Casbah.

N'déle zum Beispiel, hoch im Norden der Zentralafrikanischen Republik, ist eine einzige Hochburg von Terroristen, Banditen, Schmugglern und Elfenbeinhändlern, damals wie heute. Hier wird mit allem gehandelt, und diese *Waren* kommen von überall her. Die Schwarzmärkte in solchen Städten zu kontrollieren ist unmöglich und Waffen, mit denen sonntags noch in Libyen gekämpft wurde, konnte man dienstags für eine Handvoll Diamanten in der Zentralafrikanischen Republik, im Tschad oder anderswo erstehen. Die Geschwindigkeit, mit der Informationen (und Waren) über tausende von Kilometern die Runde machen, ist kaum fassbar. Große Geschäfte werden nicht in klimatisierten Büros am Computer abgewickelt, sondern in engen, muffigen Hinterstübchen ohne Klimaanlagen, ohne PC und ohne bekannte Namen.

Die Vorgehensweise der Piraten ist kaum mehr ein Geheimnis. Von einem Mutterschiff aus operierend, nähern sie sich mit einem, mit zwei oder mehreren kleinen, wendigen Skiffs (Schnellbooten) und mit einer Geschwindigkeit von mindestens 25 Knoten dem Opfer ihrer Wahl, wobei sie natürlich Schiffe mit niedriger Geschwindigkeit und niedrigem Heck bevorzugen. In einer gewissen Distanz zum Schiff schießen sie ihre Panzerfäuste oder Gewehre ab, um den Kapitän einzuschüchtern und ihn zum Verringern der Geschwindigkeit zu zwingen. Tut er das, kommen sie an Bord. Dazu benutzen sie Leitern, Haken und Seile. Ein kleines Schiff, das nur halbe Kraft voraus steuert, niedrige Bordwände und keine privaten Sicherheitsleute an Bord hat, ist das ideale Opfer von Piraten.

Was das nun mit unserem LNG zu tun hat?

Nun, seit längerer Zeit schon wird in Insiderkreisen darüber spekuliert, wann sich denn nun Gruppen wie Al-Qaida oder der IS – *quasi als Quereinsteiger* – massiv an der Piraterie beteiligen. Der Zeitpunkt wird kommen, denn auch hier gilt die Binsenwahrheit:

... es ist nicht die Frage ob, sondern wann!

Verbindungen zwischen somalischen Piraten und den angesprochenen Gruppen existieren bereits seit langem. Auch Berichte und Operationen von Al-Qaida sprechen diesbezüglich eine klare Sprache. Sie haben das strategische Interesse an Somalia erkannt und es gilt als sicher, dass die Piraterie Al-Qaida mittlerweile hilft, sich zu finanzieren.

Bereits seit 1993 versuchte das terroristische Netzwerk in Somalia Terrorcamps zu errichten, was aber nur bedingt gelang. Zumindest aber konnte eine Allianz mit mehreren im Land operierenden Terrorgruppen, insbesondere mit *Shabab al islam*, hergestellt werden. Schenkt man nun dem norwegischen Geheimdienst Glauben, dann hat Al-Qaida bereits zwischen 15 und 25 Schiffe für zukünftige Piraten-Operationen unter ihrer Kontrolle. Dabei handelt es sich um Schiffe, die unter jemenitischer oder somalischer Flagge navigieren. Obwohl es kaum einen glaubhaften Beweis dafür gibt, dass Al-Qaida hinter sehr vielen Piraten- Angriffen steckt, müssen wir leider davon ausgehen, dass dem tatsächlich so ist. Weitere, ganz konkrete Beispiele dafür, dass Al-Qaida sich seit langem schon dafür interessiert, den Golf von Oman und den Golf von Aden zu kontrollieren, zeigen die Attentate auf die „USS Cole“ im Hafen von Aden am 12. Oktober 2000 sowie auf die „Limburg“ in Asch-Schihr am 10. Oktober 2002.

Die Auswirkungen waren nicht ohne. Im alleinigen Fall der „Limburg" verdreifachten sich die Versicherungsprämien für alle Schiffe, die jemenitische Häfen ansteuerten. Tausende Hafenarbeiter und Bedienstete mussten entlassen werden und zahlreiche Liniendienste stellten ihren Verkehr in Richtung Jemen ganz ein. Jemens Import und Export stagnierten so signifikant, dass es zu enormen Einbußen führte.

Nur einen Katzensprung von Somalia entfernt, nämlich im Süden Jemens, ist eine weitere Bastion des Netzwerkes Al-Qaida. Sie operiert hauptsächlich in den Provinzen *Abyan* und *Shabwa* unweit des LNG-Hafens Balhaf und um den südlicher gelegenen Hafen der Stadt *Mukalla*. Über den Golf von Aden hinweg könnten sie sich bald die Hand reichen.

Ich gehe leider davon aus, dass Gruppen wie Al-Qaida in der Zukunft nicht unbedingt den finanziellen Vorteil zum Beispiel in Form von Lösegeld suchen. Vielmehr könnten sie, und das wäre weitaus schlimmer, Schiffe als politische Waffe (Zerstörung durch Anschläge und Mediatisierung) benutzen. Das Ziel? Irgendein europäischer Hafen! Und die Mittel, die sie einsetzen, um ihr Ziel zu erreichen – Ausrüstung, Bewaffnung,

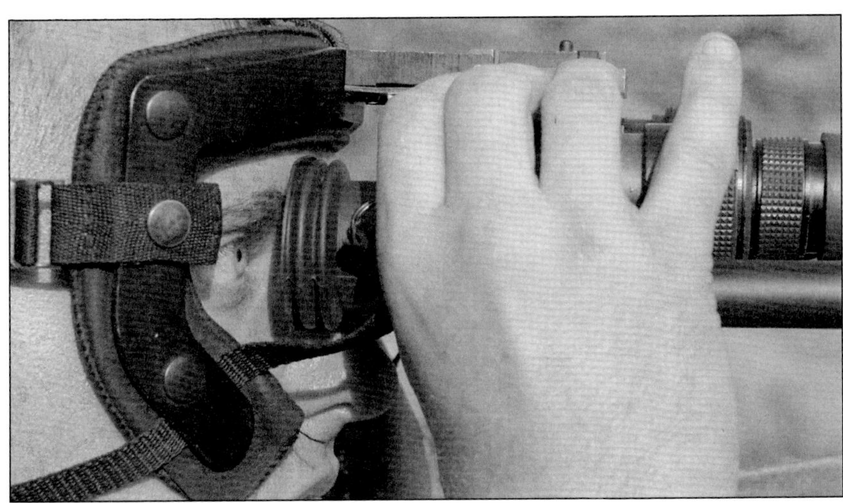

Nachtsichtgerät Typ Restlichtverstärker.

Erfahrung, Beziehungen und Skrupellosigkeit sowie ihre überaus gute Organisation –, werden ihnen dabei vieles erleichtern. Man spricht sogar davon, dass das Netzwerk bereits Taucher für Piratenangriffe ausbildet. Diese sollen Schiffe, die im Hafen vor Anker liegen, „*vorbereiten*" oder direkt sprengen! Bis dato fanden die meisten Piratenangriffe am frühen Morgen bei erstem Licht statt. Nachts gab es kaum Angriffe, außer in sternklaren Nächten oder bei Vollmond. Dementsprechend schwach rüsten die meisten Sicherheitsfirmen ihre Männer aus. So verfügen nur die wenigsten Teams über gute Nachtsichtgeräte Typ Restlichtverstärker, kaum eins über Wärmebildkameras.

Auch deren Bewaffnung lässt zu wünschen übrig, denn mit drei oder vier halbautomatischen Büchsen (oder ebenso vielen vollautomatischen Sturmgewehren), deren Präzision bereits durch leichten Seegang und natürlich durch die fehlende Praxis der meisten *low cost* Sicherheitsleute stark in Frage gestellt ist, lässt sich kein Staat machen, vor allem dann nicht, wenn der zukünftige Feind IS oder Al-Qaida heißt. Wenn man nun auch weiß, was ich selbst oft erlebt habe, dass einige der kleineren Skiffs vom Radar des Schiffes, *ob X oder S Band*, nicht mal erfasst werden, dann ist das geradezu eine Einladung an die neuen Quereinsteiger der Piraterie, diese bekannten Schwächen auszunutzen – und das beliebteste Objektiv der Begierde wird in Zukunft ohne Zweifel ein LNG-Tanker sein.

Ich bin von LNG als Alternative zu Diesel, Erdgas, Heizöl oder anderen Energiequellen absolut überzeugt, nur muss das Hauptaugenmerk auf die Sicherheit unserer Häfen gelegt werden. Und wir brauchen, bevor LNG ein konkretes Thema wird, ein schlüssiges Konzept, wie man mit der Situation umgeht, sollte es Terroristen tatsächlich gelingen, einen dieser manchmal mit bis zu 260.000 m³ beladenen Tanker auf einen der deutschen Häfen zuzusteuern.

Sollte man ihn auf See zerstören und mit den Geiseln an Bord in die Luft jagen?

Wer sollte darüber eine Entscheidung treffen?

Bioterror, Pandemien und Epedemien

Sarin, Anthrax & Co

Nach dem Kalten Krieg ging in der westlichen Welt die Angst um, Terroristen könnten Massenvernichtungswaffen einsetzen, um fürchterliche Anschläge durchzuführen. Ganz besonders fürchteten Experten den Einsatz von Biowaffen. Es ist Fakt, dass Nuklearwaffen eine äußerst zerstörerische Kraft besitzen; für Terroristen jedoch ist es nicht einfach, sich diese Art Waffen zu beschaffen. Der Meinung ist auch US-Friedensforscher Richard Betts. In der bekannten sicherheitspolitischen Fachzeitschrift *Foreign Affairs* schätzte er im Jahr 1998, dass chemische Waffen zwar leicht zu beschaffen seien, aber weniger destruktiv als Atombomben. Die einzige Waffe, die seiner Meinung nach beide Qualitäten besitzt – *leicht zu beschaffen und äußerst zerstörerisch* –, wäre die biologische Waffe. Bei ihr handelt es sich um ein nahezu perfektes Einsatzmittel. In den Händen entschlossener Terroristen könnten Viren und Bakterien augenblicklich ein ganzes Land lahmlegen.

Das war bereits geplant.

Hier einige Beispiele:

Oregon, Wasco County 1984
Von ihrer Hochburg, der Big Muddy Ranch, aus operierend, führte im Jahr 1984 die Bhagwan-Sekte einen bioterroristischen Anschlag durch. Es war der erste seiner Art. Der von einer irren Macht besessene Sektenführer Bhagwan Shree Rajneeshs wollte die Herrschaft im Bezirk Wasco County an sich reißen. Wie? Er manipulierte kurzer-

hand die Wahlen. Sein Ziel war es, mindestens zwei von drei Sitzen des Wasco County Circuit Court einschließlich des Sheriff-Amtes zu gewinnen.

Mit Salmonellenerregern infizierte Salate sollten verhindern, dass gutgläubige Bürger ihre Stimme abgaben. 751 Bewohner erkrankten durch die Vergiftung. Der Anschlag als solcher wurde ziemlich spät erkannt, da man die Vergiftungen zunächst auf natürliche Ursachen zurückführte. Erst viel später deckten die Behörden auf, dass ein terroristisches Motiv dahintersteckte.

Tokio, 1995

Am 20. März 1995 kam es in der U-Bahn von Tokio zu einem Giftgasanschlag durch *Ōmu Shinrikyō*, besser bekannt als die Aum-Sekte (japanische Religionsgemeinschaft). Im Geheimen arbeitete die Sekte einen Plan aus, die ganze Stadt Tokio unter ihre Kontrolle zu bringen. Die Aum-Sekte benutzte das Nervengas Sarin, um eine *Apokalypse* herbeizuführen. 18 Menschen kamen ums Leben, tausende wurden verletzt, die meisten Schäden waren bleibend.

Sarin ist ein tückisches Gift, das bereits in sehr kleinen Mengen tödlich ist. Aufgenommen wird es vornehmlich über Augen, Haut und Atmungsorgane. Ende 1944 stellten die Nazis über 30 Tonnen Sarin her. Zum Einsatz kam es Gott sei Dank nie.

Auch die Amerikaner lagerten während des Kalten Krieges Unmengen von diesem Nervenkampfstoff unter anderem in Deutschland, zum Beispiel in einem Waldstück bei Clausen in Rheinland-Pfalz. Von dort wurden im Jahr 1990 in der beispiellosen Operation „Lindwurm“ (auf Englisch hieß die Operation *Golden Python* oder auch *Steel Box*) 102.000 Giftgasgranaten abtransportiert. 20 Sattelschlepper waren nötig, um die mit Sarin und VX gefüllten Granaten zu befördern. Von Clausen aus bewegte sich der 7 Kilometer lange Sonderkonvoi zunächst ins benachbarte US-Depot Miesau. Dort wurden die insgesamt 400 Tonnen schweren Giftgascontainer auf Züge verladen, die dann quer durch die Bundesrepublik zum Nordseehafen Nordenham gebracht wurden, um zur Vernichtung auf das Johnston-Atoll im Pazifik verschifft zu werden.

GVW 14200LBS
HYSTER
US ARMY
WI.0386

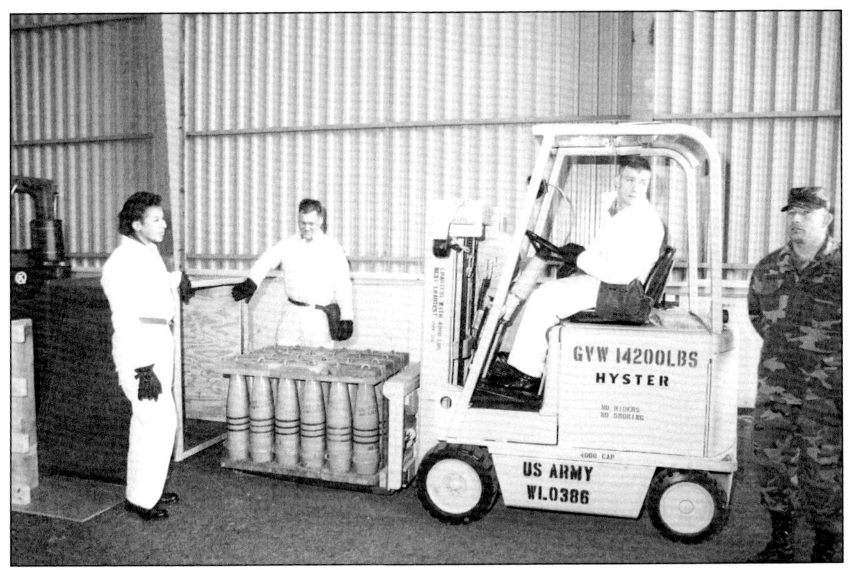

Giftgasgranaten der Operation Lindwurm in Clausen im Jahr 1990.
(Quelle: Stadtarchiv Pirmasens)

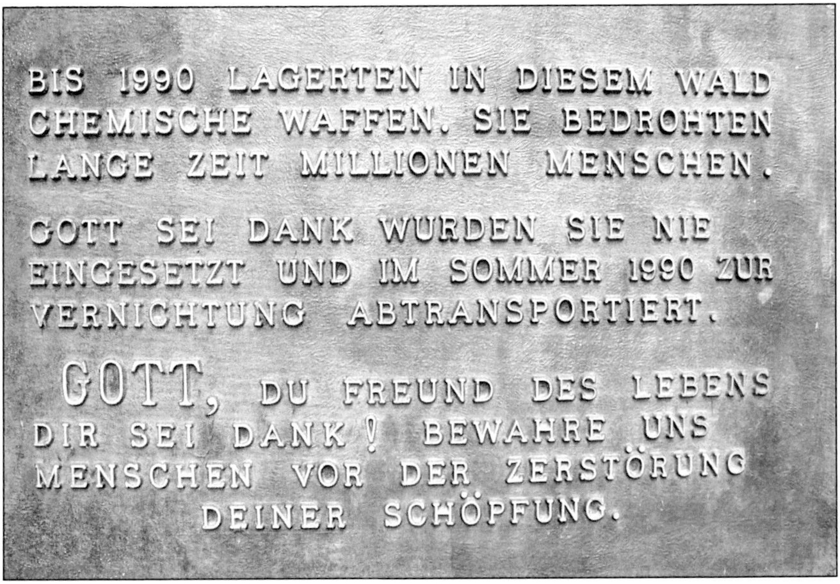
BIS 1990 LAGERTEN IN DIESEM WALD
CHEMISCHE WAFFEN. SIE BEDROHTEN
LANGE ZEIT MILLIONEN MENSCHEN.
GOTT SEI DANK WURDEN SIE NIE
EINGESETZT UND IM SOMMER 1990 ZUR
VERNICHTUNG ABTRANSPORTIERT.
GOTT, DU FREUND DES LEBENS
DIR SEI DANK! BEWAHRE UNS
MENSCHEN VOR DER ZERSTÖRUNG
DEINER SCHÖPFUNG.

Gedenktafel zur Operation „Lindwurm".
Kanzler Helmut Kohl, damals am Zenit seiner Karriere, war persönlich in Clausen.

An Bord der US-Militärfrachtschiffe *SS Flickertail State* (T-ACS-5) und *SS Gopher State* (T-ACS-4) erreichte die gefährliche Fracht das *Johnston-Atoll* acht Wochen später.

Die Operation „Lindwurm“ hat die USA 53 Millionen US-Dollar gekostet, auf deutscher Seite wurden, hauptsächlich für den Polizeieinsatz, 38 Millionen DM ausgegeben. Um den sicheren Abtransport zu gewährleisten, kamen auch zwei ABC-Spürpanzer *Fuchs* der Bundeswehr zum Einsatz. Auf den für die Clausener schon lange herbeigesehnten Abzug des Giftgases hatten sich US-Präsident Ronald Reagan und Bundeskanzler Helmut Kohl bereits im Jahre 1986 am Rande des Weltwirtschaftsgipfels in Tokio geeinigt.

Beide Nervengifte, ob Sarin oder VX, wirken ähnlich. Sie führen bereits bei sehr geringen Dosen rasch zum Tod durch Ersticken.

Die Aum-Sekte experimentierte auch mit Milzbrand, doch es stellte sich heraus, dass die eingesetzten Sporen, weil zu schwach, wirkungslos bleiben. Anfang der 1990er Jahre hatte die Sekte dann mit großem Aufwand versucht, Ebola waffenfähig zu machen. Allein das ist ein Indiz dafür, dass auch das Ebolavirus (ich komme auf Ebola noch zu sprechen), von Fachleuten aufbereitet und von Terroristen eingesetzt, eine große Gefahr für die Menschheit darstellen kann. Bioterror durch Ebola: die zukünftige Bedrohung?

USA, 2001

Im September 2001 wurden in einem Postamt in New Jersey merkwürdige Briefe eingeworfen. Adressiert waren sie an verschiedene Fernsehsender und Zeitungsredaktionen. Kurz darauf starb in Florida der Bildredakteur eines Verlagshauses an Lungenmilzbrand. Es folgten weitere Briefe. Dieses Mal richtete sich die Bedrohung gegen die Senatoren *Daschle* und *Leahy*. Die Postbeamten, die mit den Briefen in Kontakt kamen, waren jedoch die einzigen Opfer. In den Briefen: Anthrax-Bakterien!

Das vom Anthrax-Erreger produzierte Milzbrandtoxin ist hochgiftig!

In den USA brach derweilen Panik aus. Die Schnelligkeit, mit der sich diese Angst verbreitete, war beeindruckend. Radios und Fernsehstationen berichteten unablässig von der kaum sichtbaren Gefahr, die von einem *mysteriösen Pulver* ausging. Vielerorts wanderten Briefe ungelesen in den Mülleimer; der Schaden, der dadurch entstand, war enorm. Einschlägige Antibiotika und Gasmasken erfuhren einen reißenden Absatz, waren bald schon nicht mehr zu haben. Am Ende starben fünf Menschen, doch es hätten leicht tausendmal so viele sein können.

Zunächst wurde angenommen, dass es sich bei den Tätern um Terroristen aus der radikal-islamistischen Szene handelte, doch einem Bericht zufolge, den die amerikanische Bundespolizei FBI im Jahr 2008 veröffentlichte, erwies sich diese Annahme als falsch. Hingegen hatten die Ermittler des FBI den Verdacht, dass der Milzbrand-Erreger aus einem amerikanischen Militär- oder Geheimdienst-Labor stammte.

Afghanistan, Kandahār 2002

Im März 2002 machten US-Truppen in Afghanistan nahe Kandahār einen höchst interessanten Fund: eine Anlage, die dazu gedient hatte, Anthrax waffenfähig zu machen. Ganz eindeutig wurden Spuren von Milzbranderregern identifiziert. Vermutlich hatte das Al-Qaida Netzwerk im kleinen Rahmen ein Biowaffen-Forschungsprogramm betrieben. Die dazu benötigten Milzbranderreger beschaffte sich Al-Qaida womöglich aus Arsenalen ehemaliger sowjetischer Forschung an Biowaffen.

Ob Sarin oder Anthrax – die Einsatz- und Verbreitungswege, die sich Terroristen zu eigen machen, entsprechen einer gewissen Logik: Flughäfen, Bahnhöfe, öffentliche Plätze; kurz: überall, wo es Menschenmengen gibt. Oder, wie im Fall von Anthrax, die Verteilung via Post.

Eine akute Bedrohung durch Anthrax oder Sarin scheint derzeit nicht gegeben; aber es gibt andere, ebenso gefährliche „Substanzen“.

HIV

Humane-Immundefizienz-Virus
Bislang fielen dem Virus etwa 40 Millionen Menschen zum Opfer.

HIV entstand mit großer Wahrscheinlichkeit im Jahr 1908 in Französisch Äquatorial-Afrika. Es sprang dort vom Affen auf den Menschen über. Und es nahm sich Zeit zu evaluieren, schlich auf leisen Sohlen nach Kamerun. 1959 trat in der Demokratischen Republik Kongo ein Fall der bis dato kaum bekannten, schweren Infektionskrankheit auf. 1981 beschrieb die US-Gesundheitsbehörde Häufungen einer seltenen Form der Lungenentzündung bei vorwiegend homosexuellen Männern. Die Immunschwächekrankheit wird in Deutschland 1982 erstmals bei einem Patienten aus Frankfurt am Main diagnostiziert. Und von dort breitet es sich ständig, kaum beachtet, weiter aus. 3.000 erfasste Neu-Infizierte jedes Jahr in Deutschland. Das macht Angst. Und das sollte es auch.

In Europa weiß jeder zweite HIV-Infizierte nach Experten-Einschätzung nichts von seiner Infektion. „Wir gehen von einer sehr hohen Dunkelziffer aus", sagte Prof. Jürgen Rockstroh von der Uniklinik Bonn zu Beginn der 12. Europäischen Aidskonferenz in Köln mit 4.000 Experten. „Oft kommt es dann erst zu einer Diagnose, wenn sich schon manifest Aids entwickelt hat[;] und es wird schwierig mit einer deutlich vorteilhaften Behandlung, das Todesrisiko ist dann hoch."

Wie das Virus übertragen wird?

Durch den Austausch von Körperflüssigkeiten.

Wenn folgende Flüssigkeiten in die Blutbahn eines anderen Menschen gelangen, kann eine HIV-Infektion weitergegeben werden: Blut, Sperma, Vaginalsekret und Muttermilch. Das ist möglich bei Kontakt mit Schleimhäuten, auch wenn keine spürbaren Verletzungen vorhanden sind. Das Virus kann auch über die gemeinsame Nutzung von Spritzbestecken bei Drogenkonsumenten, durch Hautverletzungen und offene Wunden oder durch eine Bluttransfusion übertragen werden.

Ebola

Was ist Ebola?
Ebola ist ein Virus, welches den Körper sowie das Immunsystem angreift und ein sogenanntes hämorrhagisches Fieber auslöst. Dies führt zu starken, zum Teil inneren Blutungen und Nierenversagen. Gegen Ebola gibt es derzeit weder zugelassene Medikamente noch Impfstoffe. Allerdings, so bestätigte die WHO, gebe es bereits ein nicht zugelassenes Medikament, das unter gewissen Bedingungen bei Erkrankten angewandt wird. Unbehandelt sterben 25 bis 90 Prozent der erkrankten Menschen binnen zwei bis 21 Tagen nach Ausbruch der Krankheit.

Wie breitet sich die Krankheit aus?

Ebola überträgt sich durch direkten Kontakt mit infizierten Personen über deren Körperflüssigkeiten wie z.B. Blut, Speichel, Urin, Durchfall, Schweiß oder Sperma. Auch Tiere können Menschen mit dem Virus anstecken. Risikotiere sind Affen, Fledermäuse (vor allem Flughunde) und Antilopen. Ebola überträgt sich nicht, wie zum Beispiel Grippe, durch die Luft. Die Ebola-Ausbreitung wird durch eine mangelhafte medizinische Ausstattung und den kleinen Grenzverkehr zwischen den Ländern Afrikas begünstigt.

Das Ebola-Virus gehört zu den gefährlichsten Krankheitserregern der Welt. Es wurde laut Ärzte ohne Grenzen zum ersten Mal im Jahr 1976 im Norden Zaires, der heutigen Demokratischen Republik Kongo, diagnostiziert und breitete sich an den Ufern des Flusses Ebola aus, daher auch sein Name. Ein kleines Dorf mit Namen *Yambuku* gilt als die Brut- und Geburtsstätte des Virus[53]. Alle Menschen, die damals mit ihm in Berührung kamen, starben auf mysteriöse Art und Weise. 1997 befand ich mich in Kongo-Brazzaville, und auch dort wütete Ebola. Kongo und Zaire? Tiefes Afrika als „Virusbrüter?“

Bei Recherchen stieß ich interessanterweise auf eine afrikanische Seite im Internet. Auf Französisch behauptet dort der Herausgeber einer Tageszeitung, dass wir, der Westen, schuld an allem wären. Wir hätten das Virus in unseren Labors für Militärzwecke kreiert, erfunden und

53 *Gleichzeitig wurde das Virus in Nzara (Sudan) festgestellt.*

ihm einen Namen gegeben. Seiner These nach sind das Marburg-Virus und Ebola identisch ... *die Bösen seien also wir, die Deutschen*. Auch Tiere wie Affen, Schlangen und Fledermäuse könnten als Ursprung des Ebola-Virus total ausgeschlossen werden, sagt das Blatt weiter. Diese in Labors gezüchteten Viren, zu denen auch die HIV/AIDS-Viren zählen, seien nichts anderes als virologische Waffen, mit denen wir westlichen Mächte Tests durchführen, und Afrikaner seien dafür die idealen Opfer. Er verweist auf das Buch von Leonard G. Horowitz *„Emerging Viruses: AIDS and Ebola: Nature, Accident, or Intentional?"*. Viele Rezensenten des Buches unterstützen diese These:

Eines der besten Bücher, die ich je gelesen habe. Die Wahrheit über AIDS und EBOLA. Hergestellt in einem US-Biowaffen-Labor und absichtlich in Afrika verbreitet durch die WHO ...

Wieder andere tun das Werk als pure Fiktion ab. Fakt ist, dass das Ebola-Virus – wie auch viele andere – sich innerhalb von 24 Stunden in der ganzen Welt ausbreiten kann, sollten bestimmte Umstände zusammenkommen.

Wie?

Es reist!

Ein mögliches Szenario:

Flughafen Frankfurt am Main

1.343 Starts und Landungen pro Tag, 75.500 Beschäftigte. Direkte und schnelle Anschlüsse sind über das nahe, verkehrsträchtigste Autobahnkreuz Europas möglich sowie über den Fernbahnhof und die S-Bahn, von den tausenden privaten Abholern und Lieferanten gar nicht zu reden! Natürlich ist der Flughafen auch eine enorme Transfer-Stätte, denn 50 % aller Passagiere sind nur Umsteiger, haben Weiterflüge.

Gäbe es die Pest und würde jemand wollen, dass sie in alle Welt gesandt wird, so gäbe es vielleicht keinen zuverlässigeren Vektor als diesen Flughafen. Ob Landung oder Start: Die ganze Welt wäre schnellstens mit dem Virus bedient, eine Katastrophe wäre unvermeidbar! Die Pest, der 25 Millionen Menschen zum Opfer fielen, gibt es kaum mehr.

Aber es gibt Ebola; und das Virus könnte sich mit rasanter Geschwindigkeit ausbreiten – und wahllos töten.

Wegen Ebola muss sich in Deutschland niemand Sorgen machen!

Gesundheitsminister Hermann Gröhe, 2014

Diese vertrauensselige Einschätzung unseres Gesundheitsministers von 2014 teile ich absolut nicht. Seine Worte wirken vor allem dann besonders belanglos, siehe hinfällig, da einige Tage darauf andere, kompetente Stimmen laut wurden, die behaupten: Wir könnten ja im Höchstfall 50 Ebola-Patienten aufnehmen. Höre ich da Angst heraus oder nimmt man bei uns die Sache doch nicht so ernst? Ich meine, Angst wäre angebracht. Denn in Zeiten, in denen nicht mal zu 100 % klar ist, wie sich diese Krankheit wirklich verbreitet, klingt „muss sich in Deutschland niemand Sorgen machen“ gelinde ausgedrückt sträflich naiv. 50 Patienten? Wir sprechen hier von den aus dem Ausland herbeigeschafften Fällen, die zu pflegen uns eine Ehre ist! Aber was, wenn Ebola direkt ins deutsche Herz sticht? Was, wenn die Seuche unter uns, auf heimischem Boden, eingeschleust via bekannte Vektoren, ausbricht?

Berufsbedingt flog ich im selben Jahr 2014 mehrmals nach Afrika. Wer mich kennt, der weiß, dass Kontaktfreude nicht immer meine Stärke ist. Kein Shakehands mit Leuten, die ich nicht kenne oder die ich nicht mag. Nur so viele Vertraulichkeiten wie unbedingt nötig. Eher der stumme Beobachter als der, der es laut krachen lässt. Doch zwischen Addis Abeba, Nairobi, Abidjan, Dakar oder Monrovia ist massig Platz und Raum und auch Zeit, sich mit Ebola zu infizieren. Und der Rückflug führt über den eventuellen *Verteiler* Frankfurt, Rhein-Main-Flughafen. Passagiere wie mich, die Ebola-Regionen bereisten, gibt es Abertausende, und wenn nur ein Prozent sich infiziert hätte, dann könnte wohl selbst Adam Riese kaum mit dem Rechnen nachkommen, um herauszufinden, wie explosionsartig und zahlenmäßig hoch sich Ebola dann ausbreitet und (zu 70 % sicher) tötet! Dem entgegen stehen natürlich nüchterne und „fachkundige“ Aussagen wie:

Wegen Ebola muss sich in Deutschland niemand Sorgen machen!

In der ersten Oktoberwoche 2014 kam meine Frau aus Austin, Texas, zurück. Etwa zur selben Zeit begann dort das Sterben. Ebola ließ sich nicht bitten und schlug gleich zweimal zu. Und das, obwohl US-Politiker sagten: *We can do! Unsere Ärzte haben alles im Griff*. Doch in der Zwischenzeit hatte sich eine weitere Pflegekraft infiziert.
Alles im Griff?

In einem Madrider Krankenhaus lag derweil die an Ebola erkrankte Hilfskrankenschwester Teresa Romero. Auch dort hatte niemand das Virus auf der Liste der ernstzunehmenden Angelegenheiten, man weiß dort nicht mal, ob es sich auf Hunde überträgt, was *Excalibur* am eigenen Leib zu spüren bekam. Excalibur! Die spanischen Behörden, die befürchteten, der Hund könnte sich mit Ebola angesteckt haben, ließen ihn einschläfern. Es war ein weiteres Beispiel unseres begrenzten Wissens um diese Krankheit. Unser Nachbar Frankreich, der mit vielen Gebieten Westafrikas sehr enge Beziehungen hegt (... bald pflegt?), wäre ein brodelndes Pulverfass, wenn Ebola dort seinen Auftritt hätte.

Das alles nur, um zu sagen: Was wir in unserer Zeit benötigen, sind keine *„... yes we can do“* Aussagen oder belanglose Sätze wie *„... alles im Griff!“* und *„... wegen Ebola muss sich in Deutschland niemand Sorgen machen“*! Was wir bitter brauchen, sind Wahrheit, Aufklärung rund um Ebola und eine totale Transparenz. Über einen ständigen Ebola-Krisenstab würde niemand lachen, auch wenn das Virus im Augenblick schläft. Sicher ist, dass die Gefahr, Opfer eines Anschlages zu werden, im Vergleich zu vielen anderen Risiken, die Reisen ins Ausland mit sich bringen – wie zum Beispiel Unfälle oder *Erkrankungen durch Viren* –, vergleichsweise gering ist.

Ein Krisenmanagement braucht es eben nicht nur im Krisenfall, es muss eine Daueraufgabe sein! Risikoanalysen bezüglich der Krankheit sollten stets Hochkonjunktur haben und Bewertungen diesbezüglich sofort der Öffentlichkeit zugänglich gemacht werden. Wir sollten wissen:

- **Wer kann wann und wohin noch ohne Risiko reisen?**
- **Wie sieht die Prävention bezüglich der Desinfektion in Flugzeugen aus?**
- **Wann ist mit einem Impfstoff zu rechnen?**

Paranoid? In den Augen der meisten Betrachter sicher! Wenn ich in zehn oder zwanzig Jahren sagen kann: Ich habe mich getäuscht, war paranoid ... ich wäre bei Gott der Erste, der sich darüber freuen würde. Derweil aber fragen Sie mal meine Frau, oder die anderen Fluggäste, wie es sich anfühlt, mit dem Wissen von Texas aus zu fliegen, dass vielleicht kurz vorher ein an Ebola Erkrankter auf demselben Sitz saß wie sie. Schwarzsehen und eine gesunde Prise Pessimismus könnten sicherlich Emotionen wie Panik und Angst auslösen, und das will keiner. Selbst die Weltgesundheitsorganisation WHO räumte im April 2015 jedoch Fehler bei der Ebola-Bekämpfung ein:

Die Epidemie hat der Welt brutal vor Augen geführt, dass die bisherigen Mechanismen offensichtlich nicht in der Lage sind, schnell und effektiv auf internationale medizinische Krisen zu reagieren.[54]

Dieses Zugeständnis zeigt, dass Ebola unterschätzt, nicht ernst genug genommen wird und dass wir nicht vorsichtig genug sein können. Blauäugigkeit, Selbst-Süffisanz und Naivität hingegen ... *es wird schon alles gut gehen* ... lösen gar nichts aus. Während Angst zu Reaktionen führt und nach kritischer Reflexion und sofortigem Handlungsbedarf schreit, schläfert Gleichgültigkeit ein, wiegt uns in falscher Sicherheit. Doch: Einmal aus dem Dämmerschlaf der Gelassenheit erwacht, könnte dies sprichwörtlich ein böses Erwachen werden. Besser kurzfristig über Emotionen wie Angst und Panik und die daraus resultierenden Maßnahmen Gewissheit und so eine relative nachhaltige Sicherheit erlangen, als ewig mit den Zweifeln der Belanglosigkeit zu leben und zu bangen. Ich bin der Meinung, dass, gerade wenn Gefahren gebannt scheinen (was in Sachen Ebola absolut noch nicht der Fall ist), unsere Aufmerksamkeit und unsere Anstrengung verdoppelt werden müssen.

Die Epidemie war und ist nicht unter Kontrolle.

---

54 Siehe dazu den Artikel: WHO räumt Fehler bei Ebola-Bekämpfung ein. Quelle: www.pharmazeutische-zeitung.de

Brice de le Vingne,
Ärzte ohne Grenzen, Mai 2015

Ebola sowie alle anderen Seuchen müssen massiv am Entstehungsherd bekämpft werden – alle Länder stehen in der Pflicht –, doch das geschah bislang nur halbherzig. Im Fernsehen sieht man immer nur das, was gezeigt werden will und soll. Im Gelände in Afrika sieht man hingegen wenig, vielerorts gar nichts von Hilfe, egal woher diese kommt und welcher Natur sie ist. Nur verhindern zu wollen, dass Ebola zu uns kommt, ist naiv – und in dieser Naivität übertrifft sich die Passivität der westlichen (und der restlichen) Staaten selbst. Warum müssen immer erst zahlreiche Menschen sterben, bevor sich der *Hallo-Wach-Effekt* regt? Sicherheit und damit Entwarnung ist erst dann gegeben, wenn auch in Afrika nicht mehr über Ebola diskutiert wird. Doch bis dahin ist es noch ein weiter, steiniger Weg.

Wie kann man sich vor Ebola schützen?

Glaubt man der WHO, so sind Vorbeugung und Wissen der beste Schutz. Das Ebola-Virus wird bei Kontakt mit Blut, Schweiß oder Fäkalien, durch Geschlechtsverkehr sowie durch ungeschützten Umgang mit Leichen infizierter Personen übertragen. Um sich zu schützen, sollte man direkten Kontakt mit an Ebola erkrankten Menschen vermeiden.

Welche Länder sind besonders von Ebola betroffen?

Guinea, Liberia und Sierra Leone. Alleine in diesen drei Ländern gab es beim letzten Ebola-Ausbruch 25.000 Infizierte, fast 10.179 fielen dem Virus zum Opfer (nach WHO, März 2015).

Dekadenz

Menschenhandel und Dekadenz im Namen Gottes

Nun zu einer ganz anderen Form von Terror – einer viel subtileren Art der Missachtung von Menschen, von deren Werten und vor allem auch deren Gefühlen: dem Handel mit Kindern! Terror gegenüber anderen Menschen durch Begierde, Wünsche und große Not – fernab von jedem geltenden Recht.

Tschad, Abéché, 1991

„Was hältst du für angebracht?"
Die Frage war an mich gerichtet. Gestellt hatte sie ein französischer Fremdenlegionär, der heute noch in der Kanzlei des Generals der Legion in Aubagne tätig ist. Er war zutiefst empört. Der Besitzer einer Spelunke hatte mir in seinem Beisein ein elfjähriges Mädchen zum „Kauf" angeboten. Ich könne, so sagte er mir wörtlich, mit ihr machen, was ich wolle, und fügte sein *bismillah*, im Namen Allahs, hinzu. Sie gehöre mir. Der Kaufpreis? 800 US-Dollar in bar!

Ich war Unteroffizier in der Fremdenlegion und zu der Zeit waren wir mit zwei Kompanien und einem *État Major Tactique*, einem taktischen Führungsstab, in Abéché stationiert. Zusammen mit Kalait (einst Oum-Chalouba) galt Abéché als eine der letzten zivilisierten Bastionen vor der großen Weite der Borkou-Ennedi-Tibesti-Wüste. Das mit dem Mädchen hat sich genauso zugetragen, wie beschrieben. Nein, schlimmer noch! Auf meine Frage hin, was ich denn tatsächlich mit ihr machen könne, fuhr sich der *Patron*, so nannte sich der tschadische Araber, mit dem Zeigefinger quer über die Kehle.

„Wir melden es, mehr können wir nicht tun!", waren damals meine Worte. Obwohl ich den Vorfall damals den Behörden gemeldet hatte, verließ ich Abéché mit dem Gefühl, dass das Mädchen im Namen Gottes heute tot ist, zumindest aber ein erbärmliches Leben führt.

Ich war angewidert. Abéché, nun wusste ich warum, war seit dem 16. Jahrhundert Zentrum und Knotenpunkt des Sklavenhandels. Seit der Eroberung der Ouaddai-Region durch die Franzosen zwischen 1904 und 1911 wurde der Sklavenhandel von der *Sanoussi-Dynastie* kontrolliert. Derselben Dynastie also, der Oberst *Gaddafi* durch den Putsch im Jahr 1969 die Macht in Libyen entzogen hat.

Gefühlt hat sich seither nicht viel geändert. In diesem abgelegenen Gebiet, in dem ein Menschenleben nichts wert ist, herrschen wie eh und je Dekadenz und Gewalt. Wer es bereist – beruflich oder privat –, muss mit der Präsenz von bis an die Zähne bewaffneten Banditen rechnen. Banditen, die sich von Ordnungskräften oder der regulären Armee weder vertreiben noch einschüchtern lassen. Insbesondere in der Region um den Tschadsee kann man sich plötzlich aus heiterem Himmel heraus Nase an Nase mit Terroristen von *Boko Haram* wiederfinden. Diese üblen Verbrecher schießen zuerst und fragen dann.

Mit einer ähnlichen Form von Menschenhandel sollte ich viele Jahre später in Haiti wieder konfrontiert werden. Im Jahr 2008 arbeitete ich in Haiti. Im Ortsteil *Pétionville* (Diplomaten- und Reichenviertel) gibt es ein Hotel, in dem ich oft weiße Frauen mit schwarzen Babys sah. Als ich mich diskret erkundigte, sagte mir ein französischer Geschäftsmann, Inhaber eines Restaurants gleich neben dem Hotel, dass diese Kinder von Frauen, die hauptsächlich aus den USA und aus Frankreich stammten, adoptiert würden. Nach meiner Frage, ob es sich dabei um legale Adoptionen handele, erwiderte er, dass es zweifelhafte Geschäfte seien und dass Geld, viel Geld im Spiel sei. Einige arme Familien würden ihre Kinder einfach verkaufen. In Haiti sind Armut und Korruption ein großes Problem. Manche Familien leben, oder besser gesagt überleben, mit einem Dollar pro Tag. Vor allem nach dem großen Erdbeben im Jahr

2010 gab es sehr viele Kinder, die sich plötzlich ohne Eltern oder Verwandte wiederfanden. Sehr viele dieser Kinder wurden illegal adoptiert. Ob die Eltern tatsächlich tot oder im allgemein vorherrschenden Chaos nur nicht sofort auffindbar waren, schien dabei Nebensache. Aber auch der pure Menschenhandel als solcher war Thema. So verschwanden viele Kinder, die verletzt in Krankenhäuser eingeliefert worden waren, auf Nimmerwiedersehen an Bord irgendwelcher Flugzeuge in Richtung USA und Europa. Meist wurden sie dafür über Haitis Grenze in die Dominikanische Republik nach Santo Domingo geschmuggelt.

Ein Beispiel unter vielen: Zehn Amerikaner, die Ende Januar 2010, unmittelbar nach dem verheerenden Erdbeben, mit einunddreißig „Waisen-Kindern" das Land verlassen wollten – ohne Genehmigung der haitianischen Behörden. Diese wussten von nichts! Natürlich stellte sich später heraus, dass die meisten dieser Kinder – das jüngste knapp zwei Monate alt – noch Eltern hatten. Aber *im Namen Gottes*, laut der verantwortlichen Baptisten der Nichtregierungsorganisation, musste man sich *ihrer einfach annehmen*, ihnen neue Eltern und ein besseres Leben aufzwingen.

Und wieder Abéché.
Im Jahr 2007 registrierte sich die französische Organisation *Arche de Zoé* in Abéché unter dem Namen „Children Rescue". Sie behauptete, ein Hilfszentrum für Kinder, Opfer des Sudankrieges, einrichten zu wollen. Kurze Zeit später wurden diese Leute bei dem Versuch festgenommen, 103 Kinder an Bord eines Flugzeuges der spanischen Charterfirma *Girjet* außer Landes zu entführen: im Rahmen von legalen Adoptionen, wie sie versicherten! Vielleicht hatten die Mitarbeiter von *Children Rescue* schlecht ermittelt. Fakt aber war, dass die meisten der Kinder noch Eltern hatten und viele von ihnen nicht, wie behauptet, aus der sudanesischen Krisenregion *Darfur*, sondern aus dem Tschad stammten. Sollten sie wirklich illegal zur Adoption freigegeben werden, oder war es geplant, die Kinder in die Hände eines Pädophilen-Ringes zu geben, wie einige Beamte der tschadischen Behörden behaupten? Den Mitarbeitern der *barmherzigen* Organisation wurde im Tschad der Prozess gemacht. Sie erhielten sieben Jahre Gefängnis mit Zwangsarbeit und mussten obendrein eine Millionen-Summe als Entschädigung zahlen. Später wurden sie von Idriss Déby, dem Präsidenten des Tschad, begnadigt und nach Frankreich überführt.

Terror mal anders

... weil unsere Kirche ein Fels ist, an dem wir uns getrost anlehnen können und wissen, er wackelt nicht! Und weil ich weiß, dass, wenn schon nicht die Kirche, dann aber der Allmächtige mir meine Sünden vergibt.

Mehr als ein Jahr ist vergangen. Was hat sich seither verändert? Das Gefühl des täglichen Terrors ist geblieben und hat sich an vielen Stellen verstärkt. Es bleibt eine Art Terror, der viele Menschen betrifft und der fernab von Politik und Glaubenskriegen stattfindet. Ein aggressives Verhalten gegenüber unseren Mitmenschen, gegenüber allem und jedem, dessen Nase uns nicht passt. Ob von oben herab getreten oder von unten her gezerrt wird – Missgunst, Neid und Verfall treiben zu immer maßloserem Verhalten an.

Das Kreuz: Symbol für Vertrauen?

In Florenz in den Jahren 1995/1996 kam ich zum zweiten Mal persönlich mit einer etwas anderen Form von Verfall in Kontakt, und da meine Hellhörigkeit in Bezug auf meine einst Schutz gebende *Glashaube* bereits ihr höchstes Niveau erreicht hatte, blieb es mir umso schlimmer in Erinnerung, bekräftigte meinen Willen, aus der Kirche auszutreten.

Ich befand mich für ein paar Tage auf Bildungsurlaub in dieser schönen Kulturstadt, wollte unbedingt den *David* und die *Pietà* von Michelangelo sehen. Irgendwann abends ging ich mit meiner Frau in ein feines Restaurant. Vor der Tür saß ein Bettler, dem ich einige Münzen in den Hut warf. Kaum saßen wir, öffnete sich die Tür und zwölf Männer betraten den Raum. Ich habe, ehrlich gesagt, nicht gezählt. Zu der Zahl kam ich, nachdem ich mir wieder und wieder diese unwirklichen Szenen ins Gedächtnis gerufen hatte. Einer davon trug ein rotes Mützchen, sicher war es ein Bischof oder eine andere hohe Geistlichkeit. Er hatte einen großen Siegelring und schien sehr gut genährt, was man von seinem Gefolge auch sagen konnte. Alle waren sie Kuttenträger, die ihr religiöses Wahrzeichen, das Kreuz, ostentativ zur Schau trugen. Und sie bestellten: die besten Vorspeisen, Hauptgerichte vom Feinsten, Nachspeisen *en masse*, die teuersten Weine, Kaffee und ausgewählte Cognacs zum Schluss. Derweil hatte ich die Speisekarte offen vor mir zu liegen und mit einem Blick auf die Preise hatte ich alles begriffen: Ihr Festmahl kostete ein Vermögen! Meine Frau bestellte Minestrone und Brot aus dem Ofen, mir war der Appetit vergangen. Als die Männer das Restaurant verließen, waren sie wohl zu *satt*, um den Bettler zu sehen, der immer noch am Eingang saß.

Willst du vollkommen sein, so gehe hin, verkaufe, was du hast, und gib's den Armen, so wirst du einen Schatz im Himmel haben.

Evangelium nach Matthäus – Kapitel 19, Vers 21.

Ich sah ihn kurz an, schämte mich unsinnigerweise für das Verhalten der Kirchenmänner.

... und in den verwunderten Blicken des Bettlers spiegelten sich die Augen der Kinder wider, die hilflose Opfer einiger waren, die einst ein Keuschheitsgelübde abgelegt hatten. Einem Gelübde, dessen Sinn man auch hinterfragen könnte: „Deshalb soll der Bischof ein Mann ohne

Tadel sein, nur einmal verheiratet, nüchtern, besonnen, von würdiger Haltung, gastfreundlich, fähig zu lehren; er sei kein Trinker und kein gewalttätiger Mensch, sondern rücksichtsvoll; er sei nicht streitsüchtig und nicht geldgierig. Er soll ein guter Familienvater sein und seine Kinder zu Gehorsam und allem Anstand erziehen.

1. Timotheus 3, Vers 2–4

Und ich erinnere mich an die Worte meiner Mutter, ich solle doch zu den Regensburger Domspatzen gehen! Damals, als die Welt noch nicht wusste, dass ...!

Papst Benedikt XVI. schweigt zu den Missbrauchsvorwürfen. (© picture alliance / dpa Fotograf: Gregorio Borgia)

... und in den Ohren des Obdachlosen hörte ich das Flehen der minderjährigen Jungen, die in den 50er Jahren eventuell kastriert wurden, um somit „ihre homosexuellen Neigungen zu heilen“![55]

... und in seinen Gebärden sah ich zeitgleich ein Mädcheninternat, in dem sich ungewöhnliche Todesfälle häuften. Die Opfer? Vermutlich vierzig geistig behinderte junge Mädchen, kaum eines älter als zwölf.[56]

... und mir wird eiskalt im Nacken, wenn ich daran denke, wie oft ich die Dominikanische Republik besucht habe, ohne zu ahnen, dass in ebendieser der Vertreter des Vatikan vermutlich einst Gott spielte. Einen Gott, der seine Macht an dreizehn bis achtzehnjährigen Buben und Mädchen in einer Art und Weise demonstrierte, dass mir, alleine bei dem Gedanken daran, schlecht wird.[57]

Aber ich sehe auch endlich einen Papst, der im Kampf gegen sexuellen Missbrauch in der Kirche Härte zeigt. Und ich habe das Gefühl (und das ist sehr stark), dass Jorge Mario Bergoglio der richtige Papst zur richtigen Zeit ist.

Die bitteren Erfahrungen im Tschad hatten meine Einstellung zur Kirche nicht geändert. Der Glaube an Gott war für mich sehr wichtig, die Kirche mir Symbol für Ruhe und Kraft, für Stärke und Verlässlichkeit. Wie eine unzerbrechliche Glashaube, die mich von allem Übel abschirmte, ohne mir jedoch den Blick auf andere, wichtige Dinge zu versperren, kam sie mir vor. Irgendwann jedoch bekam die Glasfassade einen Sprung. Es waren Skandale, die einen Verfall einleiteten, der bis heute noch nicht zu Ende ist.

Hat das Internet die Ansätze des kirchlichen Zerfalls eingeleitet? Es scheint so! Gegebenenfalls sollte uns diese Tatsache am allermeisten beunruhigen, denn ohne das *Netz* würden die meisten Missbrauchsfälle und Schandtaten wohl nie das Tageslicht erblickt haben, denn einge-

---

55 *dpa/Tagesspiegel: Niederländische Kirche ließ Jungen kastrieren – www.tagesspiegel.de*

56 *Siehe dazu: Dem System hilflos ausgeliefert – www.welt.de*

57 *Siehe dazu: www.pravda-tv.com*

standen wurden und werden hauptsächlich nur die Fälle, die nachgewiesen sind und die auch an die Öffentlichkeit gerieten. Hat die kirchliche Hierarchie über Jahrhunderte hinweg gute Verschleierungsarbeit geleistet? Wenn ja, dann macht das betroffen!

Für die Verbreitung der bekannt gewordenen Fälle in der Öffentlichkeit trug das World Wide Web schon Sorge. Wir haben aber immer noch das ungute Gefühl, dass nur die winzige Spitze eines gewaltigen Gesamtverbrechens, einer ganz besonders abscheulichen Form von alltäglichem Terror gegenüber Menschen und Schutzbefohlenen, ans Tageslicht kam. Viele der Protagonisten im Priesterkleid sind derweil gut behütet. *Sankt Strafrechtliche Verjährung* nennt sich der heilige Schutzpatron, aber auch *Sankt Kircheninterne Geheimhaltung*, oder er heißt gar *Scham und Furcht*, dann nämlich, wenn die Opfer immer noch schweigen.

Das Vertrauen in die Kirche ist teilweise weg, der Mörtel an den Außenmauern des Vatikan bröckelt, die psychischen Folgen von Übergriffen, Missbrauch und Misshandlungen, mit denen die Opfer leben müssen, ist enorm, deren bisheriger Leidensweg war ein Tal der Tränen.

... und was den Rest angeht, so war ich kaum verwundert, dass ein skandalumwitterter deutscher Bischof aus dem schönen Limburg nun doch wieder nahe ans Zentrum der Macht, in den Vatikan, gerückt ist und nicht vorher schon ins Zentrum einer eventuellen Exkommunikation.

War für mich die Kirche früher eine Erwartung auf *das* Wunder und auf ein Paradies, so sehe ich in ihr heute nur noch ein Unternehmen, das nichts Göttliches mehr hat. Ich, Vater von zwei Töchtern und einst eifrig praktizierender Protestant, trat einige Jahre später sehr nachdenklich aus der Kirche aus. Eingeleitet wurde diese Nachdenklichkeit damals schon, 1991 in Abéché. Auf Grund meiner Tätigkeit als Berufssoldat in der Fremdenlegion hatte ich schon viel Elend und viele Tote sehen müssen. Doch wirklich tief berührt hat mich erst die Aussicht, dass ein mir fremdes Mädchen einfach verkauft werden sollte. Heute frage ich mich, ob ich vielleicht hätte anders handeln können, doch mir waren die Hände gebunden und die Zeit lässt sich nicht zurückdrehen – auch nicht im Namen Gottes. Und der Terror sitzt zwischen uns – ob im fehlenden Anstand und den dadurch verheerenden Auswirkungen auf die Gesellschaft und deren moralischen Verfall oder bis hin zum braven Mann auf dem Stuhl neben mir im Hause Gottes.

Wenn du dumm bist, weißt du nicht, dass du dumm bist
Genauso wie der Stein nicht weiß, dass er blind ist
Und die Mauer, dass sie trennt.
Und die Kirche, dass ihr Schatten so kalt ist

Herman van Veen

Von unnötigen Angriffskriegen und nötigen Interventionserfahrungen

... greife des Anderen Rechte an und du zerstörst deine eigenen!

John Jay Chapman, 1862 – 1933, Autor

In Band 2 von *Survival Total* erwähne ich das fürchterliche *A-Szenario*. Es handelt sich hierbei um ein Drama. 55 schwer bewaffnete Terroristen nehmen in einer deutschen Großstadt am helllichten Tag hunderte von Geiseln und verschanzen sich damit in mehreren angemieteten Wohnungen. Es handelt sich hierbei um eine Aktion, von der ich überzeugt bin, dass sie bereits geplant ist. Es ist meines Erachtens nur eine Frage der Zeit, wann es geschieht.

Da Kriegswaffen und Explosivstoffe, beide von Expertenhand angewandt, zum Einsatz kommen, weise ich auf den dringenden Einsatz der Bundeswehr im Inneren hin (Notstandsgesetze) und werfe gleichzeitig die Debatte auf, ob die Bundeswehr allgemein nur zur Territorial-, also zur militärischen Landesverteidigung und im Inneren eingesetzt werden, oder ob sie im Rahmen der globalen Sicherheit auch Terroristen im Ausland bekämpfen und als Truppe bei Auslandseinsätzen *Peacekeeping* betreiben sollte.

Wie auch immer die Zukunft aussehen mag, zweierlei ist völlig inakzeptabel: ein präventiver Angriffskrieg oder gar ein von unseren Politikern aus fadenscheinigen Gründen herbeimediatisierter Vergeltungsschlag!

Wenn wir ein weißes Blatt Papier nähmen und darauf alle Kriege der letzten hundert Jahre listen, die wir hätten vermeiden können, so würden nur wenige fehlen und das Papier wäre schwarz vor lauter Tinte.

Manchmal kommt es mir so vor, als ob Angriffskriege von Staaten nur geführt werden, um das dafür zur Verfügung stehende Budget zu rechtfertigen. Andere Gründe, außer vielleicht noch Habgier und Größenwahn, kann es gar nicht geben. Gerechte Kriege gibt es kaum und einen Angriffskrieg zu rechtfertigen, sollte jedem Politiker, der was auf sich hält, zum sofortigen Rücktritt bewegen, denn er hätte moralisch und von Amts wegen versagt. Es mag fremd anheimeln, dass gerade ich, als ehemaliger Soldat, solche Worte schreibe, doch ich habe nie aufgehört dazuzulernen.

War es nicht Sokrates, der einst sagte: „Wer denkt etwas zu sein, hat aufgehört, etwas zu werden"?

Nichtsdestotrotz bin ich der Meinung, dass jedes Land eine Armee benötigt.

People sleep peaceably in their beds at night only because rough men stand ready to do violence on their behalf!
(Menschen schlafen nachts friedlich in ihren Betten, nur weil harte Männer bereit sind, an ihrer Stelle Gewalt anzuwenden!)

George Orwell, 1903-1950, Schriftsteller

In Deutschland ist das die Bundeswehr. Die Existenz dieser exzellenten Truppe in Frage zu stellen, käme einem Infragestellen unserer *Freiheit* gleich.

In Frage stellen hingegen müsste man ihre Verwendung. Durch ihre Einsätze im Ausland, hauptsächlich in Afghanistan, hat die Bundeswehr als Kampftruppe Erfahrungen gesammelt, aber nicht genug. Dazu waren die Kampfeinsätze zu selten und zu kurz.

Das Verhalten unserer Armee bei Auslandseinsätzen war eher defensiv, Ausnahmen bestätigen allenfalls die Regel. Einige Einheiten waren teilweise auch zu sehr damit beschäftigt, sich selbst zu schützen, Informationen zu sammeln und Entwicklungshilfe zu betreiben, als dass das eigentliche Soldatentum ins rechte Licht gerückt werden konnte. Wie viele Soldaten haben ihr Camp nie verlassen, und wenn, dann nur, um im geschützten Konvoi ihr gepanzertes Fahrzeug ausschließlich von innen zu sehen? Das ist natürlich nicht die Schuld der Soldaten, es handelt sich hier eher um gewollte Prozesse, die sich Politiker in Berlin haben einfallen lassen. Politiker, die vom Leben eines Soldaten und von der Realität im Gelände kaum eine Ahnung haben. Beamte auch, die einen Krieg mit Verletzten und Toten ablehnen.

Ich kenne solche Saubermänner. Immer dann, wenn Meldungen von Verlusten kommen, würden sie sich am liebsten verkriechen – hinter Berge von Vorschriften!

Von meinem eigenen Soldatenleben her weiß ich, dass es immer dieselben Einheiten und Soldaten sind, die jeden Tag rausgehen und ihr Leben riskieren.

Auch ist die Einsatzfähigkeit der Bundeswehr ziemlich beeinträchtigt, denn in letzter Zeit tauchen immer mehr Probleme technischer Art an Waffen und Gerät auf, so zum Beispiel beim Eurofighter, der C-160 Transall und neuerdings auch beim taktischen Militärtransporter Airbus A400M Grizzly und bei den gepanzerten Fahrzeugen des Typs Boxer oder Marder. Aber selbst das G36, die *Braut des Soldaten*, hinterlässt angeblich einen eher schlechten als rechten Eindruck. Es scheint, dass sie für längere Feuergefechte nicht geeignet ist, weil sie bereits nach mehreren hundert Schuss so heiß läuft, dass die Trefferwahrscheinlichkeit auf 300 Meter um ein Drittel sinkt, die Präzision stark nachlässt. 300 Meter ist die Hauptkampfentfernung des G36.

Ich, als ehemaliger maître de tir (Schießmeister) des 2e REP, kann mir jedoch kaum vorstellen, dass das G36 derartige Mängel aufweist.

Einen neidvollen Blick über den Rhein dürfen wir uns gerne leisten, aber halten unsere *Bürger in Uniform* einem Vergleich mit der französischen Armee, die derzeit ebenfalls mit Schwierigkeiten kämpft, stand?

Nicht immer!

Die Franzosen haben mit ihren Fallschirmjägern, den *Bérets rouges*, und natürlich mit der Fremdenlegion einige Regimenter, die auf ein Fingerschnippen hin in allen Krisengebieten, in allen Arten von Kampf-einsätzen einsetzbar und auch im höchsten Grade kampferprobt sind. Ermöglicht wird der schnelle Einsatz durch vorpositionierte Kräfte in Senegal, Gabun, Dschibuti und Abu Dhabi, mit insgesamt 3.895 Soldaten. In Frankreich selber sind gleich mehrere Einheiten ständig in Alarmbereitschaft. So zum Beispiel die Kompanien des Alarmsystems *Guépard* der 11. Fallschirmjägerbrigade oder der Legion. Zwischen Entscheidungen, die in Paris getroffen werden, und den ersten Truppenbewegungen vergehen manchmal nur Stunden.

So war es nicht zuletzt auch beim schnellen Eingreifen der französischen Armee, insbesondere der Fremdenlegion, in Mali 2013. Ich war damals ständig in Kontakt mit noch aktiven Legionären und was sie mir über ihren Einsatz dort erzählten, konnte ich als *Ancien* gut nachvollziehen. Die Operation *Serval*, in der heiklen Phase hauptsächlich von Fallschirmjägern der Legion und einigen Spezialeinheiten geführt, war ein Kleinkrieg nach Maß, auf den ich hier kurz näher eingehe: Im Morgengrauen des 28. Januar 2013 sprangen Fallschirmjäger der Legion – das 2^{e} REP – nördlich von Timbuktu, einer von *Al-Qaida im Maghreb* besetzten Oasenstadt im Herzen Malis, ab. Zwei C-130 Herkules und drei C-160 Transall wurden für den Nacht-Gefechtssprung zur Verfügung gestellt. Als die Legionäre am 19. Februar mit 40 Kilo Gepäck auf dem Rücken in die raue Bergwelt des Zentralmassivs des Adrar Gebirges einsickerten, stießen sie auf 300 Dschihadisten. Die sofort einsetzenden Kämpfe dauerten fünf Stunden, dann jedoch waren alle Stellungen der Islamisten eingenommen: im Nahkampf, mit Handgranaten, Auge in Auge mit dem Feind!

Die Lehren dieses Einsatzes?

Obwohl im späteren Verlauf der Kämpfe auch Artillerie, Mörser, Pioniere, Luftwaffe und sogar Panzer zum Einsatz kamen, so war es doch die „Infanterie", die zu Fuß jedes Erdloch aushob und die den Unterschied ausmachte.

Die Franzosen legen Wert auf den Soldaten als solchen und auf seine Ausbildung als Kombattant. Und sie tun recht daran, denn in zukünftigen, asymmetrischen Kriegen werden *Auge-in-Auge-Situationen* vermehrt stattfinden. Frankreich hat in Mali auf eindrucksvolle Weise Muskeln gezeigt. Erlaubt wurden dieser sowie zahlreiche andere Einsätze im typischen Stile der Legions-Kriegsführung aber überhaupt erst durch die Befehlsstruktur selbst: Der Präsident Frankreichs entscheidet über den Einsatz der Armee! Die Befehlskette darunter ist einfach und relativ unkompliziert und genau das wäre in der heutigen Zeit für uns ein anzustrebendes Ziel: Die Schnelligkeit in den Entscheidungen und in der Durchführung! Wenn es nun an Entschlussfreude fehlt, an der Schnelligkeit beim Umsetzen von Beschlossenem, wenn Gerät und Material nicht mehr den Ansprüchen genügen und dazu der Soldat nicht kampferprobt ist, dann müsste in unseren Stäben ein Umdenken stattfinden.

Meine Erinnerungen an meine Zeit in der Bundeswehr zentrieren sich oft auf ein einfaches deutsches Volkslied, das wir oft sangen und in dem es schlicht heißt:

Was nützet mir ein schöner Garten, wenn andre drin spazieren gehn und pflücken mir die Röslein ab und pflücken mir die Röslein ab!

„'s ist alles dunkel, 's ist alles trübe",
Volkslied um 1850

Damit ist alles gesagt. Es ist ganz natürlich, aus einem Schutzinstinkt heraus das Land, die Familie, all unser Hab und Gut zu verteidigen. Aus einem solchen Grund *im eigenen Land oder an dessen Grenzen* zur Waffe zu greifen, gibt dem Soldatentum einen tieferen Sinn und töricht der, der lieber tatenlos zusehen würde, wie wir im eigenen Land Opfer einer Fremdherrschaft werden. Drum: Wenn es uns nicht gelänge, eventuellen aggressiven Staaten am Tag X ein wertvolles, abschreckendes und zugleich effizientes Werkzeug der Verteidigung entgegenzustellen, dann wären wir bald schon Opfer von Missbrauch und Unterjochung. Am Wehretat zu sparen ist dementsprechend das Letzte, was uns in den Sinn kommen sollte. Auch aus diesen Überlegungen heraus bin ich davon überzeugt, dass wir eine schlagkräftigere Armee brauchen, die ausschließlich dazu da ist, zur Landesverteidigung eingesetzt zu werden. Den Sinn von Einsätzen, wie wir ihn in Afghanistan führen, hinterfrage ich, denn Krieg kann keine Lösung sein, weder am Hindukusch noch woanders, aber ich bin Realist. Der Komplexität der aktuellen Sicherheitslage weltweit, dem Terrorismus, verschiedenen Bündnispartnerschaften und Beistandsverpflichtungen können auch wir uns nicht entziehen und so wird es auch in Zukunft unweigerlich zu weiteren Auslandseinsätzen kommen.

Die höheren Offiziere sollten darauf achten, dass unsere Soldaten, jeder auf seinem Niveau, wertvolle Erfahrungen daraus sammeln, vor allem im taktischen Bereich, im Gefecht. Doch dieser Prozess muss auch tatsächlich gewollt sein und Risiken, die mit diesen Einsätzen immer verbunden sind, müssen hintangestellt werden.

Unsere Erde

Irgendwann las ich einmal, dass es gar nicht so viel braucht, um die Erde aus ihrer Bahn zu werfen beziehungsweise so auf sie einzuwirken, dass ihre Achse sich leicht verschiebt. Umso erstaunter bin ich immer wieder, wenn ich von den französischen unterirdischen Atomversuchen im Pazifik lese, die Gott sei Dank mittlerweile ein Ende gefunden haben. Die Franzosen bohrten hundert Meter tiefe Löcher in den Meeresgrund, ließen die Sprengköpfe hinunter, versiegelten das Ganze und zündeten die Atombomben. Die Franzosen haben es mit klangvollen, weiblichen Vornamen. Während die Stellungen der Urwaldfestung Dien Bien Phu in Indochina Anne-Marie, Beatrice, Claudine, Dominique, Eliane, Gabrielle, Huguette und Isabelle hießen, so nannte man die Atom-Bohrlöcher im Riff des Mururoa-Atolls Dora, Edith, Nicole, Brigitte, Yvonne, Françoise. Von 1966 bis 1996 hat Frankreich auf seinem Atomversuchsgelände im Südpazifik 46 Atombomben in der Atmosphäre und 147 unterirdisch gezündet. Dazu kommen unzählige Versuche in der Sahara. Kurz nach den französischen Atombombentests 1995 sowie 1996 gab es starke Erdbeben in der Türkei, auf Sumatra, in Mexiko, China (jeweils nach den Tests 1995) und in China, Indonesien und in Ecuador (nach den Tests 1996).

Zufall?

Ich glaube nicht an derartige Zufälle!

Seit 1945 gab es weltweit ungefähr 2.000 Atomversuche, auf der Erdoberfläche, unter Wasser und sogar im Weltraum. Die USA hatten ihre Atomwaffentests in der Wüste von Nevada, auf dem Bikini- sowie auf dem Johnston-Atoll. Hauptsächlich das Bikiniatoll wurde zu einem Großlabor für zahlreiche Tests von US-Atombomben. Ein ganzes Volk musste seine Heimat deswegen verlassen, die Menschen konnten bis heute nicht dorthin zurück, wo sie geboren wurden. Die makabre Ironie dabei ist, dass alle Tests, die auf den Marshallinseln im Jahr 1956 im Rahmen der Operation Redwing[58] stattfanden, Namen von Indianerstämmen trugen, die von den Amerikanern fast hundert Jahre zuvor teilweise ausgerottet wurden. Einige dieser Testgebiete sind für 24.000 Jahre zum Sperrgebiet erklärt worden.

Die Briten brachten auf den Montebello-Inseln bei Australien (... natürlich weit weg von England!) ihre erste Atombombe zum Explodieren und die UdSSR zündete 1961 mit der *Zar-Bombe* die mächtigste, die je auf die Menschheit losgelassen wurde, und es war die größte je von Menschen verursachte Explosion. Die Sprengkraft der Bombe war mehr als 3.800 Mal stärker als die von Hiroshima. Legitim könnte man sich zwei Fragen stellen:

Sind wir denn alle verrückt geworden?

Wer will uns ernsthaft weismachen, dass die Erde das wegsteckt?

---

58 Nicht zu verwechseln mit der (fehlgeschlagenen) Operation Red Wings von den Navy Seals 2005 in Afghanistan.

In seinem „Appell an die Menschheit“ im April 1957 forderte Albert Schweitzer die Politiker auf, Schluss mit den Atomversuchen zu machen.

„Kommt es zur Einstellung der Versuche mit Atombomben, so ist dies die Morgendämmerung des Aufgehens der Sonne der Hoffnung, auf die unsere arme Menschheit ausschaut.“

Heute frage ich mich, wann der mutige Politiker und/oder der Nobelpreisträger mit dem dazu nötigen Gewicht und Mut sich aus der Asche erhebt, in Schweitzers Fußstapfen tritt und dafür plädiert, dass alle Atomwaffen vernichtet werden?

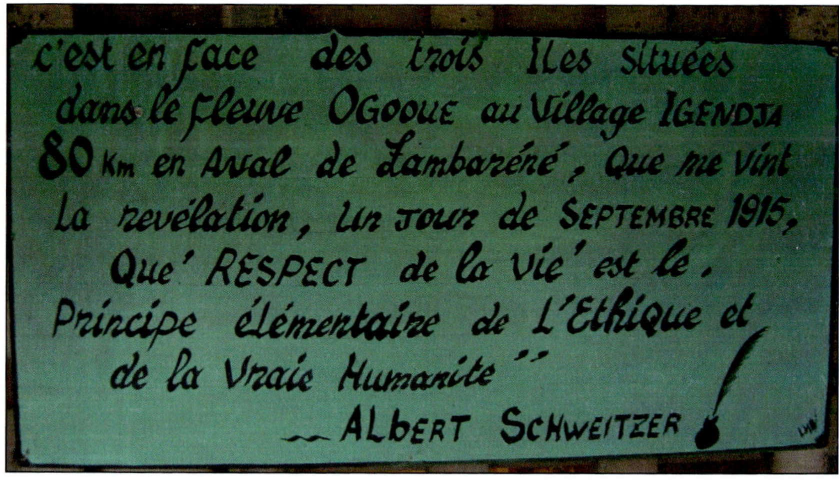

Albert-Schweitzer-Gedenktafel

Es ist hier, gegenüber den drei Inseln im Ogooué-Fluss, nahe dem Dorf IGENDJA, 80 Kilometer flussabwärts von Lambaréné, da mir an einem Tag im September 1915 die Erkenntnis kam, dass RESPEKT dem Leben gegenüber das elementare Prinzip der Ethik und der wahren Humanität ist!

Albert Schweitzer, 1875 – 1965

Zwischenspiel

Erinnerungen an meine erste Begegnung mit *Albert Schweitzer* in Lambaréné.

Juli 1995/ Gabun, Zentralafrika

Ein Tag, der ewig in meinem Gedächtnis bleiben würde, war der, an dem wir an Bord einer Transall C-160 von Libreville nach Lambaréné flogen und dort das Albert-Schweitzer-Hospital besichtigten. Da ich vor langer Zeit schon Bücher über diesen Urwalddoktor, Musiker, Theologen und Philosophen gelesen hatte, konnte ich es kaum erwarten, meinen Fuß auf diesen Ort zu setzen, an dem er gewirkt hatte. Die Stätte war eindrucksvoll. Leise, fast ehrfürchtig betraten wir hinter der einheimischen Führerin das Hospital, das einst ein Schweine- und Hühnerstall gewesen war, wie sie uns erklärte. Hier standen die alten Reagenzgläser, seine Bücher und Medikamentenschränke, seine Bilder von den Kranken, teilweise nicht schön anzusehen. Man führte uns von Raum zu Raum und immer war es, als begleitete uns sein menschlicher Geist, sein einzigartiges Genie. Ein Totenkopf, eine Schlange in Spiritus eingelegt, Korsetts aus Holz und Leder … Mir war es, als könne ich sein Orgelspiel von Johann Sebastian Bach hören! Leise, durchdringend, hinreißend!

Anderorts, mittlerweile fast schon auf jedem Kontinent, fördert man aus dem Bauch der Erde Gas, Öl und Kohle zutage. Energie, Masse also, die zu erzeugen unsere Erde Millionen von Jahren gebraucht hat, holen wir innerhalb nur eines Jahrhunderts aus ihr wieder heraus. Und natürlich stehen BP, Shell, Agip, Total & Co dafür gerade: alles ohne Folgen für unsren Planeten und seine Bewohner. Es grenzt schon fast an ein Wunder, dass man sich so weit herablässt, bei der Luftverschmutzung, welche die Verarbeitung dieser Produkte erzeugt, von einem Risiko zu sprechen. Zertifikate für *die jeweilige Menge an Luftverschmutzung* kann man sich kaufen, und so gilt: Wer ausreichend Geld hat, kann sorgenfrei die Luft verpesten.

Eines steht fest: Die Erde wird sich irgendwann rächen.

Doch derweil verhungern jährlich etwa 8,5 Millionen Menschen. An der Südostküste Sardiniens, nördlich der Stadt San Vito, sterben Kinder an Leukämie. Warum? Vermutlich weil die NATO auf ihrem größten Truppenübungsplatz in Europa, *Salto di Quirra*, unweit des Urlaubsparadieses an der *Costa Rei*, Uranmunition (mit abgereichertem Uran) verschießt. 1988 und 1989 seien hier zu Testzwecken Flugkörper des Typs *Kormoran* mit derartigen Gefechtsköpfen auf Ziele im Meeresteil des Sperrgebiets abgefeuert worden – und zwar angeblich von Tornados der deutschen Luftwaffe. Die Staatsanwaltschaft ermittelt derweil wegen fahrlässiger Tötung in gleich mehreren Fällen.

Und weil Europa sich nicht einig ist, erfrieren oder ertrinken jede Woche hunderte von Flüchtlingen im Mittelmeer. Erst kürzlich, im April 2015, sind wieder 700 Menschen ertrunken: das größte Massensterben, welches das Mittelmeer jemals erlebt hat!

Das ist die Welt, in der wir leben.

Das Leiden der Palästinenser

... oder was Günter Grass mit „Gegossenes Blei“ zu tun hat

Die Befriedigung des Hasses steht über einem verhassten Frieden.

Dr. phil. Ernst Reinhardt, Schweizer Publizist

Niemand kann das Leid des jüdischen Volkes, erfahren in der teilweise noch sehr lebendigen Vergangenheit, schmälern. Doch wir leben in der Gegenwart. In einer Zeit, in der nun ein anderes Volk sein Leiden antritt. Dieses Leid könnten wir nicht nur verringern, nein, wir sollten gar zu denen gehören, die dazu beitragen, dass es endlich ganz aufhört.

In dieser Hoffnung wählte ich folgendes Kapitel ganz bewusst aus.

Ich schreibe diese Zeilen nicht mit der Absicht, ein schlechtes Licht auf den souveränen Staat Israel und seine Bürger zu werfen, sondern um unverständliche Vorgehensweisen seiner Regierung etwas näher in den Fokus zu rücken.

Es liegt mir weiterhin fern, mich als Richter über andere Menschen und Volksgruppen aufzuschwingen, aber ich möchte gerne das ansprechen, was ich als größtes zeitgenössisches Unrecht empfinde.

Ein Unrecht, von dem ich indirekt Zeuge war.

Das Schicksal der Palästinenser!

Die prekäre Situation der Menschen im Gazastreifen sowie die von der israelischen Armee brutal und inhuman geführte Operation *Gegossenes Blei* in den Jahren 2008 und 2009 haben mich zutiefst schockiert. Bereits damals wuchs der Wunsch, mich irgendwann darüber zu äußern, jeden Tag etwas mehr. Sicher liegen diese Vorfälle in der Vergangenheit, doch sie wiederholen sich mit einer erschreckenden Regelmäßigkeit – die Operationen gegen die Palästinenser tragen nur jedes Mal einen anderen Namen.

Was das *Leid erdulden* anbelangt, so ist damit, zumindest für die Palästinenser, noch lange kein Ende in Sicht. Scheint es doch, als hätte es gerade erst richtig begonnen.

Mir geht es weiterhin darum, zu hinterfragen, wo das Recht der Völkergemeinschaft – unser aller Recht – auf volle Transparenz um das Atomwaffenarsenal eines x-beliebigen Staates unseres Planeten geblieben ist.

Oder existiert ein solches Recht prinzipiell gar nicht?

Die Frage könnte spätestens dann interessant werden, wenn es um iranische Atomwaffen geht. Diese Themen, ob die Palästinenserfrage oder Israels Atomwaffen, böten sich an, darüber zu schreiben, weil für mich drei Gegebenheiten in diesem Fall zusammenfielen beziehungsweise nicht von der Hand zu weisen sind:

(A) Ich las das Gedicht „Was gesagt werden muss" von Günter Grass, dessen Bücher in zahlreiche Sprachen übersetzt wurden, und ich machte mir darüber Gedanken. Er war ein hervorragender deutscher Schriftsteller, dessen Worte, egal zu welchem Thema er sich äußerte, durchaus Sinn machten.

(B) Ein Autor soll nicht von Dingen schreiben, die er nicht kennt und zu denen er keinen Bezug hat. Daran halte ich mich. Ich war selbst in Israel, konnte mir vor Ort ein eigenes Bild machen. Meine Position erlaubte es mir, mit wundervollen, aufrichtigen Menschen zusammenzukommen – mit einfachen Leuten, aber auch mit Schlüsselpersonen, die Israel, die palästinensischen Gebiete sowie die aktuelle Situation gut kannten. Meine Informationen stammen aus verlässlichen, bekannten Quellen und aus selbst Erlebtem.

(C) Ob die Welt in Zukunft ein friedlicher Ort zum Leben ist, entscheidet sich an drei oder vier aktuellen Krisenherden unserer Erde. Israel und der Gazastreifen bzw. die palästinensischen Gebiete gehören ganz sicher dazu. Um es mit den Worten von Schimon Peres[59] zu sagen: „Ein Frieden mit den Palästinensern wird Häfen der Ruhe rund um das Mittelmeer öffnen. Die Pflicht der Führer ist es, Freiheit unaufhörlich zu verfolgen, auch angesichts der Feindseligkeit, des Zweifels und der Enttäuschung. Stellen Sie sich vor … was sein könnte, wenn!"

Als im April 2012 das besagte Gedicht von Günter Grass (1927-2015) erschien, war ich regelrecht erstaunt über die Riesenempörung, die es weltweit auslöste. Verwundert war ich vor allem über die *Schein-Empörung* einiger Opportunisten bei uns in Deutschland. Manch einer hat somit Farbe bekannt, für andere schien das Motto für solche Fälle vorgegeben: Politische Korrektheit um jeden Preis! Mir hat dieses Verhalten bestätigt, was ich bereits wusste, nämlich dass viele Menschen zugunsten der politischen Korrektheit ihren Geist und ihre Seele verkaufen und darüber ihre tatsächlichen Meinungen verschweigen.

---

59 *Schimon Peres war von 2007 bis 2014 Staatspräsident von Israel.*

Das ist eine ängstliche Lebenseinstellung, eine, die solche Menschen wohl leider ein Leben lang dominiert. Vielleicht ist mir etwas entgangen, aber hat ein Günter Grass nicht dieselben Rechte wie jedermann? Zum Beispiel das der Meinungsfreiheit? Haben die überlaut schreienden Kritiker des Gedichtes, vor allem die, die meinten, er hätte doch besser schweigen sollen, nicht gelernt, was das Wort Toleranz Andersdenkenden gegenüber bedeutet?

Sei es!

In meinen Augen setzte der Mensch Günter Grass ein humanes, längst überfälliges Fragezeichen und wenn er in seinem Gedicht schrieb beziehungsweise forderte:

... dass eine unbehinderte und permanente Kontrolle des israelischen atomaren Potentials und der iranischen Atomanlagen durch eine internationale Instanz von den Regierungen beider Länder zugelassen wird ...

... dann war diese Forderung ganz legitim.

Die militärische Fachwelt geht davon aus, dass Israel seit langem, eventuell bereits seit Mitte 1960, über Kernwaffen verfügt. Natürlich schweigt die Regierung Israels über Umfang und technischen Stand seines Atomwaffenarsenals, und so gibt es offiziell keinerlei Bestätigung, ob der jüdische Staat tatsächlich irgendwelche Sprengköpfe hat. Niemand aber zweifelt ernsthaft daran, dass Israel sich im Laufe der Jahrzehnte zu einer festen Atommacht gemausert hat. Diesbezüglich führt die Regierung Israels die Welt an der Nase herum, lässt allenfalls vermuten, denn Transparenz in einer Strategie der Rätselhaftigkeit ist nicht erwünscht!

Anderen, ebenso souveränen Staaten, von denen man auch nur ansatzweise vermutet, sie hätten inzwischen ein nukleares Waffenarsenal oder würden mit einem solchen liebäugeln, wird gedroht – sogar mit Gewalt. Die Internationale Atomenergie-Organisation (IAEO) rückt daraufhin mit ihren kleinen Köfferchen an, sie inspiziert, sie sucht geschäftig in allen verdächtigen Ecken nach Bestätigungen, nach Belegen und nach Argumenten. Es wird protokolliert, verfasst und man legt Berichte vor. Im Falle Israels jedoch sieht jeder nur betreten weg, niemand droht, keiner inspiziert und kaum einer hinterfragt. Berichte liegen nicht vor.

Warum?

Wieso das Anwenden verschiedener Maßstäbe?

Die Frage, woher Israel sich das Recht nimmt, anderen Staaten, insbesondere dem Iran, den Besitz oder das Streben nach Kernwaffen vorzuwerfen, wenn es faktisch selbst im Besitz solcher ist, muss das Land sich durchaus gefallen lassen. Man könnte auf die iranischen Drohgebärden verweisen, auf Verbaldrohungen, Israel auszulöschen. Doch das ist relativ, allenfalls kaum ernst zu nehmen. Die Worte des ehemaligen iranischen Präsident Mahmud Ahmadinedschad[60] vom 26. Oktober 2005 in Teheran während der Konferenz *Eine Welt ohne Zionismus* übersetzten westliche Nachrichtenagenturen vermutlich nicht sinngemäß. Aus „das Besatzerregime muss Geschichte werden" wurde „Israel muss von der Landkarte radiert werden!". Der Meinung ist nicht nur die Islamwissenschaftlerin Katajun Amirpur. Sollte sie Recht haben, dann wäre der Satz beileibe keine Aufforderung zum Vernichtungskrieg, sondern die Aufforderung, die Besetzung Jerusalems zu beenden.

Und überhaupt: Es sind Worte, mehr nicht!

Die Rhetorik, eine überschwängliche Gestik und eine blumige Sprache gehören zum Bild arabischer Führer, das war immer so. Daraus jedoch Taten abzuleiten ist zwar legitim, macht aber keinen Sinn, außer man will provozieren oder sucht selbst nach Gründen, die Trommeln zu rühren. Der Iran aber will sicher keine bewaffnete Konfrontation mit Israel, auch deshalb schon nicht, weil er ganz genau weiß, was alleine der Versuch, Israel anzugreifen, zur Folge haben würde. Ich bin der Ansicht, dass wir getrost davon ausgehen können, dass der Iran auf Jahrzehnte hinweg keine Bedrohung für Israel darstellt. Israels jüngstes Säbelrasseln dient wohl eher dazu, von anderen Missständen abzulenken.

---

60 Mahmud Ahmadinedschad ist ein radikaler fundamentalistischer iranischer Politiker. Er war vom 3. August 2005 bis zum 3. August 2013 der sechste Präsident der Islamischen Republik Iran. Sein Nachfolger ist Hassan Rohani.

Zum Beispiel von der Palästinenserfrage!

Der Iran, das Gegenteil bliebe zu beweisen, hat derzeit keine Atomwaffen. Glaubt man jedoch dem Großteil der allmächtigen Medien und der gängigen Propaganda, so ist der Iran ein Schurkenstaat schlechthin. Und der stellt für die ganze Welt eine Bedrohung dar, muss präventiv angegriffen werden, am besten sofort. Israels Atomwaffen erwähnen dieselben Medien jedoch mit keinem einzigen Wort. Das ist Doppelmoral vom Feinsten, Manipulation, wie sie besser kaum machbar wäre.

Die Idee, dass es in den kommenden Monaten oder Jahren durchaus zu Operationen unter falscher Flagge kommen könnte, ist gar nicht so abwegig. Ich könnte mir eine Serie blutiger Anschläge vorstellen: zum Beispiel gegen US-Einrichtungen im Nahen Osten oder gegen die US-Flotte im Persischen Golf, die dann eine allzu klare Spur in das Land der Arier legen. Land der Arier, damit ist der Iran gemeint. Es ist die altpersische Form von Ērān-šahr, Iran.

Um es deutlicher zu formulieren: Es könnte durchaus dazu kommen, dass man dem Iran irgendwelche Attentate in die Schuhe schiebt, die jemand anderes begangen hat! Zeit also, endgültig über das Land herzufallen, derweil andere sich die Hände reiben?

Doch nicht nur dem Iran warf die Regierung Israels das Streben nach Kernwaffen vor, sondern auch Syrien oder einst dem Irak! Damals geschah, was heute, mit Blick auf den Iran, durchaus wieder vorstellbar wäre.

Israel handelte in einem Präventivschlag!

Hatte Günter Grass Unrecht, auf ein ähnliches Szenario hinzuweisen?

Sicher nicht!

In der von den Israelis im Jahr 1981 zunächst geheim geführten Operation *Opera* (auch Operation *Babylon* oder Operation *Ofra*) legten acht

F-16 Jagdbomber den irakischen Atomreaktor Tammuz-1 (Osirak[61]) in Schutt und Asche. Innerhalb von achtzig Sekunden wurden 16 Bomben des Typs MK-84 mit jeweils 900 Kilogramm Gewicht abgeworfen, woraufhin es zu gewaltigen Explosionen kam[62]. Israel brach mit diesem Angriff damals bereits ein eindeutiges Tabu.

Zehn Jahre später bombardierten auch die Amerikaner diese Anlagen mehrmals. Die Weltöffentlichkeit sollte sich nun, mit etwas Abstand, in aller Besonnenheit fragen:

> ***Welche Risiken entstehen, wenn man mit konventionellen Waffen einen Atomreaktor in die Luft sprengt?***

Atomkraftwerke, und das wissen wir seit Tschernobyl, können sehr wohl explodieren und eine Kernschmelze wäre das eventuelle Resultat. Es ist eine Sache, schnell mal ein Kernkraftwerk anzugreifen, es zu sprengen, aber wieder eine ganz andere, für die möglichen weltweiten und total unüberschaubaren Konsequenzen auch die Verantwortung zu übernehmen.

Dieser Präventivschlag gegen den Irak, der an sich auch eine Art von Terrorismus darstellt, war aber nicht nur gefährlich, sondern auch eine weitere Bestätigung dafür, dass auf internationaler Bühne stets mit verschiedenen Maßstäben gemessen wird, denn: Wie würde die Welt, ganz vorneweg die USA und Israel, denn reagieren, wenn der Iran oder Syrien ein amerikanisches oder ein israelisches Kraftwerk angreift? Man würde dem betreffenden Land wohl einen gnadenlosen Krieg erklären und diesen auch bis zum bitteren Ende führen. Kein Stein würde dort mehr auf dem anderen bleiben!

Retrospektiv hat diese Aktion Israel aber wohl eher geschadet, als dass sie von Nutzen war, denn vorher untereinander über die Israelfrage zer-

---

61 „Ohh-Chirac", der Ironie halber, für Eingeweihte. Es war der französische Präsident Chirac, der beschloss, dem Irak das Wissen um die Nukleartechnik auszuhändigen. Der Franzose Damien Chaussepied, Ingenieur und Nuklear-Techniker am Projekt, kam bei dem israelischen Angriff ums Leben. Man sagt ihm nach, er habe für den israelischen Geheimdienst Mossad gearbeitet. Was dagegen spricht, war seine Präsenz vor Ort während der Luftschläge.

62 Einer der Piloten, Ilan Ramon, wurde später der erste israelische Astronaut. Er starb im Februar 2003 an Bord der Columbia Space Shuttle. Auch Iftach Spector, über den ich später im Text noch berichte, nahm an der Operation teil.

strittene arabische Staaten bekamen plötzlich wieder ein klares und, was noch eine viel größere Bedeutung hat, ein gemeinsames Feindbild.

Politiker rücken sich mit ihrem Handeln in die Aufmerksamkeit der Öffentlichkeit. Ihre Taten können Vorbild oder abschreckendes Beispiel sein. Wenn es nur eine kleine Handvoll Staaten auf der Erde gäbe, die in der Vorgehensweise der israelischen Regierung ein nachzuahmendes Vorbild sehen und bei hypothetischen Bedrohungen auf eigene Faust vermutliche nukleare Einrichtungen anderer Länder angreifen, dann würde die Welt unweigerlich im atomaren Chaos versinken.

Im Jahr 2007 führte Israel eine weitere, ähnliche Operation mit dem Decknamen *Orchard* durch. Dass vermeintliche Ziel war dieses Mal ein syrischer Kernreaktor in der Anlage bei *Dair az-Zaur* im Osten des Landes. Vier F-16 und vier F-15 Kampfflugzeuge drangen am 06. September 2007 in den syrischen Luftraum ein, warfen ihre zweieinhalb Tonnen schweren lasergesteuerten Bomben ab und verschossen Flugkörper vom Typ AGM-65 Maverick. Hierbei handelt es sich um Luft-Boden-Raketen für die Nahunterstützung und die Panzerabwehr. Sie sind ausgestattet mit einem elektro-optischen Lenksystem. Auch die Bundeswehr benutzt sie. Insgesamt 17 Tonnen Sprengstoff zerstörten das Ziel. Auch dieser Angriff war ein eindeutiger Verstoß gegen bestehendes internationales Recht, doch nicht nur das. Er war auch ein *Infragestellen* des Stellenwertes, der Existenz und der Fähigkeiten der Internationalen Atomenergiebehörde, für die Israels eigenmächtiges Vorgehen wie eine Demütigung, wie ein Schlag ins Gesicht gewesen sein muss.

„Die internationale Atomenergiebehörde …“

- Wem nützt die von uns ins Leben gerufene Atomenergiebehörde, wenn man ihr Wirken einfach umgeht und ihr kein Vertrauen schenkt?

- Warum dieselbe, ob dieser ostentativen Ignoranz, nicht gleich ganz abschaffen?

- Warum Rüstungskontrollen ins Leben rufen, wenn die Staaten nach eigenem Gutdünken handeln?

Nun könnte man dagegen argumentieren, dass Israel den Atomwaffensperrvertrag nicht unterzeichnet hat und, mit Ausnahme einer kleinen Forschungseinrichtung, seine Nuklearanlagen nicht der Kontrolle der Internationalen Atomenergiebehörde unterliegen. Müsste aber nicht gerade Israel, eben weil sein Atomwaffenarsenal offiziell gar nicht existiert, Unterzeichner dieses Vertrages werden? Das wäre dann doch das Zeichen, auf das die ganze Welt wartet. Das Land würde sich mit einem solchen Schritt an unausgesprochene Regeln halten, die für alle gelten. Doch wie auch immer, Israels Regierung wählt die Optionen Nichtmitgliedschaft und Schweigen. Sie zeigt dadurch ihre Bereitschaft, eine atomare Abrüstung keinesfalls in Betracht zu ziehen, und signalisiert in Konsequenz dessen, dass sie gegebenenfalls anderen Staaten bei der Entwicklung von Atomwaffen helfen würde. Genau das sind die groben Richtlinien des Atomwaffensperrvertrages. Das Abkommen soll sicherstellen, dass Nuklearwaffen nicht verbreitet werden, und fordert die Atommächte gleichzeitig zur Abrüstung auf.

Israel gilt heute als die einzige Atommacht im Nahen Osten. Als verspätete offizielle Atommacht könnte das Land dem Sperrvertrag jedoch immer noch beitreten, die Vorteile lägen auf der Hand. Jeder Zweifel wäre dann beseitigt, die Abschreckung garantiert, der erhobene Finger in Richtung Libanon, Jordanien, Iran, Syrien und Ägypten sowie an die gesamte arabische Welt würde eindeutig zur Kenntnis genommen werden. Auch die Chemiewaffenkonvention, von 193 Ländern anerkannt, wurde von Israel noch nicht ratifiziert.

Verschwiegene Fakten und erhabene Ambiguität, unter anderem aus diesen Gründen wird Israel immer ein Stück von einem möglichen Frieden, nach dem es sich doch so sehnt, entfernt sein.

Nun, die Angriffe auf vermutliche Kernreaktoren in Syrien und im Irak gingen glimpflich aus. Ganz anders würde es sich jedoch verhalten, wenn Israel heute den Iran angriffe. Die Konsequenzen wären verheerend! Israel würde sich vor Terror-Anschlägen kaum mehr retten können; von einem Gegenschlag Irans, in welcher Form auch immer, ganz zu schweigen. Es täten sich *Fronten* auf, die das Land kaum mehr überschauen, geschweige denn alleine bewältigen könnte. Ob die heftig umstrittenen Siedlungen (in besetzten Gebieten) dann noch zu halten wären?

Ich glaube es nicht!

Die Realität hätte Israel definitiv eingeholt. Doch wenn es nur das wäre. Ich fürchte, auch wir Deutschen würden dann, gegebenenfalls, von unserer grundfalschen Israelpolitik eingeholt werden.

Erstaunlich ist auch, warum Israel allgemein immer noch ein absolutes *Tabuthema* ist, das, schneidet jemand es dennoch mit einem kaum spürbaren Hauch von Kritik an, stets negative Konsequenzen generiert. Dem bedauernswerten Politiker, der unvorsichtigen Redaktion, dem mutigen Journalisten oder den rebellischen Autoren droht gegebenenfalls nichts weniger als die Antisemiten-Schelte. Die Frage, warum dies so ist, sollten wir uns zunächst selbst stellen, die Antwort dafür aber nicht mehr nur in der Vergangenheit, sondern in der Gegenwart suchen. Die Rede ist hier nicht vom Vergessen, denn das ist unmöglich. Vielmehr spreche ich vom Voranschreiten.

Ist die Welt generell und sind wir Deutschen im Speziellen, was Israel betrifft, auf ewig befangen?

An wie viele Generationen wollen wir unsere Schuldgefühle und die „historische Verantwortung" noch weitergeben und aus dieser Schuld oder Verantwortung heraus über das Unrecht, das die Politiker Israels anderen widerfahren lassen, hinwegsehen?

Nutzt Israel unser Schuld-Verhalten für seine politischen Zwecke aus?

Ist unser Schuld-Verhalten insofern moralisch überhaupt noch tragbar?
Ja, das wäre es!

Aber nur dann, wenn Israel Gerechtigkeit walten lassen und wenn es anderen Nationen auch den Respekt zollen würde, den es selbst für sich in Anspruch nimmt. Doch davon ist Medinat *Jisra'el* noch weit entfernt.

JERUSALEM / GAZA

Alle Menschen sind gleich! Sie gehen, wenn sie geboren werden, mit denselben Voraussetzungen an den Start ins Leben. Sie bekommen Chancen, ihnen öffnen sich im Laufe der Kindheit und Jugend Perspektiven, und es kommt nur darauf an, wie sie diese Chancen nutzen. Die Kinder in Gaza jedoch haben null Perspektive, keiner gibt ihnen je eine Chance, höchstens die auf einen frühen Tod, die des Kampfes ohne Ende.

Ende des Jahres 2008, Beginn 2009 arbeitete ich auf dem *French Hill*, einem Quartier im Osten der Stadt. Mein europäisches Team und die unter Vertrag stehenden Palästinenser bewachten das European Commission Technical Assistance Office, kurz ECTAO, rund um die Uhr. Ich war nur einige Wochen in Jerusalem, fand aber dennoch binnen kurzer Zeit palästinensische sowie jüdische Freunde, hatte Augen und Ohren weit offen und den Notizblock für private Aufzeichnungen stets bei der Hand. In Erinnerung blieb mir zunächst ... *eine hässliche Mauer!* Diese Mauer, Teil der West Bank Barrier (Separation Wall), ist sechs bis acht Meter hoch und an dieser Stelle in Ostjerusalem aus grauem Beton.

Israelische Sperranlagen – hier als Mauer.
Das Wort Mauer ist in Israel tabu. Man spricht vielmehr von einer Schutzumzäunung.

Drumherum ein schönes Land mit sanften weichen Hügeln, einer biblisch anmutenden Altstadt und mit klugen Menschen. Eines aber, in dem die Palästinenser wie Personen dritter Klasse behandelt werden. Unzumutbare Schikanen an den Check Points, insbesondere an den Hotspots *Beit Eil, Baytunya* und *Qalandria*. Es sind Checkpoints in der West Bank (Westjordanland) zwischen Ramallah und Jerusalem, die allen anderen auf triste Weise ähneln: Stacheldrähte, Wachtürme, Mauern aus Beton, kaum ein freundliches Wort. Es gibt grüne Busse nur für Palästinenser und Züge, die in einigen palästinensischen Orten nicht anhalten. Zum Alltag der Palästinenser gehören harsche, willkürliche Personenkontrollen am Damaskus-Tor, in der alten Stadt und am Tempelberg. Die Israelis, das sollte man doch meinen, sind in einer weit überlegenen, dominanten Position. Sie könnten es sich daher leisten, freundlich, hilfsbereit und menschlich zu sein. Doch Freundlichkeit ist ein Fremdwort, Menschlichkeit findet nicht statt. Ja, und wie gesagt gab es diese Mauer – eine Mauer zwischen Menschen –, auf der in großen, imaginären Buchstaben *Diskriminierung* stand!

Wenn ich so durch die Stadt zur Arbeit schlenderte, drängte sich mir unwillkürlich der Begriff *Apartheid* auf, und wenn ich nach anderen Vergleichen suchte, kam mir die Trennung von schwarzen und weißen Menschen (Rassentrennung) in öffentlichen Schulen und Bussen sowie an Stränden etc. in den USA und Südafrika von einst in den Sinn. Ich hatte sie nie selbst erlebt, konnte aber sehr gut erahnen, wie sie sich anfühlt.

> ***Laufen wir Menschen anstatt vorwärts alle rückwärts, dekadent, in die Zukunft?***

Und ich ertappte mich mehr als einmal dabei, dass ich mir Fragen stellte wie:

> ***Was, wenn es keine Medien, keine öffentliche Aufmerksamkeit, nicht den öffentlichen Fokus gäbe? Wie würde Israel dann die Palästinenser-Frage angehen?***

Die Antwort darauf möchte ich gar nicht wissen.

Am 27. Dezember 2008 schlossen kurz nach Mittag plötzlich alle Läden der Innenstadt, was für diese Zeit mehr als ungewöhnlich war. Am Abend, gegen 17 Uhr, kam es zu heftigen Demonstrationen auf dem geschichtsträchtigen M*ount of Olives* (Olivenberg) und kurz darauf zu heftigen Ausschreitungen in den Stadtteilen *Silwan* und *Isawiah.* In der Zahra Straße brannten zahlreiche Feuer, es waren in aller Eile errichtete Checkpoints, an denen Autoreifen angezündet wurden, und selbst Mülleimer brannten teilweise! Nur einen Steinwurf von meiner Unterkunft entfernt warfen palästinensische Jugendliche mit Steinen auf schwerbewaffnete israelische Soldaten. Hubschrauber schwebten plötzlich in der Luft. Wieder eine Stunde später kam es zu heftigen Demonstrationen an den Checkpoints *Beit Eil* und *Qalandria*, es roch nach CS Gas und nach unverhohlener Wut.

Israel hatte den Gazastreifen angegriffen!

Es ist ein Vergeltungsschlag ohne jegliche Vorwarnung. Ziel der Operation Gegossenes Blei war das Ende des Raketenbeschusses durch bewaffnete, mit der Hamas assoziierte und andere palästinensische Gruppen auf Israel.

Am Tag darauf konnte man in *Abu Tor* imposante Polizeikräfte ausmachen, der Grund blieb mir jedoch verborgen. In Niilin, einem Dorf westlich von Ramallah, erschossen israelische Soldaten derweil einen 22-jährigen Palästinenser. Allen Berichten nach erhielt er eine Kugel in den Rücken, als er unbewaffnet gegen den Angriff auf Gaza demonstrierte.

Während ich mich noch in Jerusalem aufhielt, begann am 27. Dezember 2008 die Operation *Gegossenes Blei* (Cast Lead). Ihr war eine monatelange Blockade vorausgegangen, welche die zivile Population im Gazastreifen ohne nennenswerte Ressourcen gerade so am Leben ließ: Die Männer hatten keine Arbeit mehr, es gab kaum Lebensmittel in den wenigen Supermärkten, kaum Trinkwasser, wenig Medikamente in den Krankenhäusern! Die Luftangriffe, an denen mehr als 60 Kampfflugzeuge und Kampfhubschrauber teilnahmen und bei denen etwa 100 Tonnen Bomben über dem Gazastreifen abgeworfen wurden, waren sehr intensiv und trafen die Bevölkerung umso mehr, da die Operation ohne

Vorwarnung kam. Ziel dieser war es, die Infrastruktur der Hamas[63] (und die anderer Gruppen) zu schwächen und die Raketenbasen, Munitionslager sowie die Schmuggler-Tunnels, die Gaza mit Sinai verbanden, zu zerstören. Doch die Bomben waren dieses Mal blind: Die Zivilbevölkerung befand sich in einem Feuerinferno apokalyptischen Ausmaßes, sie war dem israelischen Stahlgewitter ungeschützt ausgeliefert. Frauen und Kinder, die sich vor dem tödlichen Feuer aus der Luft über die nahe Grenze nach Ägypten in Sicherheit bringen wollten, wurden von ägyptischen Sicherheitskräften zurückgedrängt und beschossen.

Ich selber bin ein alter Soldat, habe an einigen scharfen und an zahlreichen humanitären Einsätzen teilgenommen. Als ich jedoch die Bilder sah, die direkt täglich von Gaza zu uns kamen, war selbst ich geschockt. Für mich hatte das mit Krieg nichts mehr zu tun, denn Krieg ist immer auch eine Sache der Ehre! Er spielt sich, so unsinnig dies auch klingen mag, auf menschlichen „*Ebenen*" ab, von Gleich zu Gleich, von Soldat zu Soldat, von Armee zu Armee, dann aber auch oft unbarmherzig.

Hier aber, bei der Operation *Gegossenes Blei*, gab es diese Ebene nicht, hier war mehr im Spiel: Blinde Zerstörungswut und bloße Menschenverachtung! Es sah aus, als wollte man ein ganzes Volk vernichten, zumindest aber ein äußerst blutiges Exempel der Macht statuieren.

Ich erinnere mich, dass ich damals gedacht hatte, dass gerade das jüdische Volk doch aus der Geschichte gelernt haben müsste und dass sie die Garanten dafür sein könnten, dass nie wieder Unrecht geschieht!

Die schweren Bombardements hatten eine gewaltige humanitäre Krise ausgelöst, denn unter den zerstörten Zielen waren allgemeine Verkehrswege, von Zivilisten genutzte Wasserspeicher, Stromtransformatoren, Energieanlagen und zahlreiche zivile Warenhäuser. Abertausende von

---

63 *Zweig der Muslimbrüderschaft, der den Gazastreifen seit dem Kampf um Gaza im Juni 2007 regiert. Die Hamas gilt als Terrororganisation und wird juristisch von der Europäischen Union, den Vereinigten Staaten, Israel und anderen, auch arabisch-muslimischen, Staaten als terroristische Vereinigung definiert. Einige Staaten und Organisationen teilen diese Einschätzung nicht. Aufgrund verfahrensrechtlich unzureichender Belege wies der Europäische Gerichtshof in einem Urteil vom 17. Dezember 2014 die Europäische Union an, die Hamas nicht mehr in der Liste der terroristischen Organisationen zu führen. (Wikipedia)*

Familien mussten die umkämpften Gebiete verlassen. Tausende von Häusern wurden zerstört, darunter auch Schulen und Kindergärten.

Insgesamt 18 Schulen und 8 Kindergärten! [64]

Aber noch schlimmer: Die Würde eines ganzen Volkes wurde mit Füßen getreten!

Ist die Menschenwürde nicht unser aller oberstes Gut?

Unmittelbar vor der imminenten Bodenoffensive intensivierte die israelische Luftwaffe ihre Angriffe. Ein wahrer Stahlregen ging auf den dicht besiedelten Gazastreifen nieder. Einige Tage später, ab dem 03. Januar (04. Januar für einige Medien), rückten israelische Bodentruppen in den Gazastreifen ein.

Zwei Tage später schlugen Raketen vom Typ Katjuscha (Stalinorgel) auf (nord-)israelischen Boden. Da der Gazastreifen zu weit entfernt war, gingen die Israelis davon aus, dass die Hisbollah sich in den Krieg eingemischt hatte, was diesem eine ganz neue Dimension verlieh. Die israelischen Streitkräfte reagierten umgehend, indem sie Ziele im Libanon unter Beschuss nahmen.

Mein Chef, Christian Berger, der *Head of Delegation* der Europäischen Kommission in Jerusalem und Leiter des ECTAO, war derweil ständig in Kontakt mit den palästinensischen sowie mit den israelischen Autoritäten. Es gab Aufklärungsbedarf, sei es um die angeblichen *Unfälle* bezüglich des Beschusses der IDF (Israelische Streitkräfte), eine UN-Basis im Gazastreifen oder um den letzten (zu der Zeit noch nicht bestätigten) Angriff auf einen Konvoi der UN in Gaza Stadt. Und natürlich ging es darum, die Israelis davon zu überzeugen, dass UN-Hilfskonvois am besten täglich unbehindert in den Gazastreifen hinein- und wieder herausfahren konnten. Doch zu diesem Zeitpunkt schien es tatsächlich so, dass selbst der UN die Hände gebunden waren. Israel ließ sich weder in die Karten schauen, noch war das Land in diesen Tagen zu allzu großen Zugeständnissen bereit. Im Rahmen dieses Ambientes nahmen

---

64 Quelle: IMEU, Institute for Middle East Understanding/Operation Cast Lead / http://imeu.org

mein Stellvertreter und ich am 04. Januar 2009 an einem Meeting in der *Mukata* teil.

Die *Mukata*, einst Arafats legendäres Hauptquartier in Ramallah, heute Sitz der palästinensischen Autoritäten (*Palästinensische Autonomiebehörde*), ist ein Ort, der mir von Beginn an Ehrfurcht einflößte. Ich sah hohe, stacheldrahtgekrönte Mauern, gut getarnte, für das ungeübte Auge kaum sichtbare Scharfschützen und Maschinengewehrstellungen, geschäftige

Jassir Arafat
In der Tat handelt es sich um ein Poster, das mir ein Offizier in der Mukata gegeben hat.

Männer mit Anzug und Krawatte, die Stirn bedeckt mit dem traditionellen schwarzweißen *Kufiya*, und bis an die Zähne bewaffnete Araber.

Als die Mukata (Muqāṭaʿa) im September 2002 von Panzern und Bulldozern der Israel Defense Forces (IDF) zerstört und Jassir Arafat unter „Hausarrest" gestellt wurde, sagte UN-Sondergesandter Terje Rød-Larsen:

Wir bewegen uns in die Richtung einer Staatszerstörung, nicht in die einer Staatsgründung. Die Zerstörung der Mukata und Arafats quasi Hausarrest bedeuten den Tod der Hoffnung für einen palästinensischen Staat.

Als Arafat Mitte September 2004 unter nie geklärten Umständen starb, beschlossen die palästinensischen Behörden (auch um Arafats letztem Wunsch zu entsprechen), dass er in Jerusalem im *Dome oft the Rock* (Felsendom) begraben werden sollte. Doch Ariel Sharon wollte das niemals zulassen: „In Jerusalem liegen jüdische Könige begraben, keine arabischen Terroristen", sagte die israelische Regierung. Und so wurde er bis 2007 in den Mauern der Mukata beigesetzt.

Vielleicht ist es für den Leser interessant, zu wissen, dass es ein Kommando CRAP (Commandos de recherche et d'action en profondeur, Spezialeinheit der Fallschirmjäger der Fremdenlegion) war, das Jassir Arafat im Jahr 1982 aus der von den israelischen Streitkräften belagerten Stadt Beirut herauseskortierte. Es handelte sich um die Operation „Epaulard". Unterstützt wurden sie dabei unter anderem von der 1. und 3. Kompanie des 2[e] REP, zu dem ich fünf Jahre später von Französisch Guyana kommend stoßen sollte.

Was mir auffiel, waren die hohen Decken in warmen, weiten Räumen der Mukata, durch die in diesen Stunden jedoch der frostige Wind des Entsetzens wehte. Ziel des Treffens war es, zusammen mit Vertretern der *Troika* und den Palästinensischen Autoritäten (PA), das Protokoll sowie das Programm (Ablauf, Sicherheit, wer macht was, wann, wo und mit welchen Mitteln) für das Erscheinen von EU-Außenkommissarin Benita Ferrero-Waldner, EU-Chefdiplomat Javier Solana, den Außenministern Schwedens (Carl Bildt) und Tschechiens (Karel Schwarzen-

Fremdenlegionäre des 2e REP eskortieren Kämpfer der PLO und Jassir Arafat aus der von Israelis belagerten libanesischen Stadt Beirut 1982.
Bildmitte: Jassir Arafat
(© ECPAD/France/1982/Roch, François-Xavier)

Mauer bei Beit Eil/Ramallah, in der Bildmitte EU-Chefdiplomat Javier Solana.

berg) sowie von Frankreichs Außenminister Bernard Kouchner zu koordinieren, wobei für mich natürlich die Sicherheit unserer Schutzperson am wichtigsten war.

Der Wortführer des Treffens war Colonel Jihad, ein hoher Beamter der Palästinensischen Autorität, der Koordinator für die Europäer war Ivo Sahavy (Vertreter der Tschechischen Republik). Ich sah auf den Gesichtern aller das hohe Maß an Betroffenheit, Bestürzung und Unglauben, die das Vorgehen der israelischen Armee bis zu diesem Zeitpunkt hervorgerufen hatte. Das spiegelte sich auch in anschließenden, zahlreichen Einzelgesprächen wider. Doch noch war kein Ende in Sicht, hatte die Bodenoffensive doch gerade erst begonnen. Die West Bank (Westjordanland, auch *Cisjordanien*) wurde während dieser Zeit, und auch danach, gleich mehrmals und für die Dauer von einigen Stunden bis hin zu einigen Tagen vollständig geschlossen. Die dort lebenden Palästinenser standen quasi unter Hausarrest, eigentlich war es eine Quarantäne.

Eingesperrt!

Am frühen Morgen des 05. Januar setzte, aus Brüssel kommend, eine Maschine in Tel Aviv auf. An Bord: die Außenkommissarin Benita Ferrero-Waldner. Zusammen mit dem Missionsleiter des ECTAO fuhren wir sie direkt nach Jerusalem und einige Stunden später, gemeinsam mit der tschechischen Delegation, zum Beitunia Checkpoint, der wie eine Festung anmutete.

An diesem Ort, bar menschlicher Wärme, trafen wir uns mit allen anderen Parteien und bildeten einen Riesen-Konvoi, der sich nach Ramallah auf- und davonmachte. Dort ging es mit Teilen der Delegation direkt zur Residenz des Ministerpräsidenten der palästinensischen Autonomiegebiete *Fayyad* und später zu einem gemeinsamen Treffen mit Mahmud Abbas in die Mukata.

Doch nun zurück in den Gazastreifen.

Bereits ab dem 08. Januar waren 80 Prozent der Palästinenser von humanitärer Hilfe von außen abhängig, eigene Mittel gab es nicht mehr.

Berichten der *United Nations Relief and Works Agency for Palestine Refugees in the Near East* (UNRWA – UN-Flüchtlingshilfswerk für Palästinaflüchtlinge) zufolge beschossen die IDF dreizehn Tage nach dem Beginn des Konfliktes, und während eines dreistündigen *humanitären Waffenstillstandes*, einen Konvoi der Vereinten Nationen. Ein Mitarbeiter der UNRWA kam dabei ums Leben, zwei weitere wurden verletzt[65]. Am selben Tag begleiteten zwei UN-Fahrzeuge eine Ambulanz durch Gaza-Stadt, um Tote abzuholen. Dies geschah während einer humanitären Feuerpause. Auch dieser Konvoi wurde unter Feuer genommen.

Von IDF-Bomben zerstörte UN-Fahrzeuge in Gaza.

65 *Quelle: United Nations – Office for the Coordination of Humanitarian Affairs – www.ochaopt.org*

Zerstörtes Beit Hanoun: kein Stein mehr auf dem anderen …

… und sprachlose Menschen!

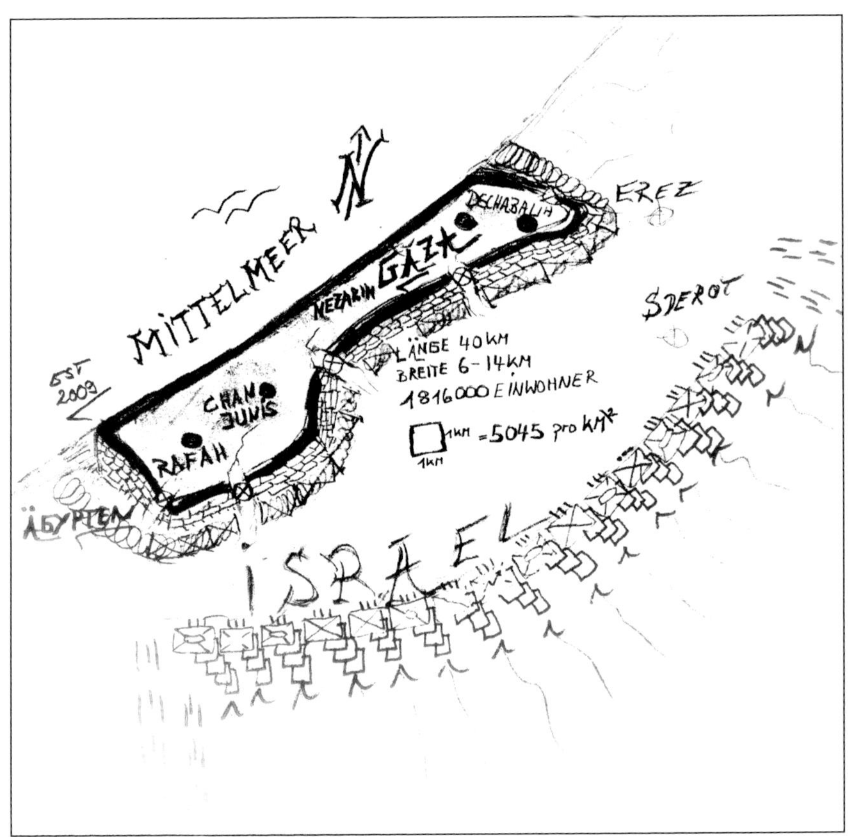

Gazastreifen

... ein trauriger Flecken Erde – und zugleich das größte Open Air Gefängnis der Welt! 40 Kilometer lang, sechs bis 14 Kilometer breit, bestehend hauptsächlich aus Sand und Dünen. Auf einer Fläche von 360 km^2 – das entspricht etwa der Fläche der Stadt Bremen, und dort leben nur etwa eine halbe Million Menschen – rund 1,816 Million Einwohner (zwei Drittel davon sind Flüchtlinge), 5.045 Einwohner pro km^2. Die Landesgrenzen sind von einem Zaun umgeben, der Seeweg wird von den israelischen Behörden systematisch blockiert. Alle Grenzen, bis zu Ägypten hin, sind unter israelischer Kontrolle.

Ich fand diese Operationen alles andere als verhältnismäßig, denn man schoss buchstäblich mit Kanonen auf Spatzen! Fakt war, dass die

Hamas im Monat Dezember 2008 viel mehr Qassam Raketen auf Israel abgefeuert hatte, als in den Monaten zuvor. Die Qassam Rakete ist ein von der Hamas entwickelter Boden-Boden-Flugkörper mit einer durchschnittlichen Reichweite von 20 km. Diese Raketen sind „artisanaler“ (handgemachter) Herstellung, werden weder laser- noch drahtgesteuert und sind somit ohne aktive Leitsysteme. Sie machen es dem Benutzer unmöglich, ein spezielles, gut definiertes Ziel anzuvisieren, geschweige denn dieses mit Präzision zu treffen. Diese Raketen fallen am Ende ihrer ballistischen Flugbahn einfach zu Boden und richten kaum Schaden an. Andererseits sind sie natürlich höchst gefährlich, wenn sie zufällig in eine Menschenmenge oder in der unmittelbaren Nähe von Menschen einschlagen.

Ich halte es an dieser Stelle für erwähnenswert, dass zumindest damals keine der großen Städte Israels innerhalb der Reichweite des Raketenarsenals der Hamas lag. Selbst die Fadschr-3 Raketen, Ursprung Iran, Reichweite 45 km, über welche die Hamas angeblich damals bereits verfügte, konnten weder Tel Aviv noch Jerusalem erreichen. Ich hasse es, über Menschenopfer in Verbindung mit Zahlen zu reden, denn es steckt hinter jedem verstorbenen Menschen eine unvollendete Geschichte, ein zerstörter Traum, immer aber ein nicht erfülltes Lebenswerk. In diesem Falle jedoch ist es notwendig:

Im Laufe des Jahres 2008 kamen durch die Raketenangriffe der Hamas acht Israelis ums Leben. Bei der im Gegenzug eingeleiteten israelischen Offensive Gegossenes Blei starben jedoch mehr als 1.400 Palästinenser.

> ***Stellen wir uns eine schlichte Gegenfrage: Wie würde die Weltöffentlichkeit reagieren, wenn die Palästinenser 1.400 israelische Bürger töten würden?***
> ***Richtig! Einige würde den Gazastreifen dem Erdboden gleichmachen!***

Mehrere Quellen bestätigen die genannten Zahlen, auch Al-Haq. Dabei handelt es sich um eine unabhängige Menschenrechts-Organisation mit Sitz in Ramallah. Laut Al-Haq waren 83 % der getöteten Palästinenser Zivilisten. Diese Zahlen werden von der israelischen Menschenrechtsgruppe B'Tselem und der UNRWA in etwa bestätigt. Diese Einrichtung leistet ausschließlich für die inzwischen über 4,8 Millionen palästinensischen Flüchtlinge in Jordanien, Syrien, dem Libanon, im Westjordanland und dem Gazastreifen Hilfe. Diese Hilfe erfolgt hauptsächlich in den Bereichen Bildung, Gesundheit, soziale Dienstleistungen sowie Notfall-Fürsorge. B'Tselem wurde 1989 von prominenten Akademikern, Mitgliedern der Knesset (Einkammerparlament des Staates Israel, das sich aus 120 Abgeordneten zusammensetzt), sowie von renommierten Rechtsanwälten gegründet. Schenkt man Al-Haq Glauben, dann starben während *Gegossenes Blei* 1.172 Nichtkombattanten, darunter 342 Kinder und 111 Frauen. Israel bestreitet vehement und legt andere Zahlen vor. Nach Israels MFA (Ministry of Foreign Affairs, Außenministerium) gab es 1.166 Opfer, darunter 295 nichtkombattante Zivilisten, davon allein 89 Kinder. Im Gesamtbild, und wenn man „nur" die Zahlen der israelischen Behörden berücksichtigt, wären das 25 % zivile Opfer: Auch das wäre schon enorm!

Wem sollen wir nun Glauben schenken?

Ich denke, denen, die sich physisch vor Ort und auf täglicher Basis mit den Opfern auseinandersetzen mussten, und ich fürchte, das waren zivile Helfer, die UNRWA, das Internationale Rote Kreuz sowie palästinensische Ärzte und Krankenpfleger. Eine tatsächliche Opfer-Bilanz kann anders gar nicht gezogen werden und wenn, dann könnten dies, den praktisch-nachvollziehbaren Umständen entsprechend, nur die Palästinenser.

Weiter bestehen bleibt auch die Frage nach dem Einsatz verbotener Substanzen. Setzte die israelische Luftwaffe *weißen Phosphor* ein? Amnesty International ist sehr formell: Ja, nach ihren Informationen wurde weißer Phosphor eingesetzt! Auch in Gaza-Stadt! Es ist höchstwahrscheinlich, dass selbst die Krankenhäuser *Al-Quds* und *Al-Wafa* sowie eine UN-Unterkunft in Gaza-Stadt mit diesen tödlichen Substanzen beschossen worden sind[66]. Weißer Phosphor, und das muss man wissen, ist – ähnlich wie Napalm – eine hoch brennbare Substanz. Trotz

---

66 *Quelle: IMEU, Institute for Middle East Understanding – Operation Cast Lead / http:// imeu.org*

angeordneter Untersuchungen konnte Israel diese Vorwürfe nicht aus der Welt schaffen, ließ gar hören, *dass der Einsatz von weißem Phosphor an sich nicht gesetzeswidrig sei*, was gegebenenfalls bereits eine Bestätigung des Einsatzes dieser Substanz ist. Diverse Augenzeugenberichte, Satellitenfotos, Berichte der israelischen Streitkräfte selbst, Art der Verletzungen, Spuren am Boden, Aufnahmen, die während des Einsatzes geschossen wurden, und sogar Seriennummern der Geschosshülsen ... alles spricht dafür, dass weißer Phosphor wiederholt und wahllos auch über dicht besiedeltem Gebiet abgefeuert wurde[67].

Gaza-Stadt – palästinensische Ärzte zeigen Beweise dafür, dass die Munition weißen Phosphor enthält. Das Bild entstand vor dem Al Shifa Hospital nach den Angriffen in Gaza-Stadt am 16. Januar 2009.
(© picture-alliance/ dpa Fotograf: UPPA Mahmud Nassar)

Auch der norwegische Arzt Mads Gilbert, der für das *Norwegian Aid Committee* am *Al Shifa* Hospital arbeitete und der somit als einer der wenigen – es waren nur zwei – westlichen Ärzte den Israelis durch die Netze geschlüpft war, bestätigte den Einsatz von weißem Phosphor.

---

67 *Auch die Amerikaner setzten im Irakkrieg weißen Phosphor ein. Weder sie noch die Israelis hatten das erste Zusatzprotokoll (insbesondere den Artikel 35 des ersten Zusatzprotokolls der Genfer Konvention, 1977), welches die Anwendung solcher Mittel verbietet, unterschrieben.*

Dies tat er in zahlreichen wissenschaftlichen Berichten und in seinem im September 2010 erschienenen Buch „Eyes in Gaza". Co-Autor dieses Buches war Erik Fosse, ein Kollege. Innerhalb von nur zwei Wochen führten die beiden Ärzte 270 Operationen durch, mussten unter anderem 53 Mal amputieren. Gilbert und Fosse bestätigen die Zahl von 300 getöteten Kindern während der israelischen Angriffe. Kinder, deren einziges Verbrechen es war, als Palästinenser auf die Welt gekommen zu sein.

Die Empörung darüber, vor allem in Europa und bei uns in Deutschland, hielt sich damals in Grenzen. Auch heute noch halten viele den Einsatz von weißem Phosphor nur für *Propaganda*, vor allem diejenigen, die nur das sehen und hören wollen, was in ihr Bild vom *sauberen* Gaza-Krieg passt. Vermutlich sind es dieselben, die mit ihrem viel zu schnellen Urteil Günter Grass einen Antisemiten nannten. Grass hatte uns in recht spektakulärer, aber auch verständlicher Weise zu einer sinnvollen und längst überfälligen Diskussion eingeladen. Zu einer Diskussion, die vielleicht auch darauf abzielte, zu vermeiden, dass wir Deutschen noch mehr Schuld auf unsere Schultern luden, die dann *„das Gewicht zu viel"* gewesen wäre.

Israel verwehrte Journalisten den Zugang zum Gazastreifen, was eine unabhängige Berichterstattung über den Konflikt unmöglich machte, und selbst Menschenrechtsorganisationen wie Amnesty International, Human Rights Watch oder B'Tselem wurde der Zugang in den Gazastreifen verwehrt. Erst in den letzten Tagen der Operation, ab dem 17. Januar 2009, lockerte zumindest Ägypten die Off-Limits-Regel. Aus Berichten, die Amnesty International vorlegte, geht auch hervor, dass israelische Soldaten Zivilisten dazu gezwungen hätten, an ihrer Stelle Objekte zu inspizieren, um zu sehen, ob diese nicht mit versteckten Sprengfallen versehen waren. Weiterhin soll es zu Situationen gekommen sein, in denen israelische Soldaten direkt auf (nichtkombattante) Frauen und Kinder geschossen haben[68]. Es gilt auch als sicher, dass Ägypten sowie Israel während der Dauer der Operation *Gegossenes Blei* die Grenzen geschlossen gehalten, es so den Zivilisten unmöglich gemacht hatten, den Kämpfen zu entfliehen.

---

68 Siehe dazu: Interne Ermittlungen des israelischen Militärs unzureichend –www.hrw.org

Auch das war eine menschenunwürdige „kollektive Bestrafung“!

Per Radio, per Telefon und mittels abgeworfener Flugblätter wurde die palästinensische Bevölkerung mehrmals dazu aufgefordert, ihre Häuser zu verlassen, doch gab es, außer in den Häusern selber, nirgends Schutz. Diejenigen, welche die Häuser verließen, waren oft Ziel israelischer Scharfschützen oder aus der Ferne abgefeuerter Panzergranaten. Zwischen den Aufforderungen, die Häuser zu verlassen, und den Bombardierungen lagen manchmal nur fünf Minuten: kaum Zeit genug für alte, vielleicht bettlägerige, gebrechliche Menschen oder für Kleinkinder oder Behinderte, das Haus rechtzeitig zu verlassen! Die Dramen, die sich mancherorts abspielten, kann man sich kaum vorstellen.

Zerstörte Gebäude mit Palästinenser-Flagge.

Unter den zahlreichen Opfern befanden sich, nach Berichten der Weltgesundheitsorganisation, 16 Ärzte und ärztliches Personal. Die Ärzte in Gaza-Stadt, in Chan Yunis oder Rafah operierten derweil unter Umständen, die an unzumutbare Notsituationen vergangener Zeiten, wie etwa die in den Bunkern der Urwaldfestung Dien Bien Phu im Jahre 1954, erinnerten. Es gab kaum Strom, kaum Licht, kaum Medikamente, kaum medizinisches Gerät, wenig sauberes Wasser, dafür aber ein völlig erschöpftes medizinisches Personal!

Einer der tausend Zeitungsartikel, die über die Operation *Gegossenes Blei* berichteten, sah so aus:

القدس

AL-Quds

أسسها محمود أبو الزلف سنة ١٩٥١

EM – Friday - January 9 - 2009 - No. 14151

بعد منـ

توافق عليه الوزراء العرب والغر

مجلس الامن يبدأ مناقشة

مشروع قرار لوقف اطلاق النار

نيويورك - وكالات - عقد مجلس الامن الدولي بعد منتصف
خاصة لمناقشة مشروع قرار يدعو الى وقف اطلاق النار في غزة
لفلسطين في الأمم المتحدة رياض منصور انه تم التوافق بين و
والغربيين على مشروع القرار بعد قبول التعديلات العربية علي

احياء تسمروا بجانب والدتهم الشهيدة

ارتفاع حصيلة العدوان المتواصل الى ٧

Zeitungsausschnitt der Al-Quds vom 09. Januar 2009.

Auf der Titelseite der Tageszeitung Al-Quds, (arabischer Name für Jerusalem), Ausgabe Freitag den 09. Januar 2009, waren drei Bilder zu sehen. Das erste zeigte ein etwa 15-jähriges Mädchen. Sie kniete in einem geöffneten Mauerdurchbruch, hatte, tiefes Entsetzen im Gesicht, ihre Hände auf der Brust verschränkt. Vor ihr lagen zwei ihrer Brüder, tot, mit verrenkten Gliedern. Das Bild rechts daneben zeigte eine total zerbombte Moschee und im Bild darunter hielt Salam Fayyad, der palästinensische Premierminister, ein Foto in die Höhe. Darauf war der Kopf eines toten Kindes zu sehen, das unter den Trümmern eines zerstörten Hauses lag.

بيان للحكومة حول الكارثة الانسانية

سلام فياض: ما يحدث في غزة نكبة جديدة للشعب الفلسطيني

رام الله - (رويترز) - قال رئيس الوزراء سلام فياض امس إن الخسائر الفلسطينية من الهجوم الاسرائيلي في غزة ترقى إلى مرتبة كارثة وطنية وتعيد إلى الاذهان حرب عام ١٩٤٨ وتأسيس دولة إسرائيل.

وقال فياض للصحفيين في رام الله بعد اجتماع مجلس الوزراء تجدد الحكومة ادانتها الشديدة لاستمرار العدوان وتبدي استهجانها لما يجري من مماطلة في اروقة مجلس الامن الدولي لاصدار قرار بالوقف الفوري والتي تترك آلة القتل والتدمير الاسرائيلية تواصل تنكيلها وارتكابها ابشع الفظائع والتي تضع شعبنا امام كارثة انسانية ونكبة جديدة غير مسبوقة منذ نكبته الاولى عام ١٩٤٨.

وتقول إسرائيل إن عمليتها التي بدأتها قبل ١٣ يوما والتي قتل فيها أكثر من ٧٦٠ فلسطينيا ردا على الصواريخ التي تطلق عليها عبر الحدود من قطاع غزة الذي تسيطر عليه حماس.

-البقية ص ٢٦-

رام الله- د. سلام فياض رئيس الوزراء يرفع صورة طفلة شهيدة خلال مؤتمر صحفي عقده هنا امس.

Zeitungsausschnitt der Al-Quds vom 09. Januar 2009.

Wie könnte man diese Operation *Gegossenes Blei* im Nachhinein werten?

Die israelischen Geheimdienste zählen zu den besten der Welt. *Gegossenes Blei* wurde von diesen Geheimdiensten monatelang bis ins kleinste Detail vorbereitet. Alle nachrichtendienstlichen Mittel kamen zum Tragen, alle Möglichkeiten der Aufklärung wurden ausgeschöpft: Aufklärungsballons, UAVs (unbemannte Luftfahrzeuge), Aufklärungsflugzeuge, Roboter etc. Tzahal, so nennt man die israelischen Streitkräfte, verfügt über hoch sophistische Drohnen[69] und über hochintelligente Munition. Selten in der Vergangenheit hatte es militärische Operationen gegeben, während deren Verlauf die Bodentruppen sowie die Luftwaffe so genau, in Echtzeit, und extrem detailfreudig über die tatsächliche Situation am Boden informiert gewesen waren wie in dieser. Die verantwortlichen Politiker und Offiziere dürften also zu jeder Zeit in der Lage gewesen sein, zu wissen, welche Ziele am Boden frei von nicht Kombattanten und somit angreifbar waren oder nicht. Im Zweifelsfalle aber hätte von einem direkten Beschuss dieser Anlagen, Einrichtungen und Gebäude Abstand genommen werden müssen.

Ganz unabhängig davon, dass – *oder ob* – die Hamas eine terroristische Vereinigung ist, die sich menschenrechtlich selbst vieles hat zu Schulden kommen lassen: Es darf nicht vergessen werden, dass am Boden ein ganzes Volk Ellbogen an Ellbogen sprichwörtlich vor, hinter und neben ihnen stand. Bombenabwürfe auf Hamas-Kämpfer unter diesen Umständen?

Der Begriff Kollektivstrafe steht im Raum!

Dass die Anzahl der zivilen Opfer untragbar hoch sein würde, war absolut vorhersehbar.

Wir dürfen nicht vergessen, dass die Hamas im Jahr 2006 bei den palästinensischen Parlamentswahlen die absolute Mehrheit der Sitze erreicht hatte. Internationale Wahlbeobachter waren sich damals einig, dass die Wahlen absolut nach demokratischen Grundsätzen durchgeführt wurden. Das palästinensische Volk hatte entschieden, doch dieser Entscheidung zollte kaum jemand Tribut.

---

69 Die Schlachtfeldaufklärung in Echtzeit per Drohnen, diese Domäne meistern die israelischen Streitkräfte perfekt. Sie sind (Stand 2010) Exportweltmeister von bewaffneten Drohnen. Die Größen der einzelnen Drohnen? Bei UAVs liegt sie gegenwärtig zwischen der eines Insektes und der eines Verkehrsflugzeuges, allerdings wird an weitaus größeren und weitaus kleineren Exemplaren – bis in den Nanotechnologie-Bereich hinein – für bewaffnete und unbewaffnete Systeme geforscht. Quelle: Volker Eick und Matthias Monroy (EickMonroy-Drohnen-I-II2011-2012).

Die Menschen in Gaza, so auch die Hamas, sind mit gewissen Prinzipien, täglichen Abläufen und Lebensweisen vertraut, die uns total fremd sind und die wir nicht, oder nur schlecht, wahrnehmen können. Und so sehen wir auch all die kleinen, täglichen Probleme nicht, mit denen diese Menschen leben müssen. Aber dennoch urteilen wir über sie, und wir verurteilen ihr Handeln.

Wie heißt es? „Urteile nicht über einen Menschen, bevor du ein paar Meilen in seinen Stiefeln gelaufen bist."

Ich war privat bereits in Ramallah. Wenn man von israelischer Seite kommt, ist es, als tauche man in eine andere, unwirkliche Welt, in eine andere Zeit ein. Ich trat quasi vom Wohlstand in die Armut und das war umso frappierender, als die Zeit, die verrann, um von der einen Seite auf die andere Seite zu kommen, mit einem Fingerschnippen bemessen werden konnte. Hatte ich gedacht, die hier lebenden Palästinenser würden sich verbittert ihrem Schicksal ergeben, so sah ich mich getäuscht. Die Lebensfreude hatte diese warmherzigen Menschen auch in der Not nie verlassen.

Ich hatte damals mit einem Vertreter der Hamas und einigen seiner Partisanen gesprochen. Die Gründe, die er dafür nannte, dass sie den Kampf führten, hätten die meisten freiheitsliebenden Menschen, die ich kenne, restlos überzeugt, ebenfalls eine Waffe in die Hand zu nehmen.

Unser Gespräch war nach einer Stunde und nach drei oder vier Kaffees beendet. Auf der Rückfahrt nach Jerusalem und nachdem ich mir die Szenen immer wieder ins Gedächtnis gerufen hatte, kam ich zu der Feststellung, dass ich mit ganz normalen Menschen gesprochen hatte und nicht mit irgendwelchen teuflischen Terroristen.

Doch der Weg der Waffen ist grundsätzlich falsch, weil das ganze palästinensische Volk darunter leidet. Recht und Unrecht verschwimmen in diesem Konflikt, und nur der Verhandlungstisch kann eine definitive Lösung bringen. Schimon Peres hatte absolut Recht, als er sagte: „Besser reden, reden, reden als schießen, schießen, schießen" oder auch „Im Nahen Osten gibt es zu viele Zungen und zu wenig Ohren!".

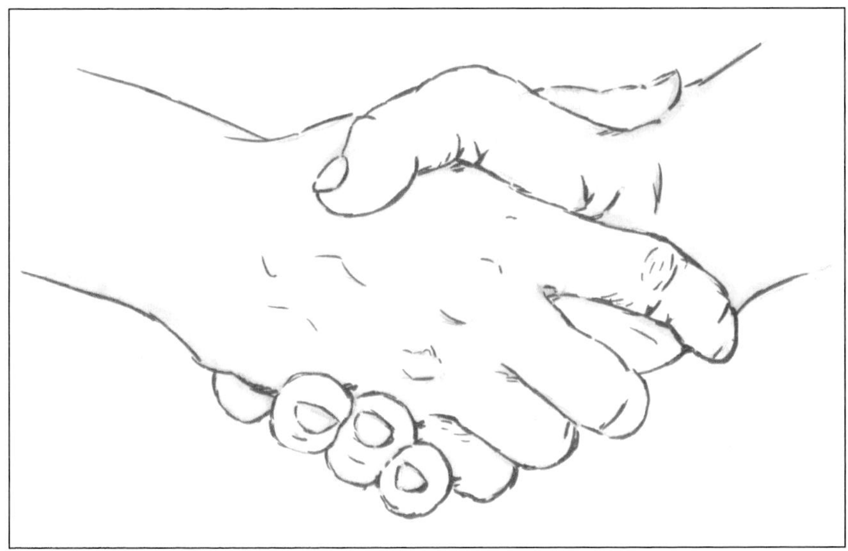

(© Jens Preugschat)

Und der Rest der Welt?

Sanktionen in Richtung Israel gab es keine.

Aber wäre es nicht zumindest eine weise sowie auch eine unseren moralischen Werten entsprechende folgerichtige Wahl gewesen, von Waffenlieferungen in Richtung Israel zumindest so lange Abstand zu nehmen, bis die massiven Vorwürfe *Gegossenes Blei* betreffend, die ja aus aller Welt kamen, von einer internationalen unabhängigen Kommission untersucht und die Berichte dazu veröffentlicht sein würden?

Das Gegenteil ist der Fall! Deutschland liefert auch dieser Tage weiter U-Boote der Dolphin-Klasse an Israel. Ein naiver Mensch könnte folgende Nachricht an Israel herauslesen: *„Das, was ihr macht, halten wir für absolut richtig!"*

Und er könnte zu Recht das Garn weiterspinnen:

Wenn wir unter diesen Umständen Waffen liefern, machen wir uns mitschuldig, sollte es zum Einsatz derselben kommen.

Eine Korrektur oder ein Rückzieher wäre dann „politisch unkorrekt", würde uns allenfalls als unglaubwürdig und als inkonsequent dastehen lassen. Fehlt uns heute in diesem speziellen Fall die Weitsicht, die uns eigentlich immer in eine starke Position gebracht hat? Sind diese Waffenlieferungen nicht die Achillesferse einer deutschen Politik, deren sonstiger außenpolitischer Kurs kaum zu bemängeln ist?

Natürlich kann das Waffenarsenal eines U-Bootes sich gegen den Gazastreifen richten. Auch zur Anlandung von Spezialkräften ist dieser U-Boot-Typ bestens geeignet. Und natürlich gibt es die Befürchtung, dass Israel diese U-Boote nun als Träger für einen nicht unerheblichen Teil seiner Nuklearwaffen (die es offiziell ja nicht gibt) benutzt, denn es ist ein offenes Geheimnis, dass die deutschen U-Boote mit atomar bestückbaren Marschflugkörpern ausgerüstet werden können, die eine Reichweite von rund 1.500 Kilometern haben.

Wer nun die Weltkarte betrachtet, kann sich den Rest zusammenreimen. Die Möglichkeiten dafür, Torpedorohre des Kalibers 650 mm, wurden eventuell schon in deutschen Werften geschaffen. Man erinnere sich, Israel ist nicht Mitglied des Vertrags über die Nichtverbreitung von Kernwaffen, oder andersherum: Unterliegt Deutschland nicht den Regeln dieser Nichtverbreitungspolitik, die mit der Lieferung solcher U-Boote und deren Möglichkeiten gegebenenfalls null und nichtig werden? Lässt dies nicht all unsere Bemühungen, diese Nichtverbreitungspolitik einzuhalten, in den Augen der anderen Partner höchst unglaubwürdig erscheinen?

Doch neben der Unglaubwürdigkeit und neben dem *Moralfaktor* gibt es noch den *Störfaktor*. Die Kosten dieses U-Boot-Deals könnte nämlich hauptsächlich der deutsche Steuerzahler tragen, auch deshalb, weil Israel angeblich Rabatt kriegt – und davon nicht zu wenig. Dass der winzige Gazastreifen, mit der minimalen Bedrohung, die er und seine Menschen für Israel darstellen, mit den U-Booten nichts oder kaum etwas zu tun hat, ist leicht nachvollziehbar. Vielmehr erlauben diese schwimmenden Bastionen, Israel vorzupositionieren: vom Mittelmeer über den Suezkanal ins Rote Meer, von dort durch das *Bab el Mandeb* in den Golf von Aden und weiter bis in die Nähe des Persischen Golfes. Der Kreis schließt sich!

BRDM der Palästinensischen Autonomiebehörde nach dem Kampf um Gaza 2007.

Allgemeine Kritik für Israels Politik, was die Palästinenserfrage betrifft, gab es auch aus den Reihen der Israelis selber[70]. Bereits in der jüngsten Vergangenheit verurteilten *Avraham Shalom*, *Karmi Gilon* und *Ja'akov Peri*, alles Ex-Chefs des Schin Bet (Shabak/Inlands-Geheimdienst) das Vorgehen Israels gegen die Palästinenser aufs Allerschärfste.

Alle Premierminister Israels haben das palästinensische Volk nie ernst genommen!

Avraham Shalom, Direktor des Schin Bet 1981–1986,
in einem Interview für den Film „Töte zuerst"

... ich bin gegen all jene, die denken, dass durch Unterdrückung, durch Gewalt, durch Töten und durch das Erniedrigen des palästinensischen Volkes dieses gezwungen werden sollte, an den Verhandlungstisch zu robben!

Ja'akov Peri, Direktor des Schin Bet 1988–1994

---

70 *Siehe dazu: Un œil sur la planète sionisme, Israël, questions interdites / France 2 / 2003.*

Avraham Burg, Ex-Präsident der Knesset, sagte gar: *„Der Terrorismus ist sicher schlimm. Er stellt aber keine essentielle Bedrohung für Israel dar!“*

Diesen Satz finde ich extrem wichtig. Hier sagt ein Mann, der dies besser als andere wissen muss, dass die Palästinenser keine Gefahr für die Existenz des Staates Israel darstellen, nicht mehr, nicht weniger.

Auch Iftach Spector, Held aller israelischen Kampfpiloten und Brigadegeneral im Ruhestand, sagte, *„dass palästinensische Terroristen, wenn nötig auch mit Gewalt, unter Arrest genommen und bestraft werden müssen. Das gäbe Israel aber lange noch nicht das Recht, Unschuldige zu töten, denn auch Kriegführen unterliegt gewissen Gesetzen.“*

Zusammen mit Iftach Spector unterzeichneten im Jahr 2003 sechsundzwanzig weitere Kampfpiloten eine Petition – the pilots' letter –, die man als ein Auflehnen gegen die Missachtung ihrer Soldatenehre sehen kann.

Brief der Kampfpiloten[71]

“Wir, die Piloten der Luftstreitkräfte, die in den Werten des Zionismus, der Opferbereitschaft und des Einsatzes für den Staat Israel erzogen worden sind, haben immer an vorderster Linie gekämpft und waren gewillt, jeden Kampfauftrag zu erfüllen, um Israel zu verteidigen und zu stärken. Wir, ehemalige und aktive Piloten, die dem Staat Israel gedient haben und ihm jedes Jahr mehrere Wochen dienen, lehnen es ab, Befehle auszuführen, die wie die Angriffe des Staates Israel in den besetzten Gebieten rechtswidrig und unmoralisch sind. Wir, die wir erzogen worden sind, den Staat Israel zu lieben und unseren Beitrag zur Substanz des Zionismus zu leisten, lehnen es ab, uns an Luftangriffen auf Wohngebiete zu beteiligen. Wir, denen die israelische Armee und die Luftstreitkräfte unveräußerlicher Teil unserer Existenz sind, weigern uns, unschuldigen Zivilisten weiterhin Schaden zuzufügen. Diese Aktionen sind rechtswidrig, unmoralisch und eine direkte Folge der fortdauernden Besatzung, welche die israelische Gesellschaft als Ganzes korrumpiert.

---

71 *Bernstein, Reiner: Rechtswidrig und unmoralisch – http://www.genfer-initiative.de*

Die Aufrechterhaltung der Besatzung beschädigt in kritischer Weise die Sicherheit des Staates Israel und seine moralische Stärke.“

Sie weigerten sich Kampfaufträge in den palästinensischen Gebieten des Westjordanlands und des Gazastreifens zu fliegen.

Einer von ihnen meinte: *Noch vor 3 Jahren wäre es für einen Kampfpiloten unvorstellbar gewesen, daran zu denken, irgendwo in Israel mit der Maschine abzuheben, zwei Minuten zu fliegen, nur um dann eine Ein-Tonnen-Bombe über den Gazastreifen und mitten hinein in ein von Menschen bewohntes Gebiet abzuwerfen!*

Nein, die Legitimität oder gar das Existenzrecht eines Staates Israels wird hier nicht in Frage gestellt; und ja, Israel hat alles Recht der Welt, sich zu verteidigen! Diese Welt sollte sich aber auch ganz legitim die Frage *über die Art und Weise* stellen dürfen, wie diese Verteidigung – oder *„Terroristenbekämpfung“* – aussieht, denn Menschenrechte respektieren zu müssen gilt für jeden Staat, der sich *souverän* nennt.

Auch Krieg zu führen unterliegt gewissen Gesetzen. Der normale Soldat weiß das, handelt nach dem Ehrenkodex eines Kämpfers.

Unschuldig ist die Hamas nicht, im Gegenteil. So zum Beispiel gibt es angeblich Bilder von Hamas-Kämpfern in ziviler Kleidung mit darunter versteckten Kalaschnikows. Auch war es sicher so, dass sie einige ihrer militärischen Anlagen oder Kommandozentralen nahe oder neben zivilen Einrichtungen aufgeschlagen hatten. Und man hat davon gehört, dass Hamas-Kämpfer Zivilisten, Frauen und Kinder, als menschliches Bollwerk benutzt haben sollen – was man den Israelis allerdings auch nachsagt. Völlig undiskutabel, weil nicht rechtens, ist auch ihr immer noch andauernder Raketenbeschuss auf Israel. Aber ob Israelis oder Hamas, ich möchte keinen der beiden zum Hauptprotagonisten dieses Buches machen, denn diesen Platz nimmt jemand anders ein: der Zivilist, der unter den Aktionen der beiden leidet.

Der winzige, dicht besiedelte Gazastreifen ist fast 22 Tage nach dem *Krieg* nur noch ein zerbombter Trümmerhaufen. Dreizehn Israelis kamen während der Angriffe ebenfalls ums Leben, darunter zehn Soldaten, vier davon durch eigenes Feuer, und drei Zivilisten. Vergleicht man die Zahlen mit denen gefallener Palästinenser, kann man gar nicht anders, als nur ungläubig den Kopf zu schütteln.

Verhältnismäßig? … sieht anders aus!

… Weitblick auch!

Mit dieser Masse von *übermäßiger Gewalt* erzeugt man grenzenlose Wut, ja solche Einsätze fördern Terror geradezu. Es ist ein Paradoxon, dass jeder angeblich Frieden will, keiner aber den Anfang macht, dem anderen dafür seine Hand zu reichen, und ginge es nur darum, die Zähler auf *Null* zu stellen, um diesen Konflikt endlich zu beenden. Der Impuls jedoch müsste von Israel kommen, und das ohne Blick zurück, aber mit Lösungen, mit denen auch die Palästinenser leben, *nicht nur überleben* können. Denn das tut man in Gaza täglich, jeden Monat, Jahr für Jahr: *gerade mal so überleben!*

Und dieser Impuls, dieser Versuch sollte permanent und repetitiv sein, weil ihm sonst der Charakter *„Wir haben's ja versucht, doch die wollten nicht"* anhaftet, was allenfalls einem *Sich-die-Hände-in-Unschuld-Waschen* nahekäme, zumal aber einen möglichen Grund ergäbe, den Krieg unendlich weiterzuführen. Eine so große und stolze Nation wie Israel, mit all den großartigen Denkern und Politikern, die das Land bisher hervorgebracht hat, könnte es schaffen, ihren in die Zukunft blickenden Kindern mehr Alternativen als nur diesen Krieg zu bieten. Israel könnte es bewerkstelligen, den Verhandlungstisch zum einzigen Schlachtfeld zu machen. Doch dazu bräuchte das Land Politiker von echtem Format, denn bis heute sieht man sich in diesen Hoffnungen leider getäuscht. Die Operation *Gegossenes Blei* endete am 18. Januar 2009. Über die Verhältnismäßigkeit der von den Israelis angewandten Mittel muss man keine Diskussion vom Zaun brechen, sie wäre einseitig. Der Gazastreifen und seine militärischen *und* zivilen Infrastrukturen waren am Boden zerstört, nicht jedoch die Hamas. Die nämlich kontrolliert derweil immer noch den Gazastreifen.

Moral von der Geschichte?

Es gibt keine!

Wir haben es hier mit zwei Nationen zu tun, von denen nur eine in der Weltöffentlichkeit als solche Beachtung findet und alle Rechte und Vorteile, die daraus entstehen, in Anspruch nimmt, während die andere Nation geographisch gespalten ist, zusammengepfercht und verteilt auf mehrere erbärmlich kleine und unfruchtbare Flecken Erde.

Geschah dies aus purem Zufall ganz nach US-amerikanischem Vorbild? Es erinnert nämlich tragisch an Indianerreservate in den Jahren 1850 bis 1910 in den USA. Reservate sind im eigentlichen Sinne nichts anderes als Gefangenenlager. Im Bereich der Wissenschaften ziehen wir Menschen mit unwahrscheinlicher Geschwindigkeit in eine Richtung los, nämlich nach vorne. Moralisch aber gestatten wir es, dass Unrecht ständig wiederholt wird. Vielleicht auch deswegen, weil Recht nur einer hat: der Gewinner!

Beispiel nordamerikanische Indianer (Native Americans). Man kam übers Meer, nahm sich ihr Land, sie wehrten sich zu Recht gegen die Besiedlung ihrer Territorien, man verpasste ihnen daraufhin den Namen „Mörder“ (denn nur Mörder durfte man ungestraft töten), heute würde man sie Terroristen nennen; und es kam, was kommen musste:

Ein, wenn auch ungeplanter, Völkermord fand statt.

Fast die Hälfte aller Palästinenser gilt als Flüchtlinge. Sie leben in Syrien, im Libanon, in Jordanien. In anderen Ländern sind sie unerwünscht. Niemand will sie haben. In Syrien ringen sie mit dem Hungertod, in Israel um etwas Frieden, den man ihnen nicht lässt. Man hat das Gefühl, dass sich jeder einen Dreck um die Palästinenser schert! Sie müssen sich ständig ducken, täglich ums Überleben kämpfen. Rechte gibt es für sie nur auf dem Papier, doch das ist seit sehr langer Zeit schon geduldig. Vertrieben, ins Exil, in Flüchtlingslager, und in die Verbannung geschickt fristen sie ein armseliges Dasein, das wir selbst als menschenunwürdig ablehnen würden, böte man uns dieses an. Man muss sich nur aufmerksam die Texte der Balfour Deklaration und der UN-Resolution 242 durchlesen, um zu dem Schluss zu kommen, dass Unrecht geschieht. Aber Deklaration und Resolution sind nur Worte. Was jetzt aber benötigt wird, sind Taten. Es müssen ernstgemeinte Verhandlungen zwischen Israelis und Palästinensern geführt werden und diese sollten zu einem Ausweg führen. Aber an den Verhandlungen müssen alle beteiligt werden. Jeder soll gehört werden, auch die Hamas! Was für eine großartige Idee wäre es doch, wenn sich eine Handvoll der wichtigsten Staatsmänner unserer Erde zusammen in den Gazastreifen begeben würde, um sich die dort herrschenden Zustände mit eigenen Augen anzusehen, aber: Wer begibt sich schon gerne ins Apachenland?

Terrorismus – Terroristische Vereinigung?

Beide Nationen, ob Israel oder Palästina, hatten oder haben Gruppen, die Terror säen. Auf palästinensischer Seite nennt man sie *Fattah, PLO, Fedaijin* oder die *Hamas*, bei den Israelis heißen sie *Gruppe Stern* und *Irgoun*. Jede der aufgezählten hat ihre finstere Geschichte. Stern, Irgoun und Haganah haben sicher hunderte von Attentaten durchgeführt. So sprengte die Irgoun im Juli 1946 zum Beispiel das Hauptquartier der Briten, das King David Hotel in Jerusalem, in die Luft. Bilanz: 91 tote Briten, Araber und Juden. Unter ihnen viele Beamte, Sekretäre, Frauen und ältere Bedienstete. Im April 1948, einen Monat bevor die Briten ihr Palästina-Mandat niederlegten, griffen Irgoun und Stern, teilweise unterstützt von der Haganah, das arabische Dorf Dir Yassin in der Nähe von Jerusalem an. Sie massakrierten 250 arabische Männer[72], Frauen und Kinder. Ironie, fast schon Hohn: Wurde dieses Massaker – *sehr viele Quellen sprechen dafür* – vom späteren Friedensnobelpreisträger Menachem Begin kommandiert? Für die Briten war er ein jüdischer Terrorist. Ich zweifle nun, ob ein Friedensnobelpreis noch etwas Erstrebenswertes an sich hat, wenn er sogar Menschen verliehen wird, die als Terroristen und Hardliner in die Geschichte eingingen und in Verdacht standen, Massaker befohlen zu haben. Dir Yassin war der Beginn der Vertreibung von 700.000 Palästinensern aus dem Land ihrer Väter. Wer erinnert sich heute noch an den schwedischen Mediatoren der UN, den Grafen Folke Bernadotte (Neffe des Königs von Schweden), ermordet von der israelischen Gruppe Stern (Lechi), weil seine Berichte an die UN über Israels menschenunwürdiges Vorgehen gegen die Araber und über deren unrechtmäßige Vertreibung „störend“ waren?

---

72 *Die Zahlen der Opfer – je nachdem, wer sie nennt – variieren natürlich auch hier.*

Vor dem Ersten Weltkrieg waren 85 Prozent der auf dem Großgebiet „Palästina" lebenden Menschen Araber (die Anzahl der Juden lag bei 8 Prozent!). Wo sind sie geblieben?

Was ist aus dem arabischen Dorf Bissan geworden?
Ein jüdisches Dorf mit Namen Beit She'an!

Was aus dem arabischen Jaffa?
Eine jüdische Stadt mit Namen Tel Aviv![73]

Solche Beispiele gibt es hunderte.

Bezüglich der PLO bleiben uns ganz besonders natürlich München und der blutige September 1972 in schmerzlicher Erinnerung. Die Demokratische Front zur Befreiung Palästinas (Mitglied der PLO) verübte das Maalot Massaker im Mai 1974. Es gab 25 Tote, darunter 22 Kinder. Gewalt wurde, wie wir sehen, von beiden Seiten angewandt, mit dem Unterschied, dass, wenn es um palästinensische Gewalt ging, man das Kind gar international auch tatsächlich beim Namen nannte und immer noch nennt: Terrorismus!

Hier einige kurze Aussagen von Marc-Louis ROPIVIA, Professor für politische Geographie und Geopolitik an der Universität Omar Bongo / Libreville, Gabun:

Die Psychose, ausgelöst von den Anschlägen auf die Türme des World Trade Centers am 11. September 2001, führte zu einer missbräuchlichen semantischen und ideologischen Begriffserklärung des Wortes Terrorismus. Dieses Phänomen massiver und spektakulärer Gewalt wurde von den „dominanten Mächten", allen voran von den USA, zu deren Gunsten abusiv neu definiert, was unter anderem zur Folge hat, dass wir dazu verdammt sind, für alle Formen von Kriminalität [...] sofern sie von irgendwelchen Gruppen oder politisch-militärischen Bewegungen verübt wird, die für ihr Ideal der Freiheit, ihre sozioökonomische Unabhängigkeit oder für die Bekräftigung ihrer Identität die Waffen gegen

---

73 *Siehe dazu: „Eine Geschichte der Zerstörung und Vertreibung" – www.antikriegsforum-heidelberg.de*

einen Unterdrücker-Staat (dominante Macht) in die Hand nehmen [...] die Bezeichnung „Terroristische Vereinigung" zu verwenden.

Gegen „Freiheitskämpfer" oder Freischärler vorzugehen, hat immer den bitteren Geschmack von Unrecht. Freischärler und Freiheitskämpfer genießen die Sympathie der Bürger und der Menschen in anderen Ländern, eine Sympathie, die man „Terroristen" hingegen allein durch das Anwenden des Wortes Terrorist in den Medien mit Erfolg entzieht. Kämpft man gegen („redaktionell" auf Papier und Listen festgelegte) terroristische Vereinigungen, sind alle Mittel recht und in den Medien spricht man in diesem Fall nicht von einem Kampf gegen Minderheiten oder Freischärler (... weil dem Wort Freischärler ein Hauch von Noblesse anhaftet), sondern vom Kampf gegen den Terror (weil das Wort Terrorist keinen Edelmut in sich birgt). SWAPO, UNITA, FARC, PKK, HAMAS sowie *Sendero Luminoso* (Leuchtender Pfad – Peru) können ein Lied davon singen.

Ein anderer, sehr wohl von denselben *dominanten Mächten* kalkulierter Aspekt der Namensbezeichnung *Terroristische Vereinigung* ist der, dass man mit Terroristen nicht verhandeln muss, mit Widerstandskämpfern und Freischärlern aber sehr wohl. Man hat ihnen somit also auch ganz gezielt das Recht entzogen, überhaupt gehört zu werden.

Die Worte „dominante Mächte" bergen in sich selbst bereits eine Art von Terrorismus.

Zum Abschluss möchte ich so ganz nebenbei hinzufügen, dass Israels Regierung durch verschiedene Militärerlasse, die sogenannten Military Orders (MO), angeblich sämtliche Wasserressourcen unter seine ausschließliche Kontrolle gebracht hat.[74] Es handelt sich hauptsächlich um MO 92, Aug/67 und MO 291, Dec/68. In letzterem wird geregelt, dass alle Wasserressourcen israelisches Staatseigentum sind. Um den Palästinensern den Zugang zum Wasser nahe bereits errichtetem Farmland des Flusses Jordan zu versperren, wurden seine Ufer kurzum zu militärischem Sperrgebiet erklärt. Privatbesitzer und Kommunen

---

74 Quelle: Arabs and Israelis – Conflict and Peacemaking in the Middle East, von Shai Feldman, Abdel Monem, Said Aly und Khalil Shikaki.

verloren die Kontrolle darüber. MO 158, Nov/67 verbietet den Palästinensern jegliche Realisierung und Entwicklung neuer Wasserstrukturen ohne israelische Genehmigung. Genehmigungen, die fast nie gegeben werden. Die Situation für die Palästinenser in Gaza und Westjordanland ist, was das Wasser betrifft, inzwischen so prekär, dass man bereits von einer *„Water-Apartheid“* spricht. Rund 200.000 Palästinenser haben keinen Zugang zu fließendem Wasser.

Nun, ich dachte daran, als ich bei Gelegenheit hier und da an israelischen Swimmingpools vorbeikam oder sah, wie Plantagen der israelischen Siedlungen großzügig mit dem köstlichen Nass besprenkelt wurden, und ich dachte, vielleicht völlig zu Unrecht, dass Wasser ein existenzielles Grundrecht ist. Für jeden!

Sozialterror in unserer ereignisreichen Zeit

Die rasante Entwicklung von Wissenschaft und Technik zu verfolgen, ist für den, der sich davon fesseln lässt, eine Faszination ohnegleichen. Wir haben den elektrischen Strom, das Automobil, die Schallplatte, den Erreger der Tuberkulose, die Röntgenstrahlen und die Radioaktivität erfunden oder entdeckt. Doch damit nicht genug: Es folgten das Flugzeug, das Penicillin, die Kernspaltung, die erste Atombombe und das erste Atomkraftwerk. Wir erfanden den Laser und landeten schließlich auf dem Mond. Dann kamen die Mikrocomputer an die Reihe, die Compact Discs (CD), die ersten Personal Computer (PC). Die Entwicklung blieb aber in dieser Phase noch lange nicht stehen. Der Mensch klopft nämlich bereits an den Pforten des Universums. Der Lebenslauf der Sterne, Asteroiden und Schwarzen Löcher: All das ist zwar noch etwas geheimnisvoll, aber wir sind am Ball! Auch die Fragen, warum es Eiszeiten gab und warum der Dinosaurier ausstarb, haben wir teilweise schon beantworten können. Die Vorteile vieler unserer Errungenschaften, besonders die der Medizinforschung, schenken uns scheinbar ein angenehmeres und vor allem ein längeres Leben.

Moralisch jedoch konnte der Mensch kaum Fortschritte erzielen. Er hat meist eine ansprechende Schulbildung, einen gutbezahlten Job, ein

Haus, ein Auto und einen Computer. Das alles gibt ihm die Möglichkeit, sein Leben so zu gestalten, wie es ihm am besten passt. Unser Problem ist nur: Das alles haben die anderen auch! In dieser Phase schreit unser Ego nach einem Skandal: Wir sind nicht mehr an der Spitze dabei, stechen nicht mehr hervor!

Und schon beginnt der Run auf *mehr, besser, höher und auch gerne weiter!* Wir wollen mehr Wissen, ein schnelleres Auto und eine angenehmere, besser honorierte gesellschaftliche Position. Unser Status verlangt schließlich danach. Jeder von uns hat Pläne, Ziele und Vorstellungen von einem erfüllten Leben.

Jeder hat einen Traum, doch unser ungebremstes Statusdrängen verhindert, dass wir uns die Träume erfüllen. Lust hätten wir schon, aber keine Zeit! Denn die würden wir im Wettbewerb mit den anderen sonst verlieren! Und so versumpfen wir im Luxus, der letztendlich nur zweitklassig bleibt. Zur Erinnerung: Des Nachbarn Haus ist noch einen Tick größer als unser eigenes!

Und kaum eine Flugstunde weiter herrschen Armut und Hunger.

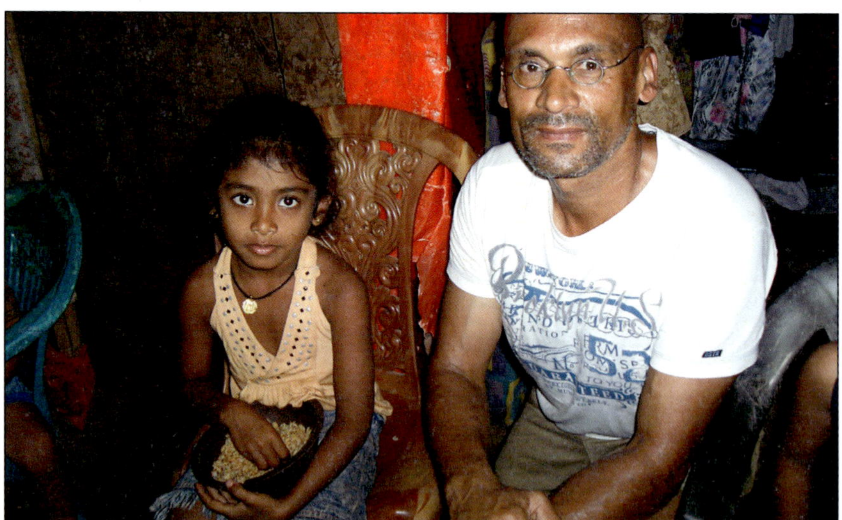

Armut – Thomas Gast hilft in Sri Lanka.

Doch um Armut zu begegnen muss man nicht fliegen. Man trifft sie auch in unseren Straßen, sehen wir uns nur die Alters- oder Frauenarmut an, die bei uns teilweise noch herrschen. Und die anderen sozialen Missstände? Wie viele Kinder müssen ohne Frühstück in die Schule, wie viele alte Menschen vegetieren am Rande des „menschlich Akzeptablen“ in diversen Altenheimen vor sich hin, wie viele körperlich und geistig Behinderte finden keine Arbeit? Und das bei uns, in einem Land, in dem es von außen betrachtet doch jedem gut geht.

Unser wahres Ich

Es ist tot! Es ist Opfer der Reize geworden, die im Stundentakt auf uns einhämmern. Diese von uns geradezu frenetisch gesuchte Reizüberflutung verhindert, dass jeder sich in seiner Eigenart, nach seiner Natur und in seinem Rhythmus frei entfalten kann! Wir orientieren uns an bestehenden, hauptsächlich von anderen, teilweise weniger intelligenten Menschen, als wir es sind, geschaffenen Reizen – und richten uns nicht nach unsrem eigentlichen Wesen; so stellt sich die legitime Frage, ob es uns je gelingen wird, zu uns selbst zu finden. Wir selbst sind wir nur, wenn wir unabhängig von den Medien, frei von Manipulatoren und von politischer Propaganda, auf Distanz zu Besitz, Vermögen und dem, was üblich ist, uns einer tiefgründigen Hinterfragung stellen:

Folge ich meinen Träumen?

Was sind meine Ziele?

Bin ich auf dem richtigen Weg?

Wir selbst sind wir nur, wenn wir das Resultat unserer Fragen akzeptieren und versuchen, dementsprechend klug zu handeln. Aber anstatt unbeirrt unseren eigentlichen Zielen und Träumen auf unserem Weg nachzujagen, unterliegen wir in der Folge einer gewissen Logik des Reizes dessen, was *üblich* ist; und das beginnt bereits in jungen Jahren. Hat man vergessen uns Erwachsenen zu sagen, dass das Biest *Stress* auch unsere Kinder roh verschlingt, dass auch sie schon Opfer von Burnout sein können?

Wie viele Schüler *müssen* neben der Schule im Kirchenchor singen, Flöte und Klavier spielen oder Ballettunterricht nehmen, obwohl es viel eher ihrer Natur entsprechen würde, sich auf den Rücken eines Pferdes zu schwingen oder gute Bücher zu lesen? Oder sie sehnen sich einfach nur nach mehr Aufmerksamkeit der Eltern und Geschwister.

Agenda gefällig?

- **Montag:** Schule bis drei, im Anschluss Ballett und danach geht's ins Kino. Hausaufgaben um neun. Man büffelt bei Gelegenheit auch Mathe, weil ein Test kurz bevorsteht.

- **Dienstag:** Schule bis eins, im Anschluss Klavierunterricht, danach zum Handballtraining und zum Abschluss Einkaufsbummel mit Mama und Papa. Lernen für die Erdkundeprüfung bis um halb zehn!

- **Mittwoch:** Schule bis drei, danach eine doppelte Nachhilfestunde, gefolgt von Fernsehen für den Rest des Abends. Hausaufgaben zwischen acht und neun!
  ... und Donnerstag und Freitag geht's genauso.

- **Samstag:** Weihnachtsrummel, Kaufrausch (und Geschwindigkeit), weil ja Geschenke hermüssen, weil es ja so üblich ist, sich zu beschenken, wobei viele nur noch darauf schauen, wie teuer das Geschenk war, denn teuer = gut!

- **Sonntag:** Kirchenchor um neun. Gegen eins Geburtstagsparty bei Müllers (Freunde der Eltern) und dann vor dem Fernseher (Filme zigmal von Werbereizen unterbrochen), chillen bis acht.

Völlige Reizüberflutung, weil es so üblich ist!

Bei uns Erwachsenen ist es ähnlich. Wir arbeiten, gehen ins Kino, besuchen das Theater oder das Museum oder nehmen an Sportveranstaltungen teil, weil es so üblich ist. Wir schicken unsere Kinder zum Klavierunterricht ... und den Rest kennen wir ja. Und warum? Weil es die anderen auch so machen und weil wir kaum wagen auszubrechen, weil wir sonst aus der Reihe tanzen würden. Den Worten der anderen zufolge ist unser üblicher Alltag ganz toll, also ist er auch toll. Durch das *Anpassen* verlieren wir unseren eigentlichen Charakter, unsere Kreativität und mitunter sogar unsere Würde. Letzteres zuzugeben, würde uns jedoch nie in den Sinn kommen. Auch deshalb schon nicht, weil uns gar nicht mehr auffällt, dass wir in Schranken gedrückte Marionetten sind. Wir kopieren das Verhalten anderer, deren Wort und Tat, doch schlimmer noch: Wir sind längst zu einer Armee von Anpassern geworden! Und das, obwohl *Ich-selbst-sein* doch so leicht sein kann. Ich wähle meine Worte ganz bewusst provokant, denn sonst rütteln sie nicht wach, genau das sollen sie aber: nachdenklich machen!

Ausreißen und anders sein ist der Beginn des Prozesses, Meister über sich selbst zu werden!

Lese jeden Tag etwas, was sonst niemand liest. Denke jeden Tag etwas, was sonst niemand denkt. Tue jeden Tag etwas, was sonst niemand albern genug wäre, zu tun. Es ist schlecht für den Geist, andauernd Teil der Einmütigkeit zu sein.

Gotthold Ephraim Lessing, Dichter, 1729 – 1781

Und unsere Wünsche? Was will das wirkliche *Ich* in uns? Eigentlich sind es Kleinigkeiten. Aber aus der Summe dieser natürlichen Kleinigkeiten ließen sich Berge bauen oder Mauern einreißen.

Ich würde gerne auf einen Berg klettern.

Ich würde gerne laute Selbstgespräche führen.

Ich würde mich gerne in eine stille Ecke zurückziehen, um darüber nachzudenken, ob das Universum unendlich und zeitlos ist.

Ich würde mich gerne an einen einsamen Strand setzen.

Ich würde gerne dabei zusehen, wie Stern um Stern aus der Milchstraße fällt.

Ich würde jetzt gerne laut schreien, weil ich glücklich bin.

Ich würde gerne den ganzen Tag lang nichts tun, nichts hören, nichts sagen oder denken müssen, ich möchte einfach nur sein!

... und ich will geliebt werden, so wie ich bin. Auch wenn ich nicht so funktioniere, wie Familie, Freunde und Gesellschaft es sich vielleicht vorstellen.

Oft bremst die Angst vor der Reaktion unserer Mitmenschen unseren Elan, uns so zu verwirklichen, wie wir es gerne möchten. Haben Sie schon mal darüber nachgedacht, was Sie denn gerne tun würden? Einer meiner Wünsche, der in den verschiedensten Situationen, an den unmöglichsten Orten und zu den unpassendsten Zeiten immer mal wieder kommt, ist der, einfach ganz laut vor Glück befreiend zu schreien. Oder einfach in den Straßen zu tanzen. Das ist unwahrscheinlich menschlich, Tonnen Last würden dabei von meinen Schultern fallen, es könnte mich aber auch unwahrscheinlich schnell in eine psychiatrische Anstalt bringen.

Wir haben die Autonomie über uns selbst verloren, sind nicht mehr absolut souverän, wenn es darum geht, eigene Entscheidungen zu treffen oder – unabhängig von Einflüssen anderer, von Einflüssen der Gesellschaft – zu handeln. Wir terrorisieren uns, rauben uns gegenseitig die Lebensqualität, indem wir gesellschaftlichen Zwängen nachkommen!

Frage: – Gibt es Lösungen dafür?

Antwort: – Was liegt zu Füßen der Freiheitsstatue?

Zwischenspiel

... oder eine etwas andere, selbst erlebte Annäherung an das andere *humane Ich* in mir.

General Freitag

1991 – Tschad, Abéché

Ich war, wie bereits erwähnt, damals Gruppenführer in der Fremdenlegion, war ein kleiner Feldmarschall, denn das ist man als Sergent in der Légion étrangère allemal. Ein besseres Leben kann man sich kaum vorstellen. Mein eigener Herr, ledig, frei wie der Wind, fühlte ich mich wie ein Seigneur! In meinem Schrank lag der Stoßzahn eines Elefanten, den ich in N'djamena geschenkt bekommen hatte, die Haut einer enormen Python zierte die Wand meines Zimmers und wir aßen Capitaine, einen Fisch aus dem Tschad-See. Samstags feierten wir, tranken einheimisches Bier. Sonntags ritten wir aus, montags machten wir Gewaltmärsche, unsere Legionäre an den Fersen. Dienstag – Biwak dort, wo uns es gefiel, und am Mittwoch zum Teufel mit dem Rest der Welt. Sie gehörte uns ... diese Welt! Einen Boy hatte ich auch – nicht nur donnerstags, sondern die ganze Woche. Er wusch meine Wäsche, brachte meine Stiefel auf Hochglanz und besorgte, was mein Herz begehrte. Freitags musste ich Begleitschutz fahren. Es ging darum, die Müllwagen unseres Camps zu begleiten, wenn sie den Schund abluden. Es gab immer heftiges Gedränge. Jungs und Mädchen stritten um leere Flaschen, um Blechdosen, die vor sich hin schimmelten.

Sie sprangen oft auf den noch rollenden Wagen, aus Angst nicht genug zu bekommen. Dabei gab es regelmäßig Verletzte, aus diesem Grund ein Begleitschutz zur Vorbeugung. Warf der Lastwagen den Müll am Müllplatz ab, stritten sie sich, wühlten bis zu den Knien im Dreck unserer Zivilisation. Hungrig, gierig, ohne Hoffnung auf mehr als Abfall, Unrat und Dreck! Streunende Hunde kämpften um alte, verweste Därme.

Er war immer da.

Zumindest jeden Freitag. Stand dann auf einem Hügel. Einen verbeulten Hut mit Löchern auf dem Schädel, eine feuchte, stinkende Decke um seine Schultern. Einen Stock, an dem eine verbeulte Blechkanne hing, in der Hand haltend, den Bart recht weiß vom Alter. Er stand einfach da. Er wartete! Ich sah ihn an. Nur Würde fand ich. Ich war berührt, lächelte, winkte ihm zu … er ignorierte mich. Eine Woche später: gleiches Spiel. Wieder eine Woche später: Mein Entschluss, mehr über ihn zu erfahren, war gefasst. Ich versteckte mich. Als der Wagen sowie auch die Meute der im Dreck Wühlenden am Horizont verschwunden waren, und sogar die Hunde vom Müll nichts mehr wissen wollten, verlor er seine Zurückhaltung. Hunger! Er hatte Hunger. Er würde sein Leben geben für ein Stück Seife, seine Seele verkaufen für einen Hut ohne Löcher. Er, den ich wider besseres Wissen General Freitag nannte, wühlte nun genauso gierig im Dreck wie all die anderen vor ihm, nur dass er es in Würde tat – ohne dass jemand ihm dabei zusah, denn das war sein Wunsch: Niemand durfte ihn dabei sehen, nie wollte er seine Würde verlieren! Vielleicht ist es ein Privileg der Jugend, dumm und unüberlegt zu handeln. Sei es! Ich erhob mich hinter meinem Versteck und zeigte mich ihm. Nahm ihm damit seine Würde! Hätte ich es gewusst, so wäre dies nie geschehen, doch …! Etwas geschah mit ihm, als er meinen Blick auffing. Sein Oberkörper straffte sich. Sein Haar wurde eine Nuance weißer und ein Ausdruck tiefster Verzweiflung machte sich auf seinem Gesicht breit. Er rannte davon. Nie wieder sah ich den General am Freitag, auch an einem andren Tag nicht. Heute noch denke ich oft an ihn, würde selber im Müll wühlen, ohne Scham, alle Risiken dieser Erde auf mich nehmen, nur um General Freitag noch ein einziges Mal sehen zu dürfen. Diese Chance noch einmal zu haben. Und dann stelle ich mir vor, ihm eine trockene, warme Decke zu geben, eine Mahlzeit mit ihm zu teilen, mit ihm Tee aus seiner verbeulten Blechkanne zu trinken und ihm zu sagen, dass Menschen wie er das Salz der Erde sind. Nun, die Gelegenheit dazu habe ich verpasst. Vielleicht ging es mir selber einfach zu gut.

Es gibt wohl wieder keine Moral von der Geschichte, oder? Doch! Aber die sollte sich jeder Leser selber machen. Meine war: Reiche dem Menschen, der dich berührt, die Hand. Freue dich aufrichtig über alles, was du besitzt. Sei bescheiden und finde zu deiner eigenen Persönlichkeit, folge deinen Träumen und sei kein Fähnchen im Winde.

Schlusswort

Die Schriftsteller können nicht so schnell schreiben, wie die Regierungen Kriege machen; denn das Schreiben erfordert Denkarbeit.

Bertolt Brecht

Ob der islamistische Terrorismus, ob die Ukraine-Krise, die Palästinenserfrage, ob Epidemien oder Dekadenz, alle Themen haben zwei Dinge gemeinsam: Sie verbreiten Terror und sie sind aktuell. Wir einfachen Bürger müssen darüber wachen, dass unsere Politiker angemessene Mittel finden all diesen Bedrohungen wirksam zu begegnen. Und wir dürfen nicht resignieren, dürfen nicht unsere Augen verschließen, wenn es um Armut, Not und Ausgrenzung geht.

Anhang

Der längste Tag seines Lebens

Ich möchte die Gelegenheit nutzen, eine kurze, aber wahre Begebenheit zu erzählen. Darin geht es im wahrsten Sinn des Wortes ums Überleben, nur dass einige der Männer es nicht schaffen werden. Und es geht um Mut. Und um Selbstlosigkeit. Ich bin kein Akteur, kenne aber einen, der dabei war und sein Leben verlor. Und ich traf einen Zweiten, der auch dabei war, aber überlebte. Und der erzählte mir, wie sich alles zugetragen hatte.

Marineinfanterist Monnet[75] ist stolz auf sein rotes Béret. Und er ist stolz, einer der Männer der vierten Kompanie des 8e RPIMA[76] zu sein. Als ich Monnet Ende 2011 im Jemen zum ersten Mal sah, war ich Chef eines kleinen Teams, das LNG-Tanker im Golf von Aden bewachte. Monnet war neu im Team. Ich mochte ihn sofort, weil er sehr sympathisch, sehr wach und intelligent schien. Er hatte eine kräftige Statur, war etwa eins fünfundsiebzig groß und schob ein markantes, eigenwilliges Kinn vor sich her. Was auch für ihn sprach, war, dass er sich sofort ins Team integrierte; und das soll was heißen, denn alle meiner Männer waren Ex-Legionäre der Fallschirmjäger der Legion, und die konnte man nicht leicht um den Finger wickeln. Nach einigen Monaten, wir saßen nach getaner Arbeit in einer lockeren Runde im Büro, kamen wir auf Rodolphe P. zu sprechen. Rodolphe starb Mitte 2008 in Afghanistan, mit der Waffe in der Hand. Wir Legionäre hatten ihn gut gekannt, war er doch einer von uns, ein ehemaliger des 2e REP.

---

75 *Um sie und ihre Familie zu schützen, sind die Namen geändert bzw. tragen ein Kürzel.*

76 *8e Régiment de parachutistes d'infanterie de marine / Fallschirmjägerregiment der französischen Marineinfanterie.*

Monnet schwieg.
Ich kannte ihn inzwischen recht gut und sein Schweigen war seltsam. Nach Feierabend, als das Team sich im Büro von mir verabschiedete, behielt ich ihn noch eine Weile bei mir, um etwas Konversation zu betreiben. Ich wusste, dass Monnet ein „Béret Rouge" gewesen war, hatte aber nie wirklich nachgehakt, was ich nun tat.
„Du warst in Afghanistan?"
Er nickte und sagte plötzlich mit ernstem Gesicht: „Rodolphe P. – ich war dabei, als er starb!"
Ich stand auf, ging zur Tür hinüber und schloss sie.
„Möchtest du darüber reden?"
Er nickte ernst und begann zu erzählen ...

Hinterhalt im Ouzbin Tal / Afghanistan 2008
FOB TORA (Surobi).

Wir kamen am 27. Juli in Afghanistan an. Wir, damit meine ich unsere 4. Kompanie des 8. Fallschirmjägerregimentes der französischen Marineinfanterie. Die Kompanie war folgendermaßen gegliedert.

- ***Carmin***[77] ***Zero***
Kompanieführungstrupp mit dem Kompaniechef, Funkern etc.

- ***Carmin Eins, Carmin Zwei, Carmin Drei***
Kampfzüge eins bis drei von jeweils einer Stärke von etwa 32 Soldaten

- ***Carmin Vier***
Schwerer Zug

- Eine Gruppe bestehend aus einem Arzt und mehreren Sanitätern, zu denen auch Rodolphe P. gehörte

- Ein Zug Minenräumer des 17. RGP[78]

---

77 Karmin ist eine Farbe, die ins Bordeauxrot übergeht. Es ist aber auch die Farbe des Blutes. In diesem Fall bezeichnet sie die vierte Kompanie der Fallschirmjäger der bérets rouges.
78 Régiment du génie parachutiste. Pionierregiment, stationiert in Montauban/Frankreich.

Wir alle waren im Rahmen des sechs Monate dauernden Mandates der Operation *Pamir* hier. Das Kontingent stand unter französischem Befehl. Zunächst blieben wir eine Woche lang in Kabul, um unsere Ausrüstung vorzubereiten und unsere persönlichen Sachen, die in Containern hier angeliefert wurden, in Empfang zu nehmen. Nach dieser Woche wurde mein Zug *Carmin Drei* als Vorauskommando eingeteilt, um im FOB Tora eine italienische Einheit abzulösen. Der Rest der Kompanie sollte eine

In dieser ersten Woche fuhren wir mit den Italienern einige Patrouillen, ohne jedoch bis in den Ort Sper Kunday vorzudringen. Wir erfuhren so auch nie, dass die Italiener diesen Ort mieden wie die Pest, weil sie Problemen aus dem Weg gehen wollten: Das Ouzbin Tal galt als gefährlich! Gefährlich deshalb, weil die Taliban in dieser Gegend sehr präsent waren und hier mit Waffen handelten, diverses Kriegsmaterial und auch Drogen schmuggelten.

Kaum stieß unsere Kompanie von Kabul kommend zu uns, begann der eigentliche Auftrag in Tora, wobei unser Alltag von festen Abläufen geprägt war. Während immer ein Zug Patrouille fuhr, befand sich ein Zug

Marineinfanterist Monnet

in QRF[79] Bereitschaft. Ein weiterer Zug schob Wache. Der schwere Zug und die Minenräumer schlossen sich meist den Patrouillen an. Am Morgen des 18. August fuhr *Carmin Zwei* seine normale Patrouille hinauf in die Berge. Bei ihnen war ein Zug des *Régiment de marche du Tchad*, der gerade von Kabul als Verstärkung angekommen war. Ebenfalls dabei waren ein weiterer Pionierzug, ein Zug der afghanischen Nationalarmee sowie eine Gruppe der amerikanischen Spezialkräfte.

Mein Zug beendete zur selben Zeit seinen Wachdienst. Da genau zur gleichen Zeit ein amerikanischer General sein Kommen angekündigt hatte, wurden wir komplett zur äußeren Bewachung des FOB eingeteilt und das, obwohl wir die ganze Nacht kein Auge zugetan hatten. Natürlich war das taktisch ein schlechter Zug, denn der Logik folgend stellten wir an diesem Tag das QRF.

Wer also sollte eingreifen, wenn *Carmin Zwei* während der Patrouille in Schwierigkeiten geriet und rasche Unterstützung benötigte? Unterstützung von einem QRT, das nun, in mehreren Gruppen um den FOB aufgeteilt, derweil die Bewachung eines Generals sicherstellte? Natürlich stellte sich später heraus, das *Carmin Drei* schneller hätte eingreifen können, wenn es wirklich als QRT seine Aufgaben wahrgenommen hätte und, wie in diesem Fall üblich, der Patrouille auf Eingreifdistanz gefolgt wäre.

14h00

Die Bewachung des FOB und für den General ist beendet. Die Männer von *Carmin Drei* kriechen müde in ihre Betten. Genau zu diesem Zeitpunkt wird die Türe aufgerissen und der Leutnant (Zugführer) informiert den Zug, dass *Carmin Zwei* in einen heftigen Hinterhalt geraten ist und dass es bereits Opfer gab.

Wir machten uns sofort fertig, um den Kameraden zu Hilfe zu eilen. Nicht mal fünfzehn Minuten später rücken wir auf VAB[80] und VBL[81] aus. Für den Weg bis zum Pass, für den man normalerweise zwei Stunden

---

79 Quick Reaction Force – Schnelle Eingreiftruppe.

80 VAB, Véhicule de l'Avant Blindé (13 t. Truppentransportpanzer). Bewaffnung: 20 mm Feldkanone mit koaxialem 7,62 mm MG oder eine 12,7 mm Browning MG.

81 Véhicule Blindé Léger (leichtes, gepanzertes Fahrzeug).

einplanen muss, benötigen wir eine Stunde, und ob die Taliban diese Wegstrecke zwischenzeitlich vermint oder einen zweiten Hinterhalt gelegt hatten, war uns herzlich egal. Letzteres gilt vor allem für mich als Funker. Ich muss mich auf die eingehenden Funksprüche konzentrieren, die immer öfter und dringender werden. Diesen Funksprüchen entnahm ich auch, dass der Ort, an den wir uns begeben würden, die Hölle war, von mehreren Toten und zahlreichen Verletzten war die Rede.

Als wir uns auf zweihundert Meter dem Pass genähert hatten, hinter dem das Feuergefecht tobte, ließ unser Hauptmann absitzen. Die Befehle waren klar: Die gegnerischen Taliban westlich umgehen und ihnen in den Rücken fallen. Der Hauptmann wollte damit in erster Linie erreichen, dass der immer noch unter heftigem Feuer stehende Zug *Carmin Zwei* sich ohne weitere Verluste vom Feind lösen konnte. Ein Zug der ANA sollte uns bei dem Auftrag unterstützen. Nicht einmal nach fünf Minuten die Ernüchterung: Unser Zug wurde von starken Talibankräften derart mit Feuer belegt, dass ein Vorwärtskommen zunächst unmöglich war. Wir nahmen den Kampf an, es gab aber kaum Deckung. Von dort, wo ich mich befand, hatte ich den Blick auf die Stellungen von *Carmin Zwei*, ich sah aber auch die Taliban. Gut verschanzt lagen sie auf den Höhenrücken. Ich zählte mindestens fünfzig. Auch ich kannte das alte Sprichwort, das sagt: Wer die Höhen besitzt, kontrolliert das Kampfgeschehen; und genau so war es.

Das Feuer der Taliban wurde von Minute zu Minute präziser. Seite an Seite mit meinem Zugführer, dessen Funker ich war, ließ ich einen Funkspruch nach dem anderen los. *Carmin Vier*, ebenfalls angerückt und bereits in der Bredouille, bat verzweifelt um Mörserfeuer-Unterstützung. Obwohl der Gefechtslärm erdrückend war, hörte ich ein Dröhnen über unseren Köpfen. Die amerikanische Luftwaffe hatte sich eingeschaltet, endlich! A-10 Thunderbolt[82] griffen in die Geschehnisse ein. Die Amerikaner bombardierten die Stellungen der Taliban, zwei Helikopter Apache schossen ihre Lenkflugkörper ab. Die Lage wurde ernst, denn die Taliban hatten eines sehr schnell begriffen: Wenn sie nahe genug herankämen, müssten die Amerikaner ihr Feuer einstellen. Sie kamen also von

---

82 Ein A 10, oder auch Warzenschwein genannt, ist ein amerikanisches Endkampf-Flugzeug. Es gleicht einer fliegenden Festung und wird hauptsächlich gegen Bodentruppen und Panzer eingesetzt.

den Bergen herunter genau auf unsere Positionen zu. Unsere Munition wurde knapp. Ich dachte an Bazeilles[83]!

Der Zug ANA hatte sich in Luft aufgelöst, einige von ihnen ließen sogar ihre Waffen zurück.

Eine Gewehrkugel schlug in meinen Rucksack.

Carmin Zwei war zwischenzeitlich in einer fast hoffnungslosen Position und auf sich alleine gestellt. Bald wurde es Nacht. Einer unserer VABs nahm die Taliban mit der 20 mm Kanone aufs Korn, was uns erlaubte, uns vom Feind zu lösen. Ein Vorwärts gab es nicht, der Gegner war zu stark bewaffnet, zu gut verschanzt, zu entschlossen.

Es war Nacht.

Nur vier oder fünf Kameraden von *Carmin Zwei* war es gelungen, sich im Schutz der Dunkelheit in Sicherheit zu bringen, einer davon mit einer hässlichen Schusswunde im Arm. Unser Hauptmann schickte zwei Gruppen zu Fuß hoch zum Pass. Sie sollten ein Resistenznest der Taliban ausheben und die toten und verletzten Kameraden von *Carmin Zwei* bergen. Inzwischen hatten die Taliban ihre eigenen Toten eingesammelt, um sie noch vor Sonnenaufgang zu begraben. Dabei waren sie auf einige unserer verletzten Kameraden gestoßen. Sie hatten sie entkleidet, ihnen sämtliche Wertsachen genommen, sie schließlich getötet und verstümmelt. Zu diesem Zeitpunkt wussten wir bereits, dass neun unserer Fallschirmjäger tot waren.

Als die beiden vom Hauptmann losgeschickten Gruppen zurückkamen, hatten sie nur sechs Körper gefunden. Irgendwo in der Nacht lagen also noch drei Kameraden. Inzwischen ist *Carmin Eins* bei uns eingetroffen, um uns abzulösen. Bei ihnen eine Gruppe einer norwegischen Spezialeinheit. Ebenso ins Spiel kamen nun die schweren Mörser der 35. RAP[84]. Mit ihren 120 mm Granaten heizten sie den Taliban gehörig ein.

---

83 Im Deutsch-Französischen Krieg (1870/1871) verteidigten Marineinfanteristen das Dorf Bazeilles bis zur letzten Kugel gegen bayerische Truppen. Hat die Legion ihr CAMERONE, so haben die Truppen der Marine ihr BAZEILLES.

84 35e Régiment d'artillerie parachutiste (Fallschirmjäger-Artillerieregiment), stationiert in Tarbes. Es gehört der 11. Französischen Luftlandebrigade an.

Man sprach hinterher von bis zu dreißig toten Taliban. Zusammen mit den Kräften des RMT gelang es uns, alle Toten (außer den noch drei Vermissten) vom Pass herunterzuholen. Es war Schwerstarbeit, denn wir mussten sie auf unsere Rücken laden, während die Taliban immer noch auf alles schossen, was sich bewegte.

Einer der Vermissten war Rodolphe P., der Legionär.

Später erfuhr ich von Augenzeugen, dass Rodolphe P. und einige unserer Kameraden, alle selbst verletzt (Rodolphe P. war, wie sich später herausstellte, sogar mehrmals verletzt worden), beim Versuch, anderen das Leben zu retten, ums Leben kamen.

Die Kämpfe dauerten 26 Stunden. Insgesamt waren nach der Operation zehn Tote und einundzwanzig Verletzte zu beklagen. Der Zug *Carmin Zwei* hatte mit neun Toten und sieben Verletzten die meisten Verluste. Monnet nannte den Tag dieser Aktion den längsten Tag seines Lebens. Er wurde einige Tage danach ins Krankenhaus in Kabul eingeliefert: Stress, kleine oberflächliche Verletzungen, halb kaputte Trommelfelle. Andere Zeugen berichteten, dass Rodolphe P., der bereits in der Elfenbeinküste sein Leben aufs Spiel gesetzt hatte, um andere zu retten, auch dieses Mal weder den Kampf noch die Risiken gescheut hatte. Er hatte einfach nach seinem Gewissen gehandelt. Einige kluge Zungen behaupten, Rodolphe P. sei gestorben, wie er es sich gewünscht hatte: im Kampf, wie ein Soldat. Ich, der Rodolphe P. nicht sehr gut kannte, vom Sehen – ein, zwei Worte, hallo, wie geht's, mehr nicht –, denke anders darüber. Meine Version ist, er hatte sich mit Sicherheit ein ewiges Leben gewünscht. Denn nur so, selbst unsterblich, kann man möglichst vielen anderen helfen; und genau das nämlich war sein Lebensziel: Helfen!

Rodolphe P. war seit dem Jahr 1998 in Calvi. Mit den Paras des 2e REP nahm er an fast allen größeren Einsätzen während seiner Zeit teil: Ex-Jugoslawien, Gabun, Dschibuti, Elfenbeinküste und schließlich Afghanistan.

Nach diesem Einsatz der roten Bérets des 8e RPIMA gab es einige laute Stimmen. Kritische Stimmen vor allem. Unter anderem wurde das taktische Verhalten der betroffenen Einheit kritisiert. Ganz gegen das infanteristische Grundprinzip *kein Feuer ohne Bewegung, keine Bewegung ohne Feuer* hätten sich die Patrouillenfahrzeuge *ohne Deckung* durch das Talibangebiet bewegt. Weiterhin hatte es angeblich keine vorherige Luftaufklärung gegeben. Angeblich war auch die Munition wenige Stunden nach dem ersten Feindkontakt schon fast zu Ende etc. etc.

Man sollte diese Stimmen geflissentlich überhören. Wer selbst je im Einsatz war, weiß, dass im Gelände alles anders aussieht als in einem gut gekühlten sauberen Büro, vor allem wenn der Gegner Taliban heißt. General Puga, Ex-Fallschirmjäger des 2ᵉ REP, ein Kenner der Materie und Ex-Chef der COS, der französischen Spezialeinheiten, sah die Sache wohl ebenso. In einem Interview qualifizierte er die Aktion als gelungen. Die Taliban, so sagte er, hätten an diesem Tag eine seriöse Schelte bekommen.

Danke, Monnet, für diesen exzellenten Bericht.

Quellen

- US-Atomwaffen in Deutschland und Europa / Otfried Nassauer.
- Deutsches Institut für Internationale Politik und Sicherheit.
- L'Occident imaginaire. La vision de l'Autre dans la conscience politique arabe / NASSIB Samir El-Husseini.
- Terrorisme maritime en Méditerranée occidentale. Mythe ou Réalité, Arslan Chikhaoui.
- Terrorisme et piraterie – De nouveaux enjeux sécuritaires en Afrique Centrale / Presses Universitaires d'Afrique.
- The Gatekeepers: Aus dem Inneren des israelischen Geheimdienstes von Dror Moreh.

Bilder

- Thomas Gast.
- Jens Preugschat.
- Polizeipräsidium Frankfurt am Main (Presse- und Öffentlichkeitsarbeit).
- Picture alliance / dpa: Wolfgang Kumm, Sokolov Maxim, Gregorio Borgia, Mahmud Nassar.
- ECPAD – Etablissement de Communication et de Production. Audiovisuelle de la Défense: François-Xavier.
- Stadt Pirmasens / Archiv.

Mein ganz besonderer Dank geht an

.... die Stadt Pirmasens, Atallah Salem, Ralf Wegner und Jens Preugschat.

Auch erhältlich bei Epee Edition:

Sich dorthin begeben, wo andere niemals hingehen!
Die französische Fremdenlegion in Guyana - damals, mittendrin und heute. Ob die Zeit der Grabenkriege 1914-1918, ob die Gründung der ersten Dschungelkampfschule der Fremdenlegion 1986 mitten im Urwald Französisch Guyanas oder ob der nervenaufreibende Kampf einer höchstmodernen und hochflexiblen Truppe gegen illegale Goldgräber im Rahmen der im Jahre 2008 ins Leben gerufene Operation Harpie: All das vereint Thomas Gast in einem einzigen Werk.
Vervollständigt wird dieses Buch durch ein Vorwort von General Pierre Chavancy.

Biografie – Französische Fremdenlegion